丝路经济研究系列丛书暨新疆大学建校100周年系列丛书

本书获教育部"一带一路"教育国际合作2019年度专项研究课题（19YDYL31）、新疆大学"双一流"和"部区合作"专项资金项目的资助

U0503370

深化全球价值链合作的 重点方向和路径研究

孙　慧　赵景瑞　等◎著

RESEARCH ON THE KEY DIRECTIONS AND
PATHS OF DEEPENING GLOBAT VALUE CHAIN COOPERATION

经济管理出版社
ECONOMY & MANAGEMENT PUBLISHING HOUSE

图书在版编目（CIP）数据

深化全球价值链合作的重点方向和路径研究 ／ 孙慧等

著. -- 北京 ：经济管理出版社，2024. -- ISBN 978-7-

5096-9962-1

Ⅰ．F274

中国国家版本馆 CIP 数据核字第 202472LD30 号

组稿编辑：丁慧敏
责任编辑：董杉珊
责任印制：黄章平
责任校对：陈　颖

出版发行：经济管理出版社
　　　　　（北京市海淀区北蜂窝 8 号中雅大厦 A 座 11 层　100038）
网　　　址：www. E-mp. com. cn
电　　　话：（010）51915602
印　　　刷：北京飞帆印刷有限公司
经　　　销：新华书店
开　　　本：889mm×1194mm/16
印　　　张：15. 75
字　　　数：292 千字
版　　　次：2024 年 5 月第 1 版　　2024 年 5 月第 1 次印刷
书　　　号：ISBN 978-7-5096-9962-1
定　　　价：198. 00 元

课题组研究人员名单

组　长：孙　慧　博士、教授、博士生导师

　　　　　　　　新疆大学新疆创新管理研究中心主任

　　　　　　　　新疆大学经济与管理学院

成　员：刘媛媛　博士　天津外国语大学一带一路天津战略研究院　副教授

　　　　李建军　博士　湖南商学院经济与贸易学院　副教授

　　　　门柯平　新疆大学经济与管理学院博士研究生

　　　　寇明龙　新疆大学经济与管理学院博士研究生

　　　　李晓琪　新疆大学经济与管理学院博士研究生

　　　　张　策　新疆大学经济与管理学院博士研究生

　　　　杜冷枫　上海大学悉尼工商学院硕士研究生

　　　　郝　晓　新疆大学经济与管理学院博士研究生

　　　　赵景瑞　新疆大学经济与管理学院博士研究生

前　言

　　亚太经济合作组织（Asia-Pacific Economic Cooperation，APEC）是亚太地区重要的经济合作论坛。历经数十年的发展，APEC 凭借其广泛的包容性、高度的开放性以及平等共赢、互惠互利的利益诉求，已经成为亚太地区等级最高的政府间经济合作机构。中国既是亚太地区经济合作的参与者，更是其坚定的支持者和重要贡献者。亚太地区作为世界上经济发展最为迅速的同时也是最具活力的地区之一，主要成员在资源禀赋、产业结构、比较优势、技术积累等领域存在明显的梯度差异与互补性，初步具备了构建亚太区域价值链的现实基础。但是 APEC 成员间仍然存在的权利与义务不均衡、贸易同质化、政策不确定等问题，阻碍了区域内部价值链合作与经济一体化进程。加之近年来，国际形势的变化无疑为亚太地区的经贸区域合作添加了诸多不确定性。为此，明确 APEC 各主要成员及其行业在全球价值链体系内的分工，并在此基础上以资源的最优配置为基本原则，重构区域价值链体系、深化价值链网络合作，就显得尤为重要。本书正是立足于以价值链合作消弭冲突、凝聚共识、共谋发展这一出发点，以亚太经合组织主要成员的工业基础、区域内分工、生产能力边界为基础，剖析 APEC 框架下推进全球价值链合作的重点方向与前景，并指出其发展路径。

　　2013 年 9 月和 10 月，中国国家主席习近平分别提出了构建"丝绸之路经济带"和"21 世纪海上丝绸之路"的构想。"一带一路"倡议旨在借用古代丝绸之路的历史符号，建设开放型、包容型区域合作平台，积极发展与共建"一带一路"国家（地区）的经济合作伙伴关系，共同打造政治互信、经济融合、文化包容的利益共同体、命运共同体和责任共同体。"一带一路"倡议作为中国改革开放的重要部署，承接着中国继续深化对外开放、打造经贸新腹地的重要使命，同时也是构建新发展格局的核心举措之一，因而在"一带一路"倡议的框架下深入推进中国与共建"一带一路"国家（地区）的经贸合作、推动共同发展对中国而言尤为重要。

近年来，随着世界范围内的国际分工日趋深化，以产品内部分工为代表的全球价值链的兴起正在全球范围内引发深刻的变革。全球价值链的发展有助于各国和地区加快经济发展速度、提升经济发展质量、促进生产要素回报均等、增进福利。全球价值链生产模式的兴起也为各国和地区带来了全新的分工体系。分散在全球范围内的碎片化的生产使产品生产的各个环节可以分散在不同的国家和地区，世界各国和地区也可以凭借自身的比较优势嵌入与之相对应的生产环节从而获得经济全球化带来的收益。但是仍然应该看到，现有的国际分工与全球价值链生产模式的发展是国际分工深化后自然演化的结果。在利益分配格局上，发达经济体依托先发优势攫取了全球价值链发展带来的绝大部分收益，而发展中经济体则长期被锁定在国际分工的中低端环节。显然现有的国际分工格局已经成为各国和地区平等共享全球化带来的收益和实现协调发展的客观约束。与此同时，在世界分工体系内仍然存在贸易壁垒、技术壁垒、社会壁垒等阻碍跨境生产发展的因素，现有的国际分工格局也不利于各国和地区平等共享全球化带来的收益，因而需要构建新的全球价值链治理体系，使各国和地区规避全球价值链生产模式带来的风险，同时构建普惠的利益分配格局使各国和地区平等地享受全球价值链发展带来的机遇。

基于上述背景，本书在系统梳理、总结 APEC 成员与部分共建"一带一路"国家参与全球价值链的基础上，沿着"描述合作—勾勒合作方向—提出对策建议"的思路逐步展开本书的研究。在 APEC 成员开展全球价值链合作部分，首先基于全球价值链参与度、分工位置等指数，结合社会网络分析（SNA）方法、APEC 成员在价值链网络中的定位，并以此为基础结合 GTAP 模型明确未来 APEC 成员在全球价值链合作领域可以开展的重点领域和方向，以此推动各成员在更广的范围内、更深的层次上展开合作。同为重要的经济合作平台，相较于 APEC，"一带一路"倡议已经在合作的重点领域进行了明确的规划，开展了诸多项目。为贯彻落实习近平总书记关于建设"一带一路"的伟大构想，促进共建"一带一路"国家（地区）的经济贸易交流，推动地区贸易合作和投资发展，本书在 APEC 与"一带一路"倡议存在高度互补性的前提下，以研究 APEC 成员之间与共建"一带一路"国家（地区）之间的深度合作为出发点，进一步深化了全球价值链合作的重点方向和路径。本书的相关研究为持续推动全球范围内价值链治理模式和合作方向做出了一定的补充，同时也为中国对外政策的制定提供了有益的参考。

　　本书的内容共分为九章：第一章和第二章分别介绍了 APEC 成员与共建"一带一路"国家（地区）开展全球价值链领域合作的背景、必要性以及基础，再一次明确了全球分工的细化、关税的降低及各类非关税壁垒的削减、信息技术的进步与基础设施的互联互通是 APEC 成员与共建"一带一路"国家（地区）得以开展全球价值链合作的外在条件，全球价值链合作对经济增长潜力的释放与比较优势的发挥是其内在动力。目前，APEC 成员与共建"一带一路"国家（地区）已经在贸易开放、互联互通以及基础设施建设等领域取得了一系列成果，成员之间的合作本身也已经取得宝贵的经验和骄人的成绩。

　　第三章和第四章则聚焦于 APEC 成员以及共建"一带一路"国家（地区）参与全球价值链分工的基本情况，结合全球价值链领域的研究成果，分别对全球价值链嵌入程度和嵌入方式、参与全球分工的方式与各国和地区在全球分工中的相对位置等内容进行分析，从而对本书涉及的主要国家和地区嵌入全球分工体系的典型事实特征与异质性给予必要的说明。

　　第五章和第六章结合社会网络分析的基本方法，分别分析了 APEC 成员与共建"一带一路"国家（地区）所组成的贸易网络格局。APEC 成员与共建"一带一路"国家（地区）之间贸易的日趋紧密使贸易增加值的关联日趋密切，各成员主要以本国和地区具有比较优势的行业来嵌入全球分工体系；其中，制造业是比较优势发挥最为明显、全球分工最完善、涉及国家和地区最多，同时也是总量最大的行业，全球序贯性的分工格局体系已经基本形成并趋于固化。中、高端制造业是少数核心国家和地区抢夺的"高地"。

　　第七章和第八章则是对 APEC 成员和共建"一带一路"国家（地区）潜在的合作路径进行筛选和分析，本书认为贸易自由化是推进全球价值链合作最可行和最有效的手段。基于此，本书分别探索了 APEC 成员与共建"一带一路"国家（地区）在推进贸易自由化的过程中进行全球价值链合作的重点领域和方向，并将区域、国家和地区及行业三者相结合，提出了合作的优化路径。

　　在本书的最后，即第九章，得出了主要结论，认为中国需要通过政策性引导、基础设施建设和加深开放程度来实现高层次的合作，而中国所扮演的核心角色也必将更加重要。本书在此基础上提出了相应的对策建议。

　　本书写作历时两年，三易其稿，在即将出版之际，我要感谢参与本书的李建军副教授、刘媛媛副教授，以及本书的主要撰写者，他们是杜冷枫（第一章）、张策（第二章）、李晓琪（第三章、第四章）、赵景瑞（第五章、第九章）、郝晓

（第六章）、寇明龙（第七章）、门柯平（第八章）。本书从撰写完成到修改、定稿、出版凝聚了大家的辛勤劳动与汗水。同时也感谢经济管理出版社的丁慧敏主任以及各位编辑的支持与帮助。

本书有幸得到了教育部"一带一路"教育国际合作 2019 年度专项研究课题（19YDYL31）、新疆大学"双一流"和"部区合建"专项资金项目资助的支持，在此郑重感谢。

本书可供高等院校世界经济与国际贸易研究生、教师及相关领域的人士借鉴参考，也可以作为经济学类的爱好者学习参考之用。

当然，需要说明的是，本书内容较为繁复，囿于各位参与者的能力，难免存在错误与疏漏之处，诚意恳请各位读者在阅读过程中批评指正。

孙　慧

2021 年 11 月 29 日于新疆大学科技楼

目　录

第一章 APEC 成员开展全球价值链合作的现状

第一节 APEC 成员开展全球价值链合作的背景

亚太经济合作组织（Asia-Pacific Economic Cooperation，APEC）是亚太地区重要的经济合作论坛，也是亚太地区最高级别的政府间经济合作机构，旨在利用亚太区域内日益密切的经济关联，促进平衡、包容、可持续、创新和安全的增长，以及加速区域经济一体化。亚太经济合作组织目前有 21 个成员，分别是澳大利亚、文莱、加拿大、智利、中国、中国香港、印度尼西亚、日本、韩国、墨西哥、马来西亚、新西兰、巴布亚新几内亚、秘鲁、菲律宾、俄罗斯、新加坡、中国台北、泰国、美国和越南。1991 年，中国以主权国家身份、中国香港和中国台北以地区经济体正式加入 APEC，成为 APEC 成员。自中国正式加入以来，APEC 历经三十余年的发展，亚太地区贸易投资自由化、便利化程度越来越高，各成员之间的合作也越来越紧密。以其中最具代表性的中国为例，自加入 APEC 以来，中国对外开放程度和经济发展水平越来越高。截至 2019 年底，中国外贸发展呈现出总体平稳、稳中提质的态势，全年进出口贸易总额为 31.54 万亿元，同比增长 3.4%。其中，出口总额为 17.23 万亿元，增长 5%；进口总额为 14.31 万亿元，增长 1.6%；贸易顺差为 2.92 万亿元，扩大 25.4%，继续保持全球第一大货物贸易国的地位。

近三十年间，全球分工格局也发生了翻天覆地的变化。经济全球化、通信技术的发展以及交通运输成本的快速下降极大地促进了产品生产全过程的进一步细化，总体来看，特定商品生产的全过程被切割为上游原材料供应，中间产品加工、组装、生产、销售，以及售后服务等环节。产品生产的全过程在全球范围内的拆分也标志着国家和地区间贸易由产品分工向产品内分工的转变。以发达经济体跨国公司为代表的全球价值链治理者为了获取更大的收益，将科技含量低的机械化生产工厂转移到离原材料更近、劳动力较廉价的发展中经济体，形成了以全球价值链（Global Value Chain，GVC）为纽带的国际分工。在这种生产分工的体系下，某件产品不再由单一公司制造完成，而是由具有不同要素禀赋优势的企业联合生产，每个承担分工的企业依据其禀赋优势承担特定阶段的生产，借此融入全球分工体系当中。根据世界贸易组织（WTO）2019 年发布的《全球价值链发展报告 2019》，2008 年全球性金融危机爆发之前，全球价值链占世界贸易的比重持续上升，逐渐成为国际贸易的主流形式；2008 年全球性金融危机以后，全球价值链的增长虽然出现疲软态势，增速有所放缓，但增长率仍保持向好态势，2017 年的复合全球价值链的增速甚至超过了全球平均 GDP 增速，这充分表明了全球价值链具有强大的生命力。

亚太地区作为全球经济最为活跃、繁荣程度最高的地区，全球价值链生产模式同样得以蓬勃发展。事实上，2014 年在中国北京举办的 APEC 峰会上就已经就全球价值链生产模式在 APEC 成员间的分工展开了一定的探讨，并公布了《亚太经合组织推动全球价值链发展合作战略蓝图》和《全球价值链中的 APEC 贸易增加值核算战略框架》（陈松川，2010）。两份文件中明确提出了以全球价值链相关生产模式促进 APEC 内部在研发设计、市场一体化以及生产和制造等领域的合作，认为借由全球价值链生产模式在 APEC 成员间的相互渗透与发展，不仅将显著提高 APEC 成员的经济全球化水平，而且是各成员全新的经济增长点，极大地激发各成员的经济活力，并进一步促进亚太地区经济的一体化。

总的来看，历经三十余年的发展，APEC 作为亚太地区最高级别的政府间经济合作机构，已经能够实现稳步推进自身改革和机制建设，不断提高合作效率，增强各成员合作活力，提升其在亚太地区乃至世界的作用和影响力。APEC 成员业已在贸易和投资、自由贸易区等领域展开一定的合作，为在更深层次上推进全球价值链合作奠定了一定的基础。

一、合作交流的背景

在贸易领域，APEC 成员间得以深入开展全球价值链合作，首先得益于 APEC 历次领导人非正式会议上对贸易自由化的高度重视。推动亚太地区的贸易自由化、推动跨境产业合作一直以来都是 APEC 领导人非正式会议的核心议题，在历次会议上就区域内部自由贸易协定的签署、经济一体化、跨境投资协定、贸易自由化等议题展开了深入探讨。其中，早在 1993 年 11 月 20 日召开的首次 APEC 领导人非正式会议上就已经对 APEC 成员的经济发展、经济互惠合作等展开了探讨（尹艳林，2014）。1994 年举办的 APEC 第二次领导人非正式会议上正式将贸易自由化确立为 APEC 的核心目标之一，并在其后通过的《茂物宣言》上再次重申了其重要性。此后的历次 APEC 领导人非正式会议均肯定了贸易自由化对 APEC 成员的重要性。1998~2009 年，APEC 发展进入短暂调整期，一方面原因在于亚洲金融危机直接影响到 APEC 进程，危机的受害者开始对贸易与投资自由化采取审慎态度；另一方面原因在于成员中发达经济体态度消极，要取得实质性进展仍需时日。直到 2010 年在日本召开的 APEC 第十八次领导人非正式会议上，因全球性金融危机的稍定，各成员充分意识到贸易自由化在稳定经济、恢复经济增长等方面的重要作用，故而在此次会议上正式通过了《横滨宣言》，再次重申了贸易自由化的重要性，并就持续推动亚太地区自贸区建设达成了正式共识，使贸易自由化不再仅仅停留在宣言层面，而是正式被列为具体所需要实现的目标之一。APEC 第二十次领导人非正式会议以"发展的挑战"为主题，从亚太经济可持续增长、投资环境与消费市场、粮食安全等角度聚焦并研讨亚太地区经济发展问题，并提出设立亚太经济合作组织研究院（沈铭辉，2009）。2016 年，APEC 第二十四次领导人非正式会议批准了《亚太自贸区集体战略研究报告》。此次会议根据 2014 年《亚太经合组织推动实现亚太自贸区北京路线图》确立的指导精神，重申将致力于推动亚太自贸区的最终实现，以此作为进一步深化 APEC 区域经济一体化的主要手段。基于这一愿景，本次会议批准了《亚太自贸区集体战略研究报告》及其提出的政策建议，以此作为《利马宣言》。

早在 2004 年 APEC 工商咨询理事会上就提出了建设横跨亚太地区自由贸易区的宏大设想，此后在 APEC 历次领导人非正式会议上尽管对这一问题展开过多次讨论，但是由于内外部条件的限制，亚太自贸区长期停留在设想层面。具体进程则如前文所提到的那样，直到 2010 年在日本横滨举行的 APEC 领导人非正式会议才正式提出建设亚太自贸区的愿景规划，并在 2014 年在北京召开的 APEC 第二十二次领导人非正式会议上通过了《亚太经合组织第 26 届部长级会议联合声明》，各方在官方层面正式表达了共建自由贸易区的意向，并计划在此后逐步付诸实际（杨旭和刘祎，2020）。截至目前，APEC 合作框架下尚未有正式的自由贸易协定签署，但已有部分 APEC 成员正式推动了自由贸易区建设，其中以中国-东盟自由贸易区（China-ASEAN Free Trade Area，CAFTA）最具代表性。中国-东盟自由贸易区是中国与东盟十国组建的自由贸易区。从地理位置上来说，中国与东盟十国地理位置较近，发展经济贸易合作具有先天的地缘优势。从政治上来说，中国与东盟十国长期以来形成了睦邻友好的政治关系。从产业发展方面来说，中国与东盟十国在资源、产业布局方面各有优势特色，具有较强的互补性，对于发展区域经济贸易合作具有良好的推动力（江涛和覃琼霞，2022）。中国-东盟自贸区的成立具有重大意义。首先，中国-东盟自贸区的成立有益于加强中国与东盟各国的友好交往，促进各国间进一步交流合作，有利于提升各国国际地位和国际事务的话语权。其次，中国-东盟自贸区的成立有利于中国和东盟各国的经济发展，促进各国贸易与投资的繁荣，推动各国市场的开放和发展，提升整体竞争力，为各国和地区人民谋求福利。此外，中国-东盟自贸区的建立不仅有利于推动经济一体化，对世界经济增长也有积极的推动作用（王志乐，2015）。

APEC 成员中另一个具有代表性的成果是《区域全面经济伙伴关系协定》（Regional Comprehensive Economic Partnership，RCEP）的签署。2020 年 11 月 15 日，东盟十国与中国、日本、韩国、澳大利亚、新西兰正式签署《区域全面经济伙伴关系协定》（陈德铭，2018）。《区域全面经济伙伴关系协定》的正式签署标志着占全球人口、经济体量、贸易总额均约 30% 的经济体将形成一体化市场，参与国之间超过 90% 的货物贸易将实现零关税，这将成为当前世界上规模最大、最具影响力的自由贸易协定。从企业层面来说，RCEP 的签订使多达 90% 的商品进出口会实现零关税，从而降低原材料进口成本和产品贸易成本，有利于企业进一步压缩经营成本及提升利润，同时也会降低企业经营的不确定风险。对于各成员来说，在美国等国家提倡贸易单边主义、保护主义抬头之时，加之新冠疫情带来的负面冲击，各国经济低迷，增长动力不足，RCEP 的签订不仅标志着亚太地区的区域价值链合作迈上了新的高度，而且标志着经济全球化仍然是未来全球经济发展的必然趋势，单方面的贸易保护主义必然没有长期的市场。从全球经济来说，RCEP 的签订为世界经济实现恢复性增长贡献了新力量，带领世界经济从新冠疫情影响下的低迷状态走向繁荣增长。

二、经济环境背景

（1）全球性质的跨国生产活动。除长期的贸易自由化与发展背景外，APEC

成员开展全球价值链合作的经济背景是，全球价值链作为国际贸易和分工领域出现的全新现象，使世界经济的相关活动得以超越国家和地区的边界，逐渐演变为全球性质的跨国生产活动。亚太地区作为世界经济发展的"领头羊"和先行者，同时也是全球经济发展最具活力的地区。亚太地区要素禀赋和区位分工优势使当地具有深厚的全球价值链生产的基础，特别是亚太地区的贸易自由化水平的显著提升客观上促进了双边贸易进出口成本的大幅度下降，使商品的跨境流动日趋频繁，金额也逐步增加，直观的表现是全球贸易的大发展。全球价值链模式下，中间产品需要多次跨境，因而贸易成本的下降对于全球价值链生产模式的发展尤为重要。事实上，得益于 WTO 对于降低贸易成本的大力推动，APEC 成员在降低以关税为代表的贸易壁垒方面已经取得较大的成就。如图 1-1 所示，从平均关税水平来看，APEC 成员平均关税从 1989 年的 16.9% 下降到 2018 年的 5.3%，这一成效主要是由于第二次世界大战以后历次贸易自由化的大力推动，使全球范围内贸易成本均出现了大幅度下降。但是自 WTO 多哈回合以后，全球范围内的贸易自由化逐渐趋于停滞，取而代之的是以区域自由贸易协定为代表的区域性贸易自由化。APEC 的积极推动是图 1-1 中 APEC 成员间平均关税税率在 2006 年之前快速下降的主要原因；从 2007 年开始，虽然平均关税仍然保持下降的趋势，但是降速逐步放缓。但无论从何种角度来看，"茂物目标"的提出使 APEC 成员之间的关税大幅度降低，仍然是促成这一现象的主要原因之一（陈迎春，2004）。

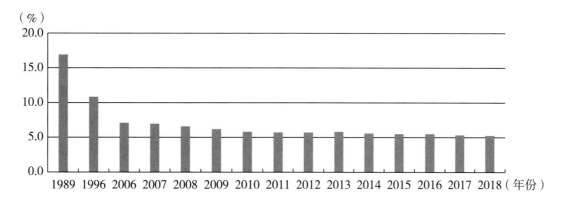

图 1-1 APEC 成员平均关税税率

资料来源：APEC 秘书处。

（2）非关税壁垒得到大幅度削减。除直接的贸易成本外，全球价值链合作模式的发展仍然需要大幅度削减各类非关税壁垒。对于这一问题，APEC 发挥了良好的协调作用。早在 1995 年 APEC 第三次领导人非正式会议上，就已经申明要最大限度地减少各类非关税性质的贸易保护措施，遵守 WTO 关于贸易自由化的各类举措，确保 APEC 各成员经济的高度自由化（李平和宫芳，2000）。而 1997 年在加拿大温哥华举办的 APEC 第五次领导人非正式会议上则再次重申要推动成员之间单方面的贸易便利化举措，降低各类非关税贸易壁垒。总的来看，尽管历次 APEC 会议并未在贸易自由化协定以及降低平均关税领域取得突出进展，但是 APEC 却有效地推动了各类非关税贸易壁垒的削减，特别是 APEC 成员间配额、"双反"（即反倾销、反补贴）、贸易争端等领域的摩擦明显减少，极大地促进了亚太地区的经济合作与贸易往来，使亚太地区成为全球经济最具活力的地区。

（3）投资准入门槛降低。作为贸易自由化内容的重要补充，APEC 成员在对外投资领域的自由化也取得了极大的进展，包括简化审查手续、降低外资准入门槛、取消各类对外直接投资限制的资金自由流动举措等。上述举措一方面加速了资金的全球流动，使境外资本得以高效实现优化配置；另一方面也使 APEC 成员完善了本地市场条件，借助国际资本实现了经济的高速发展。

（4）全球分工的细化程度提高。APEC 成员经济发展的一个不可忽视的核心背景在于全球价值链生产模式的发展。作为全球分工逐步深化的必然结果，全球价值链生产涉及产品设计、生产、制造、运输、分销以及售后服务等一系列流程。全球分工强调资金、资源、技术和劳动力在不同生产阶段和部门的合理分工与分配。跨境产业关联不仅仅发生在产品销售前和售后阶段，在设计与开发、制造生产和营销运营等各个环节甚至交叉环节都存在。最显著的全球分工现象就是很多发达国家的跨国公司将其生产制造的工厂迁移至东亚、东南亚等原材料产地和劳动力廉价的地区以节省成本，达到创效目的。加之发展中国家技术发展落后、创新能力薄弱以及历史遗留问题，形成了发达国家集中于高资本、技术密集型产业，而发展中国家集中于劳动密集型产业的分工格局，也使发展中国家陷入了"低端陷阱"。而 APEC 成员中既有已经实现发展的发达成员，也有大量亟待实现发展的发展中成员，这种不同国家（地区）和产业之间发展的高度不平衡促使 APEC 倡导全球价值链合作，有助于推动全球分工合作，促进全球经济稳定高质量发展。

三、社会历史背景

APEC 作为区域性质的经济合作和发展组织，诞生于冷战末期。20 世纪 80

年代末,随着全球政治形势逐渐缓和,打破美苏之间非此即彼的高度对立、构建全球新的政治经济格局成为当时世界发展的必然趋势;与此同时,世界经济的重心也开始由欧洲地区向亚太地区转移。在此背景下,1989 年 1 月,时任澳大利亚总理的鲍勃·霍克首次建议建立亚太地区的高层对话机制以强化区域经济合作,并于当年 11 月首次召开正式的亚太地区部长级会议,对相关问题展开正式探讨,这标志着 APEC 正式成立。1991 年 11 月,中国以主权国家身份,中国台北和中国香港以地区经济体名义正式成为 APEC 成员。APEC 成员均处于环太平洋圈,彼此之间自第一次工业革命后逐步建立的交流与合作为开展全球价值链合作奠定了深厚的社会基础。

就地理区域来看,APEC 成员在北美地区主要有美国、加拿大和墨西哥三国。近代以来,美国大量吸收海外移民并率先完成了第二次工业革命,经济实力大增,两次世界大战奠定了美国在资本主义世界中的霸主地位。冷战结束后,美国在全球范围内在政治、经济、文化、军事、国际影响力等领域有无可比拟的压倒性优势。20 世纪 80 年代,新的信息化革命席卷全球,毫无疑问,美国是这场变革中最大的赢家,而 20 世纪 90 年代苏联解体更使美国放眼全球再无敌手,形成了美国在当今世界上的全面优势。加拿大经济的发展主要是在第二次世界大战期间和第二次世界大战后,1940~1980 年加拿大国民生产总值增加了 20 倍,而人口仅仅增加了 1 倍,其生产率在全世界居第二位,仅次于美国。现在,加拿大已成为全世界富有的国家之一,最主要的三大行业为自然资源、制造业和服务业。墨西哥是拉丁美洲经济发展水平较高的国家之一。20 世纪 80 年代的债务危机引发了墨西哥的经济衰退和艰巨的经济调整。沉重的外债支付负担、本国资金外逃加剧,致使投资资金"枯竭"。企业倒闭和失业率上升诱发的各种经济和社会问题迫使政府进行一系列应急性和结构性经济调整。通过紧缩财政、控制通货膨胀、调整进出口商品结构、刺激私人投资、扩大对外开放和提高经济效率等一系列政策措施,墨西哥的经济逐步趋于稳定,开始走出衰退和危机的困境,出现恢复和增长的良好势头。

东南亚地区是 APEC 成员最为集中的地区,包括文莱、印度尼西亚、新加坡、马来西亚、菲律宾、泰国和越南。第二次世界大战后,东南亚各国纷纷脱离殖民统治,相继获得政治独立和经济自由发展的权利,为了尽快扭转殖民地时期遗留下来的单一性农矿经济困境,各国都把发展制造业、加速工业化,以及实现整个经济结构的多元化作为发展战略的首要目标。鉴于各国都处于经济发展的初级阶段，因此其工业化一般都从劳动密集且资金周转较快的轻纺工业和装配型工业入手。自此，东南亚各国逐步走上民族经济发展的道路，从过去的殖民地经济转向独立自主的新兴工业化经济。20世纪80年代，随着全球价值链生产模式在各国的深入发展，东南亚国家迎来了全新的发展机遇，丰富的劳动力资源与便捷的海运条件使东南亚国家大量承接了来自发达国家和地区的产业转移，低廉的劳动力成本则为劳动力密集型产业提供了天然的发展条件。发达国家和地区面对自身高昂的劳动力成本，纷纷选择将东南亚国家作为劳动力密集型产业的核心转移地区，也正因如此，20世纪80年代出现了"亚洲四小龙"与"亚洲四小虎"的发展奇迹。

APEC成员中地处东亚地区的有中国（包括中国台北、中国香港）、韩国和日本；其中，中国是东亚地区的新兴市场。中国长期以来的发展已经证明了中国社会制度、政治制度以及选择的道路的正确性；特别是20世纪90年代以来，随着中国改革开放步伐的不断加快，中国凭借人口红利积极融入全球分工体系，实现了经济总量的攀升和价值链地位的提升。现如今，中国已经成为全球第二大经济体和制造业第一大国，电子设备制造、机械设备制造、纺织业等领域在全球占据领先地位。韩国作为一个发达国家，2017年GDP总量世界排名高居第十一位，手机、电视、半导体、钢铁、造船、石化、工程机械、船舶工业等产业在全球都具有较强竞争力。日本在"二战"后经济高速增长，跻身先进国家之列，直至20世纪90年代，经济泡沫破灭，日本进入长期的经济不景气状态，2020年日本全年经济增长率为-4.8%，老龄化、总人口下降、劳动生产率降低等问题正考验日本政府的应对能力。在东亚其他各成员的关系中，中国、韩国和日本在经济发展中既有互补性又有竞争性。中国由于产业结构和技术结构具有多层次的特点，因而一方面与日本和韩国有较大的互补性，既能进口日、韩高新技术，又可向日本和韩国出口劳动密集型和资源密集型产品；另一方面又与它们有相当的竞争性，中国的钢铁、化工、机械、造船等工业，轻纺、服装、建材等产品会与韩国、日本出现竞争。

APEC成员间具有较强的地域特点，区域内各成员的经济、文化具有密切的联系，APEC成员间深厚的社会文化背景为各成员开展更高水平的全球价值链合作奠定了坚实的基础。全球价值链增强了世界主要经济体之间的相互联系，极大地推动了发展中经济体的工业化进程，促进了资本、技术以及企业家的跨境流动，改变了南南合作、南北贸易的方式。而APEC成员基于历史和地理的长期联系极大地降低了成员之间开展全球价值链领域相关合作的成本，这种变化不仅直观地反映在以关税和各类非关税保护措施为代表的直接关联领域，而且反映在 APEC 成员之间以国家和地区印象、主观认识以及产品接纳程度等为代表的各类软实力当中，可以说，APEC 成员间长期的历史往来不仅是开展全球价值链合作的重要背景，而且是其得以实现互联互通的重要社会历史基础。

第二节　APEC 成员开展全球价值链合作的必要性

APEC 自成立至今，有效地推动了全球价值链生产模式在区域内部的发展，促进了亚太地区贸易自由化，加强了各成员之间的贸易关联。从现实推进情况来看，开展全球价值链合作既有既往背景推动的客观结果，又有其必要性。

一、APEC 成员推动经济发展的现实需要

亚太地区是全球经济增长速度最快、最具经济活力的地区。随着亚太地区各成员经济联系日益增强，亚太地区的经济发展也受到了世界的广泛关注。APEC 成员开展全球价值链合作模式是当今世界经济全球化、贸易自由化、区域分工均衡化的重要组成部分。经济全球化使各国和地区经济联系更加紧密，生产要素在全球范围内自由流动程度不断提高，APEC 成员的发展需要利用国际资本、引进先进技术、开拓国际市场，以更好地嵌入全球价值链。与此同时，随着当今世界各国和地区经济贸易合作的深入、跨国公司的壮大，国际分工生产成为主流，APEC 成员亟须扩大经贸往来。对 APEC 成员中的发达成员来说，经济、科技等资源优势使其产业得到了集中和聚集，形成了规模经济，并有效改善了当地的基础设施、教育资源和投资环境等，形成了良性循环。而对欠发达地区来说，融入全球价值链的过程虽然带来了外资的流入、经济的增长、技术的转移，促进了制造业进步，但也使欠发达地区陷入了"低端锁定"的困境。开展全球价值链合作对促进亚太地区更好的区域分工合作具有重要意义。通过全球价值链合作与重构，可以将挤占落后地区的要素资源"释放"，使各区域可以按照自身禀赋优势进行分工，带动各个地区发挥各自资源优势，形成相互合作、相互发展、相互促进的发展模式，从而缩小区域间经济发展的差距，促进区域间的经济协调发展。

开展全球价值链合作，同时也是 APEC 各成员紧抓全球价值链发展的战略机遇，借此进一步扩大对外开放交流，促进投资与贸易进一步自由化、便利化。通过全球价值链的合作，各成员应谋划自身的全球价值链参与和产业布局，推动产业升级与结构优化，借助全球价值链的合作，营造有利于经济发展的良好环境，扎实推进对全球价值链的研究，促进各成员共同营造自由开放、公平公正的全球贸易环境，推动亚太地区经济强劲、可持续、平衡增长。全球价值链的合作有助于加强国家和地区间经济政策协调，推动建立国际经济新秩序，从而促进各国和地区贸易、投资的顺利进行。

二、APEC 成员发展对外贸易的必然要求

全球价值链的兴起推动了 1990 年后国际贸易的快速增长。发展中国家经济出现快速增长，并开始追赶发达国家，贫困人口大幅下降。如图 1-2 所示，全球价值链占全球贸易的份额在 1990 年到 2007 年期间快速提升，主要原因是交通、信息和通信领域的技术进步，以及贸易壁垒削减吸引制造业企业将生产流程延伸至境外。全球价值链合作促进了各国和地区间的贸易往来，进而促进了贸易自由化。在传统的商品生产及货物贸易的模式中，同一产品的不同零部件往往由一个国家和地区甚至一个企业进行独立生产，并在本国或地区内完成生产和组装工作之后再输送到境外进行跨境货物贸易。而基于全球价值链的商品零部件往往交由多个国家和地区甚至多个区域予以分别生产，再将零部件运送回所要装配组合的国家和地区，使各国和地区间的货物贸易更加频繁。

在贸易方面，亚太地区处于贸易中转的中心。麦肯锡全球研究院（MGI）2019 年发布的《亚洲——未来已至》认为，目前，亚太地区超过一半的商品贸易是区域内贸易，中国和印度正在构建本土供应链。各发展中国家也在积极寻求突破"低端锁定"的出路。随着中国逐步减少劳动密集型产品的出口，其他亚洲新兴经济体开始扮演起这一角色。亚太地区在世界贸易中的地位也逐年增高。APEC 成员在全球价值链上的合作必然会促进亚太地区经济与贸易的良好发展。表 1-1 是 2010~2018 年中国同部分 APEC 成员的进出口总额。一个国家和地区贸易总规模的大小可以通过进出口总额来衡量。我们可以看出，中国对 APEC 成员的进出口总额总体上呈现逐年上升的趋势。中国同日本、韩国、美国的进出口总额较大，这表明中国从改革开放以来就加强了与世界其他国家和地区的经济往来，特别是加入 WTO 后，中国的对外贸易更是取得了飞速的发展。中国进出口

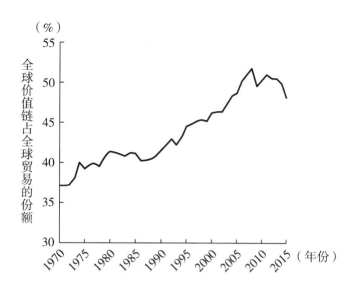

图 1-2 1970~2015 年全球价值链占全球贸易份额的变化情况

资料来源：《2020 年世界发展报告》。

表 1-1 2010~2018 年中国同部分 APEC 成员的进出口总额 单位：万美元

成员	文莱	缅甸	日本	菲律宾	新加坡	韩国	泰国	加拿大	美国
2010 年	103194	444207	29777959	2776223	5707598	20711512	5293702	3713988	38538529
2011 年	131121	650140	34283401	3224704	6371006	24562635	6473385	4567568	51971615
2012 年	162554	697194	32945578	3637546	6927265	25641529	6975086	4743605	44658227
2013 年	179358	1019556	31237785	3804994	7589638	27423771	7124055	5133528	48467425
2014 年	193653	2496893	31231185	4445771	7973991	29044222	7262116	5179846	58367590
2015 年	150857	1510021	27851902	4563645	7952320	27579247	7545955	5445366	52074870
2016 年	73257	1228639	27508069	4723856	7052592	25270349	7572743	5518569	55512355
2017 年	98940	1347481	30305294	5130511	7926892	28025693	8013781	5563639	55702297
2018 年	183946	1523211	32770921	10858103	8276440	31339955	8750835	6351264	63351900

资料来源：国家统计局。

贸易总额的主力军是加工贸易，加工贸易是从国外进口原料或零部件，然后在国内进行组装，最后将成品出口到国外市场。加工贸易尽管在短时间内迅速推动了当地经济的发展，但是其在世界产业链中处于低端，附加值不高，并且对国内的自然资源造成了巨大的消耗，从而付出了很大的环境代价。加强全球价值链合作有益于 APEC 各成员进行更深入的分工与合作，促进各国和地区贸易发展，使更多发展中国家找到突破"低端锁定"的出路。中国的发展经验同时也为 APEC 其他成员提供了重要的现实参考。

三、APEC 成员实现投资便利化的外在条件

全球价值链生产模式下，不仅商品得以流动，资本的跨境流动同样重要。APEC 成员在全球价值链开展相关合作显然十分有利于资本跨境流动，国际投资不仅能带动资金的流动，还能带动人员、技术等多种生产要素的流动，从而推动经济的发展。2008 年 5 月，APEC 就 2008～2010 年实施投资便利化行动计划（IFAP）达成共识。这项行动计划旨在降低针对国际投资者的贸易障碍，并鼓励亚太地区的投资。投资便利化是指政府为吸引境外投资而采取的行动，并在各阶段提高管理效率和效益。2017 年，在越南召开第二十三届 APEC 贸易部长会议，在"打造全新动力，开创共享未来"主题下，讨论了贸易投资自由化、便利化的问题。投资是亚太地区增长、就业和繁荣的主要驱动力量。鼓励经济体继续在投资领域开展对话，为 APEC 成员的繁荣做出贡献。在投资活动的各个领域，从有形资产到知识产权，投资的好处有着强烈的国际共识。投资可以提高经济生产率、创造就业机会、提高收入、加强贸易流动，是传播科技最有效的做法。投资可以促进发达经济体和发展中经济体的经济增长。表 1-2 为 2010～2018 年中国对部分 APEC 成员直接投资净额，从表中可以看出中国对外投资体量大，且基本呈逐年增长态势。

表 1-2　2010~2018 年中国对部分 APEC 成员直接投资净额　单位：万美元

成员	印度尼西亚	日本	新加坡	韩国	泰国	越南	俄罗斯	加拿大	美国
2010 年	20131	33799	111850	-72168	69987	30513	56772	114229	130829
2011 年	59219	14942	326896	34172	23011	18919	71581	55407	181142
2012 年	136129	21065	151875	94240	47860	34943	78462	79516	404785
2013 年	156338	43405	203267	26875	75519	48050	102225	100865	387343
2014 年	127198	39445	281363	54887	83946	33289	63356	90384	759613
2015 年	145057	24042	1045248	132455	40724	56017	296086	156283	802867
2016 年	146088	34401	317186	114837	112169	127904	129307	287150	1698081
2017 年	168225	44405	631990	66080	105759	76440	154842	32083	642549
2018 年	186482	46841	641126	103366	73729	115083	72524	156350	747717

资料来源：国家统计局。

全球价值链的合作有利于 APEC 成员投资政策及有关投资者条例的实施，提升投资的开放度和透明度：可以通过提供关于投资体制和审查指南的最新明确信息，设立投资申请和政策咨询的单一窗口或查询点，及时公布有关程序、适应标准及技术监管等，以及公布投资体制的定期审查结果，来提高开放度和透明度。全球价值链的合作同时也有利于 APEC 各成员加强投资政策运用的可预见性和一致性。通过促进投资法规的系统化和制度化，公平运用投资法律法规以避免对机构自由裁量权的歧视，确保投资项目审查、评估和批准机制的透明性；还可通过建立友好争端解决机制来增强可预见性和一致性。此外，全球价值链合作还可以通过提升投资行政审批程序的效率，倡导在投资政策实践中建立更具建设性的利益相关方关系，指定一个领导机构或投资促进机构承担相应职责，设立投资便利化监控和审查机制，加强投资便利化的国际合作等措施来推动投资便利化进程。

四、中国推动对外开放进程的必要举措

中国在长期嵌入全球价值链的过程中实现了经济发展、对外贸易规模的快速扩张以及国际话语权的提升，但中国长期依靠劳动力优势嵌入全球价值链的基本特质也决定了中国制造业整体"大而不强"的基本局面，加之中国长期面临来自发达国家的增加值"攫取"的窘境，制造业的整体实力与欧美等发达国家相比还有很大的差距和不足，传统的贸易发展模式已经不能满足中国经济的发展需要。中国必须推动制造业升级转型，逐步摆脱长期嵌入全球价值链"低端锁定"的局面，而中国积极参与全球价值链的合作正是基于这种情况展开的。开展全球价值链合作将为中国带来以下几个明显的好处：首先，通过全球价值链的合作，可以优化中国的产业结构，提升中国产业的科技水平和创新能力，推动中国企业在全球价值链上升级。中国通过加工贸易融入全球价值链已有二十多年的发展，无论是贸易总量还是在世界贸易格局中所占的比重都有了很大的提高。但中国依旧是依赖劳动力密集和原材料等成本优势参与全球价值链，仍处于低端的位置。因此，中国在保持加工贸易政策稳定性与连续性的同时，需要推动企业向全球价值链高附加值环节攀升，通过全球价值链的合作提升自身科技水平，推动产业升级转型，提升在全球分工的地位。其次，全球价值链合作有益于中国完善全球价值链的配套服务体系。目前，国际竞争已经从产品竞争转移到生产系统竞争，即整个价值链中各个环节的竞争，而连接各个环节的正是生产性服务业。中国应该提升生产性服务业的竞争力，加速中国服务业尽快向以金融、仓储、物流等为代

表的高端服务业转型。同时，行政主体改革需要更新，改善企业经营环境。最后，全球价值链合作可以推动中国打造全球价值链主导企业。对中国而言，全球价值链主导企业最重要的作用在于树立中国大国形象，增强中国政府在全球治理中的议价筹码。中国要想从制造业大国转变为制造业强国，必须创建中国企业主导的全球价值链。中国企业必须提升自身的科技水平和创新能力，带动生产性服务业的快速增长，从而推动中国的全球价值链地位的攀升。

第三节　APEC 成员开展全球价值链合作的基础

2014 年在中国青岛举办的 APEC 贸易部长会议上批准了《亚太经合组织促进全球价值链发展合作战略蓝图》（以下简称《战略蓝图》），这是全球首个针对全球价值链合作的政策性文件，同时也是全球首个区域合作组织所批准通过的全球价值链合作纲领，内容包括提高贸易便利化程度、促进与提升中小企业嵌入全球价值链、提高贸易透明度、增加全球价值链韧性、加强与国际组织之间的联系等。会议就全球价值链的重要性、削减全球价值链发展的贸易投资壁垒、推动全球价值链发展的措施及影响、推动经济体和企业参与全球价值链和地区经济合作等问题作了深入探讨。该《战略蓝图》的制定加强了 APEC 各成员间的贸易合作，促进了亚太地区经济与贸易领域合作，提升了亚太地区的经济活力，为 APEC 成员开展全球价值链合作指明了方向。事实上，APEC 成员开展全球价值链合作不仅有深厚的合作交流背景、经济背景和社会历史背景，也有着坚实的经济合作基础。

一、APEC 成员贸易开放程度较高

APEC 成员的贸易开放程度较高，其中重要一点的体现就是贸易自由化、便利化。贸易自由化、便利化旨在顺应经济全球化、区域一体化趋势，共同打造开放、包容、均衡、普惠的区域经济合作架构，为各成员互利共赢、共同发展奠定坚实基础。同样以中国为例，可以窥见 APEC 成员之间超越全球其他地区的开放程度。表 1-3 展现了 2016 年中国与 APEC 部分成员双边贸易指数分析，这些指数包含了双边贸易总额、总额增速以及中国对该成员非金融类直接投资、该成员

对中国非金融类直接投资、海外工程项目合作等多项指标。首先，我们可以看出，除文莱双边贸易总额为 1.6 和缅甸双边贸易总额为 3.2 外，其他成员双边贸易总额差距不是特别明显，均为 4，说明了中国与其他成员的贸易往来总体平稳且额度较大。中国对 APEC 部分成员的非金融类直接投资也处于较高水平：中国对俄罗斯、泰国、印度尼西亚、越南、新加坡和缅甸的非金融类直接投资为 3，对马来西亚和菲律宾的非金融类直接投资为 2.4，对文莱的非金融类直接投资为 1.2。俄罗斯、泰国、印度尼西亚、马来西亚、新加坡、菲律宾和文莱对中国非金融类直接投资达到了 3，越南对中国非金融类直接投资为 1.2，缅甸对中国非金融类直接投资为 2.4。从 APEC 其他成员对中国的非金融类直接投资可以看出，双方投资往来密切。从海外工程合作项目来看，中国与俄罗斯、印度尼西亚的海外工程合作项目为 6，与越南和缅甸的海外工程合作项目为 5。总体来说，中国作为东亚地区最大的发展中国家与世界经济增长的重要引擎，以对外开放为重要支点，在长期的对外贸易过程中与 APEC 部分成员建立了友好的往来和密切的合作。

表 1-3　2016 年中国与 APEC 部分成员双边贸易指数分析

成员	双边贸易总额	双边贸易总额增速	中国对该国非金融类直接投资	该国对中国非金融类直接投资	海外工程项目合作
俄罗斯	4	0	3	3	6
泰国	4	2.01	3	3	4.6
印度尼西亚	4	0	3	3	6
越南	4	3.51	3	1.2	5
马来西亚	4	0.82	2.4	3	4.8
新加坡	4	1.43	3	3	3.2
菲律宾	4	1.83	2.4	3	2
缅甸	3.2	0	3	2.4	5
文莱	1.6	0	1.2	3	2.4

资料来源：国泰安数据库。

基础设施作为对外开放领域的重要支持，同样可以从一国（地区）港口及集装箱吞吐量来观测其对外开放水平。亚太地区港口数量众多，并且许多港口的吞吐量占据世界前列。从表 1-4 我们可以看出，2019 年全球集装箱吞吐量排名前 20 的港口中超过半数所属国家（地区）是 APEC 成员。2019 年，基于上海国际航运研究中心港航大数据库数据，上海港抵港船舶艘次已超过新加坡港成为全球抵港船舶艘次最多的港口。上海港集装箱吞吐量连续 10 年世界第一，且集装箱增长速度保持稳定。

表 1-4　2019 年全球集装箱吞吐量港口排名（前 20）

排名	港口	所属国家	千标准箱
1	上海港	中国	42010
2	新加坡港	新加坡	36599
3	宁波舟山港	中国	26351
4	深圳港	中国	25740
5	广州港	中国	21922
6	釜山港	韩国	21663
7	香港港	中国	19596
8	青岛港	中国	19315
9	天津港	中国	15972
10	杰贝阿里港	阿拉伯联合酋长国	14954
11	鹿特丹港	荷兰	14513
12	巴生港	马来西亚	12316
13	安特卫普港	比利时	11100
14	厦门港	中国	10702
15	高雄港	中国	10446
16	大连港	中国	9770
17	洛杉矶港	美国	9459
18	丹戎帕拉帕斯港	马来西亚	8961
19	汉堡港	德国	8730
20	长滩港	美国	8091

资料来源：UNCTAD。

对外直投资（Foreign Direct Investment，FDI）可以从侧面说明一国（地区）的贸易开放程度。从表 1-5 可以看出，加拿大对外直接投资从 2016 年的 372.97 亿美元下降至 2017 年的 242.44 亿美元，美国对外直接投资从 2016 年的 4571.26 亿美元下降至 2017 年的 2753.81 亿美元。中国对外直接投资从 2016 年的 1337.10 亿美元上升至 2017 年的 1363.20 亿美元。除文莱外，2017 年各国和地区的对外直接投资额均为正值，其中巴布亚新几内亚的对外直接投资额也较低，说明了 APEC 成员对外开放水平不平衡的情况。总体来说，美国的对外直接投资额位居第一，中国次之，但中国对外直接投资额呈现逐年稳步上升态势，说明了中国对外开放程度进一步扩大。

表 1-5 2010~2017 年 APEC 成员对外直接投资额　　　单位：亿美元

成员	2010 年	2011 年	2012 年	2013 年	2014 年	2015 年	2016 年	2017 年
加拿大	284.00	396.69	431.11	693.91	589.33	456.03	372.97	242.44
美国	1980.49	2298.62	1990.34	2013.93	2017.34	4657.65	4571.26	2753.81
澳大利亚	367.96	589.32	595.74	567.66	409.70	204.63	477.56	463.68
日本	-12.52	-17.58	17.32	23.04	120.30	33.09	113.88	104.30
新西兰	-0.62	42.38	35.04	18.63	24.37	-2.45	29.11	35.72
中国	1147.34	1239.85	1210.80	1239.11	1285.00	1356.10	1337.10	1363.20
中国香港	705.41	965.81	701.80	742.94	1130.38	1743.53	1173.87	1043.33
韩国	94.97	97.73	94.96	127.67	92.74	41.04	121.04	170.53
印度尼西亚	137.71	192.41	191.38	188.17	218.11	166.42	39.21	230.63
马来西亚	90.60	121.98	92.39	121.16	108.77	100.82	113.36	95.43
菲律宾	12.99	20.44	24.49	22.80	52.85	44.47	69.15	95.24
新加坡	574.60	399.92	598.37	574.53	734.75	627.46	774.54	620.06
泰国	145.55	13.70	91.35	154.93	48.09	56.24	20.68	76.35
越南	80.00	75.19	83.68	89.00	92.00	118.00	126.00	141.00
文莱	4.81	6.91	8.65	7.76	5.68	1.73	-1.50	-0.46
智利	149.10	216.58	281.00	211.68	242.62	195.41	111.63	67.30
墨西哥	273.19	252.21	217.30	484.92	286.72	348.58	297.55	296.95
巴布亚新几内亚	1.01	9.56	6.07	1.34	0.77	0.48	15.97	5.77
中国台北	24.92	-19.57	32.07	35.98	28.28	23.91	92.31	32.55
秘鲁	84.55	73.41	117.88	98.00	44.41	82.72	68.63	67.70
俄罗斯	316.68	368.68	301.88	533.97	291.52	118.58	371.76	252.84

资料来源：UNCTAD，FDI/MNE data base（www.unctad.org/fdistatistics）.

二、APEC 成员的民间友好往来密切

全球价值链合作不能仅停留在国家（地区）层面，还有赖于民间友好往来。

表1-6展示了中国与APEC部分成员的友好城市建设、文化交流活动、旅游签证便利化、孔子学院/课堂建设、该成员合作期待度和中国合作期待度。从民心相通的角度来看，与中国民心相通程度关联更为密切的国家主要是处于亚洲地区的APEC成员。菲律宾、泰国、印度尼西亚、越南和俄罗斯均与中国建设了3个友好城市，这些成员的孔子学堂的建设程度也较高，合作期待度都在3以上，说明了中国与APEC成员往来密切。

表1-6 2016年中国与APEC部分成员民心相通度分析

成员	友好城市建设	文化交流活动	旅游签证便利化	孔子学院/课堂建设	该成员合作期待度	中国合作期待度
菲律宾	3	2.4	0	3	3.29	3.08
泰国	3	3	2	3	3.64	3.81
印度尼西亚	3	2.4	3	3	3.33	3.44
越南	3	3	2	3	3	3.78
俄罗斯	3	3	0	3	3.85	3.96
马来西亚	2.75	3	0	3	3.57	3.82
文莱	0.25	1.8	2	0	1.19	3.06
新加坡	0.25	3	0	3	3.91	3.9

资料来源：国泰安数据库。

三、APEC成员间具有良好的设施联通

基础设施作为特定国家和地区开展国际贸易以及全球价值链相关活动的必要基础，从其联通程度中同样可以观察到双边开展全球价值链合作的基础。表1-7展现了2016年APEC部分成员与中国的航空联通度、铁路联通度、海路联通度、电话线路覆盖率、互联网普及率、跨境通信设施建设和跨境油气管道建设。航空联通度指数反映了航空区域外部联通状态以及区域的对外开放能力和水平，也是机场业务发展基础要素。从表1-7中可以看出，大部分国家与中国的航空联通度都比较高。铁路联通度由于受到陆地接壤等方面的限制，有些国家与中国并不相邻，所以铁路联通度为0，目前，与中国铁路相连的国家主要有俄罗斯、朝鲜、越南、蒙古国和哈萨克斯坦等国家。随着国际贸易规模的日益扩大，航运作为国际货物贸易的主要运输形式，因其运输量大、成本低廉等特点，成为国际贸易货

物运输的重要渠道，对贸易发展有着巨大的推动作用。在跨境通信设施建设方面，除了文莱和泰国为 0 之外，其余成员均为 2。跨境油气管道建设指标中只有俄罗斯与中国有往来，这可能是由于俄罗斯拥有丰富的油气资源，在能源领域合作关系密切。互联网普及率是互联网发展水平的基础性指标。从互联网普及率来看，印度尼西亚的互联网普及率在表中国家为最低，其余成员的互联网普及率较高。从总体来说，发达经济体的互联网普及率普遍高于发展中经济体。网络、移动和社交媒体已经成为世界各地人们日常生活中不可或缺的一部分，全球目前有超过 45 亿人使用互联网，而社交媒体用户已超过 38 亿人。便捷的网络为各国和地区进行线上的全球价值链合作提供了可能。随着信息技术的发展进步，互联网技术为全球价值链合作提供了坚实的技术基础。

表 1-7 2016 年中国与 APEC 部分成员设施联通度分析

成员	航空联通度	铁路联通度	海路联通度	电话线路覆盖率（%）	互联网普及率（%）	跨境通信设施建设	跨境油气管道建设
泰国	2	0	1.34	0.35	0.76	0	0
菲律宾	2	0	1.33	0.13	0.87	2	0
越南	2	2	0.94	0.25	1.06	2	0
马来西亚	2	0	1.15	0.6	1.48	2	0
俄罗斯	2	2	1.14	1.11	1.54	2	3
新加坡	2	0	1.23	1.49	1.79	2	0
印度尼西亚	2	0	1.86	0.43	0.37	2	0
文莱	0.8	0	2	0.47	1.5	0	0

资料来源：国泰安数据库。

第四节 APEC 成员开展全球价值链合作的基本情况

前文已经就 APEC 成员开展全球价值链合作的背景、必要性、基础等进行了简单的介绍，本节则将视野转移至 APEC 成员开展全球价值链合作的代表性领域，并作简要分析。

一、APEC 成员开展全球价值链合作的领域和方式

从前文的分析中不难发现，APEC 成员开展全球价值链合作主要集中在各成员自发开展的贸易、跨境投资等领域，上述领域也恰好是全球价值链分工渗透最为明显的领域。从现实推进情况来看，全球价值链合作需要建立在世界各国和地区充分分工的基础上，特别是对于 APEC 成员而言，以美国、日本、加拿大为代表的传统发达成员经济发展水平较高，拥有完整而高效的高科技产业链，先发优势使当地的人均收入水平远高于世界其他地区的人均收入水平，同时也使这些成员的传统制造业有着巨大的国际转移潜力；但发达成员不断上升的劳动力成本也使其面临着产业向外转移的现实需要。相较之下，APEC 其他成员以发展中成员为主，它们不仅有着实现经济发展的现实需要，而且需要来自发达成员的产业转移来促进当地的经济发展，因此产业结构的高度互补使 APEC 成员间有着良好的合作基础。与此同时，APEC 成员之间由于历史长期往来，双边以直接的贸易关联所承载的全球价值链合作日益紧密，相应地，全球价值链生产模式也更加密切，这些都使双边的贸易往来成为开展全球价值链合作的核心。

APEC 成员开展全球价值链合作以自愿与协调相结合的方式展开。第一，在 APEC 贸易投资自由化和经济技术合作进程中，自愿原则贯穿始终。各成员可根据所规定的灵活性原则和各自的实际情况逐步决定自己的优先事项，不需要一致同意。第二，在自愿行动原则的基础上，进行必要的协调，避免成员的行动出现较大的差距。第三，建立协调机制。APEC 将实施审议制度，对成员的行动计划进行比较和定期审议。APEC 并没有强制约束力，其在成立之初就是作为以定期性的首脑会谈的形式解决国际合作中遇到的一系列问题而存在的，因而无论是历次 APEC 领导人非正式会议，还是部长级会议，均可以视为国际意愿的表达。因此，就具体合作方式来看，作为政府间经济合作机构的 APEC 并不能够直接从官方层面来推进全球价值链合作。但是这并不意味着官方层面在促进 APEC 成员间全球价值链相关领域的合作方面收效甚微。正如前文所提到的那样，APEC 一方面有效地促进了各成员间的政策沟通和顶层对话，有效地降低了政策摩擦对全球价值链合作的负面影响，极大地降低了 APEC 成员间开展全球价值链合作的外部政策不确定性；另一方面，APEC 也为全球价值链合作铺平了道路。APEC 的各项互惠政策安排部分能够得到具体的协调和安排，在降低政策沟通和协调的阻碍的同时，也有助于不同成员间的政策得以贯彻，从而为将全球价值链合作推向更高水平提供良好的平台支持。

二、APEC 成员开展全球价值链合作的水平

本书在具体分析的过程中则是结合"一带一路"倡议的相关内容，尝试从政策沟通度、设施联通度、贸易畅通度、资金融通度、民心相通度五个维度综合评价 APEC 部分成员与中国的互联互通合作水平，通过对相关合作的内容展开定量测度以评估具体的合作水平。具体而言，指数值越大，合作水平越高。合作度类型可划分为深度合作型（80~100 分，含 80 分）、快速推进型（60~80 分，含 60 分）、逐步拓展型（40~60 分，含 40 分）、有待加强型（40 分以下）。在具体分析的过程中，同样以中国为例，具体分析了中国与部分 APEC 成员的合作关联程度。由表 1-8 可知，2016 年中国与 APEC 部分成员合作度指数排名前九的依次为俄罗斯、泰国、印度尼西亚、越南、马来西亚、新加坡、缅甸、菲律宾、文莱。中国与俄罗斯的合作度指数最高，为 85.09。中国与文莱的合作度指数最低，为 33.27。合作度类型中，快速推进型国家居多，泰国、印度尼西亚、越南、马来西亚、新加坡和缅甸均为快速推进型；俄罗斯为深度合作型；菲律宾为逐步拓展型；文莱为有待加强型。近年来，基于全球价值链的多、双边合作发展迅猛，东亚以及亚太地区的区域一体化进程不断加快，APEC 成员间关系日益密切，东盟一体化、RCEP、中韩 FTA、中日韩 FTA、TPP 等区域合作不断推进。世界各国和地区都已经深刻认识到，促进全球价值链合作、构建包容增长型的全球价值链，是推动全球经济贸易实现新一轮增长的重要路径。

表 1-8　2016 年中国与 APEC 部分成员合作度指数排名分析

排名	成员	所属板块	合作度指数	合作度类型
1	俄罗斯	俄罗斯	85.09	深度合作型
2	泰国	东南亚	74.01	快速推进型
3	印度尼西亚	东南亚	71.33	快速推进型
4	越南	东南亚	70.74	快速推进型
5	马来西亚	东南亚	69.89	快速推进型
6	新加坡	东南亚	69.22	快速推进型
7	缅甸	东南亚	61.43	快速推进型
8	菲律宾	东南亚	46.33	逐步拓展型
9	文莱	东南亚	33.27	有待加强型

资料来源：国泰安数据库。

三、APEC 成员开展全球价值链合作的成效

目前，APEC 在经贸领域所取得的成果包括五个方面：一是在关税、服务等领域制定了新的倡议；二是亚太示范电子口岸网络在 APEC 的推动下取得了新进展；三是全球价值链贸易增加值取得重大进展；四是为以后各成员之间的合作提供了新愿景；五是在当前保护主义和单边主义显露的背景下，达成了 APEC 支持多边贸易体制的共识。APEC 促进了贸易与投资自由化的发展，提高了贸易透明度，发挥了中小企业在全球价值链中的作用，为各成员更好地融入全球价值链、进行全球价值链合作奠定了基础。APEC 成员开展全球价值链合作是为了使区域分工和区域投资更加合理、贸易更加自由便利。1990 年，APEC 提出"地区贸易自由化"的发展目标：在第三届部长级会议上，《汉城宣言》明确提出 APEC 的主要目标是加强多边贸易开放体制、实现投资贸易自由化。1993 年，APEC 第一次领导人非正式会议通过发表《APEC 领导人经济展望声明》提出要解决贸易投资困难，实现商品和资金等在各成员之间的流动，同时会议审议通过了建立贸易和投资自由化委员会的提议。1994 年，《茂物宣言》的发表代表着实现贸易投资自由化正式提上日程，并承诺对于发达成员和发展中成员实现贸易自由化最晚不得晚于 2010 年和 2020 年。APEC 能有效运行多年主要依靠的就是其在组织建设上取得的多项成果。APEC 第一次领导人非正式会议召开后，每年由各成员轮流主办的年度会议成为其内部的主要运行机制。在年度会议上，APEC 各成员的领导人就每年的组织工作进展和成果进行汇报，并根据当下情况进行新一年的工作部署，随后由秘书处进行协助，逐级展开实施工作。同时，APEC 还建立了 APEC 工商咨询理事会等机构，帮助 APEC 提高其在社会公众中的影响力。

（1）APEC"茂物目标"的提出。"茂物目标"作为 APEC 第二次领导人非正式会议上取得的重要成果，不仅就推动 APEC 成员之间的贸易自由化做出了部署，而且明确给出了时间表：发达成员应当于 2010 年之前全面实现既定的投资与贸易自由化目标，发展中成员则要于 2020 年之前落实相关目标。在此后的多次 APEC 领导人非正式会议上就这一问题进行了延伸，提出了更多更为细致的具体安排。此外，APEC 作为政府间经济合作机构，在贸易自由化领域所取得的成就主要表现为：1989~2018 年，APEC 各成员的关税大幅度降低，从以前的 17% 降至 5.3%；与此同时，APEC 贸易总额已经高达 24 万亿美元，年平均增长率约为 7.1%。

除直接促进 APEC 成员之间的贸易流动外，贸易便利化也取得了诸多的成果，其中典型的代表即为"APEC 贸易投资便利化行动计划"，其中 APEC 在标准一致化、商务人员流动、电子商务行动等领域做了大量的工作。例如 2009～2018 年，在 APEC 地区企业的登记审核时间减少了一半，平均只需 10.8 天，成本平均下降了 2.7% 左右。对于加入"APEC 商务旅行卡计划"的成员，五年内可凭有效护照和商务旅行卡自由往来于签署成员，无须办理入境签证。

（2）与发展相关的合作议题的提出。在经济技术领域，APEC 成员主要围绕项目展开合作，包括收集与分享信息、推广最佳范例、对相关人员进行培训、交流技术应用、定期举办专业研讨会等。近年来，APEC 成员在经济技术领域的合作重点主要围绕促进可持续增长、自然资源保护与开发和支持中小企业融入全球价值链等方面，且随着实际情况进行动态调整。

由于 APEC"茂物目标"在 2010 年结束第一阶段目标，加上 APEC 成员多数都受到了金融危机的严重影响，成员们注意到了经济结构存在的问题以及及时进行改革的重要性。因此 APEC 认为要想使各成员走可持续发展的道路，需要多层次进行经济合作，加强市场的透明度，促进各成员之间利益共享和开展多元化合作。随后，在 2010 年 APEC 又正式发表了《APEC 领导人增长战略》（以下简称《战略》），旨在实现亚太区域的经济平衡、包容、可持续、创新和安全。根据该文件，APEC 明确了完整的战略框架（见表 1-9），凸显了 APEC 适应快速复杂的经济环境变化和展开新合作的需求。一方面，该《战略》明确了增长目标与实现目标所需的要素与关系；另一方面，该《战略》增强了 APEC 各成员之间共享利益繁荣以及自我完善革新的决心。近年来，APEC 多次召开增长合作的会议，全球价值链合作便是议题拓展的一方面。

表 1-9 《APEC 领导人增长战略》框架

战略内容	战略目标	核心措施
平衡增长	促进 APEC 各成员内外平衡发展；基础设施建设促增长	解决经常账户失衡问题；推行结构改革；提供技术支持和咨询服务
包容性增长	确保民众有机会参与促进经济增长并从经济增长中受益	开发相关人力资源；推动中小企业和微型企业的发展；为弱势群体提供机会；加强社会保障
可持续增长	实现经济增长与保护环境的协调发展向绿色经济转型	提高能源利用效率，实施低碳政策；鼓励发展低碳能源和环境产品产业；鼓励私营企业通过融资方式投资绿色产业

战略内容	战略目标	核心措施
创新增长	创造有利于创新和新兴部门发展的经济环境	应用信息通信技术（ICT）；促进数字领域的繁荣；加强知识产权保护和标准一致化建设；实现信息共享
安全增长	保护本地区民众的生命财产安全，为经济活动提供必要的安全环境	反恐，确保贸易、粮食安全；增强防灾减灾能力；反腐败，增强透明度

资料来源：APEC，The APEC Leaders' Growth Strategy, Yokohama Japan，14 November 2010.

（3）数字经济合作。APEC 通过承担和参与数字经济合作项目，从中收益颇多。2010 年至今，《APEC 促进互联网经济合作倡议》《APEC 数字时代人力资源开发框架》《APEC 互联网和数字经济路线图》《APEC 跨境电子商务便利化框架》都为数字经济合作提供了框架支持，其中合作领域包括数据隐私保护、电子商务和数字贸易等多个方面。针对如何实施数字经济项目，APEC 还设立了专门的工作组：人力资源开发工作组（HRDWG）、中小企业工作组（SMEWG）、通信信息工作组（TELWG）、电子商务指导小组（ECSG）以及科技创新政策合作（PPSTI）。2006~2018 年，APEC 成员共展开 133 项数字经济合作项目，涵盖多个领域，电子商务和数字基础设施建设为 APEC 成员展开数字经济合作的重中之重，其中：电子商务领域作为传统议题，合作项目共计 30 项，占比为 22.6%；互联网基础设施建设作为合作基础，合作项目共计 26 项，占比 19.5%。

第五节　小结

APEC 作为政府间经济合作机构，自成立之时起就已经在贸易、投资合作、自由贸易区建设等领域展开尝试。世界范围内，特别是亚太地区总体关税大幅度的降低、非关税壁垒的削减以及投资准入门槛的降低为全球价值链合作奠定了坚实的基础，全球分工的进步则为区域内全球价值链的推进提供了内在动力。APEC 成员间悠久的历史关联和现实经济联系也是 APEC 成员开展全球价值链合作的重要因素之一。APEC 成员开展全球价值链合作对于参与方而言十分必要，作为全球经济最具活力的地区，APEC 成员开展全球价值链合作有助于其成员释放当地的经济发展潜力，实现更好的经济发展；同时有利于贸易自由化和投资便利化的发展，亚太地区作为全球经济最具潜力的地区之一，全球价值链嵌入为当地提供了更好的发展机遇，而中国作为全球价值链体系最大的获益者和参与者，全球价值链合作的实现也是中国的现实需要。APEC 成员之间较高的贸易开放程度、良好的沟通程度以及顺畅的基础设施联通为展开全球价值链合作提供了必要的基础，APEC 成员之间的合作也已经取得了一些成绩。

第二章 共建"一带一路"国家（地区）参与全球价值链合作的现状

第一节 共建"一带一路"国家（地区）参与全球价值链合作的背景

一、现实背景

2013 年 9 月，习近平主席访问哈萨克斯坦时，明确提出要重建"丝绸之路经济带"；同年 10 月，访问印度尼西亚时，习近平主席表示要与相关国家一起共建"21 世纪海上丝绸之路"。其后，"一带一路"工作小组正式设立，隶属国家发展和改革委员会。到 2015 年 3 月，针对"一带一路"的建设，中国对外明确发布《推动共建丝绸之路经济带和 21 世纪海上丝绸之路的愿景与行动》；2017 年 5 月，就"一带一路"倡议，中国在北京举办第一届"一带一路"国际合作高峰论坛。而后，中国还多次举办上合组织青岛峰会、中非合作论坛峰会等。在一系列活动的推动下，"一带一路"倡议日渐获得了广泛的关注、越来越多的响应，其影响力不断扩大、持续增强。

"一带一路"是"丝绸之路经济带"和"21 世纪海上丝绸之路"的简称，是中国推动构建人类命运共同体、促进世界繁荣稳定的重要依托，可以从设施、制度、观念三个层面来理解。首先在设施层面，"一带一路"倡导建设基础性设施建设，致力于助推共建国家（地区）的经济发展；其次在制度层面，"一带一路"倡导建设拥有包容性、开放性的国际制度体系，以及反对排他性的制度体系；最后在观念层面，共建"一带一路"国家（地区）共同发展、互利共赢，克服发展赤字。

在经济全球化的推动下，全球供应链体系越发细分化，已经日渐被细分至具体的模块、具体的工序，这使全球经济格局被重塑，极大地影响了全球经济的具体运行方式。在这一发展背景下，"一带一路"倡议使多边主义的基本内涵进一步被丰富化，也使国际合作走向了新的发展方向，无论是对于全球经济的共同发展，还是对于唤醒各经济体自身的发展生机和活力，都创设了新的路径。

全球化强化了生产的细分能力，在这一背景下，"一带一路"沿线分布的诸多经济体可以根据自己的生产要素禀赋、生产能力，共同构建起跨国、跨区域的全球性生产价值链体系，借此使沿线诸国能够更好地融入全球价值链。这一发展进程中，发达经济体通常是核心技术的掌控者，在价值链条中居于高端环节，它们通过对外直接投资将低端的价值链环节转移到资源更为丰富的发展中经济体，借此让生产制造具备更高的效率，使收益率得以提升和保持。而发展中经济体在这个过程中则可以借助代加工、通过技术模仿，求得发展。经由这一机制，发达经济体和发展中经济体之间就构建起了紧密机制合作。

但是，2008 年全球金融危机爆发，不仅降低了全球经济的发展速度，而且暴露出了全球经济在结构层面上所存在的问题。在这一背景下，"一带一路"倡议使本地需求得以拓展，区域合作进一步增强，它可以被视作"逆向创新"。"一带一路"倡议冲击了现有的国际经贸秩序，其未来将直接影响全球价值链的分布和国际贸易规则的制定。"一带一路"倡议有助于在全球构建起一个高度开放、广泛共享的贸易体系，有助于相关经济体更好地融入新时期的全球价值链体系，进一步推进全球价值链的优化、提升和发展。

二、历史背景

"一带一路"虽然由中国倡议，但是源自历史、着眼未来，不只是聚焦亚欧非这三大洲，而是面向全球。"一带一路"在"共商、共建、共享"这一基本原则的基础之上，在互利共赢、和平合作、包容开放以及互学互鉴的精神引领之下，将重点放在设施联通、资金融通、政策沟通、贸易畅通，以及民心相通等诸多领域，也正是因此，"一带一路"倡议在全球受到了诸多国家和地区的欢迎。2015 年 3 月，针对"一带一路"建设，中国对外明确发布《推动共建丝绸之路经济带和 21 世纪海上丝绸之路的愿景与行动》。此后，它成为中国外交的重点工作内容，被视作中国在全球治理领域发挥自身作用的重要标志。"一带一路"倡议自从提出到现在，得到了诸多国家、诸多地区的响应，它为全球经济的发展注入了新动力，加速了生产要素在全球市场的流通，有助于产业在不同经济体之间的转移，能够让相关的经济体更好地释放自己的实力、自己的潜力，无论是对于全球贸易体系，还是对于全球分工，都有极大的影响。

追溯"一带一路"的发展历程，不难看出其有助于生产要素、生产资源更为有序、更为自由地在不同地区、不同经济体之间流动，提升了生产要素的配置效率，让各经济体之间能够保持深度的合作关系，让全球分工的范围更广、层次更深，帮助广大发展中经济体更好地融入全球经济链条，增强国际竞争力，让其发展愿景能够得到更好的实现。

共建"一带一路"国家（地区）开展全球价值链的合作也离不开中国的对外开放。近年来，中国的对外开放更加主动和积极。自中国加入WTO后，与世界各国和地区的联系越来越紧密，不管是经济贸易往来还是文化交流，都促进了中国和其他国家和地区的发展。由中国倡导的"一带一路"倡议不但有利于中国经济发展，更加有利于共建国家（地区）的发展。为了让"一带一路"能够顺利进行，我党和国家投入了大量的人力、物力，并从政策上对这个重要国际项目表示支持，充分体现了中国对外开放的决心。中国的对外开放是建立在共同发展的基础上的，中国以及所有共建"一带一路"的国家（地区）在科技、文化以及经济层面的互相交流，改善了沿线国家的基础设施建设，提升了中国对外开放的格局和水平。

共建"一带一路"国家（地区）参与全球价值链合作和南南合作也密不可分。进入21世纪以来，全球南方国家经济实力迅速增强，日益深化的南南合作对世界经济发展的影响也越来越大，中国在推动南方国家兴起和世界经济格局转变的过程中扮演着重要角色。当下，中国推动形成全面开放新格局，既维护了全球自由贸易的大局、增强了自身的发展潜力，又从升级传统领域合作与开展新领域合作两个方面开启了新型南南合作。

第二节 共建"一带一路"国家（地区）参与全球价值链合作的必要性

一、有利于共建"一带一路"国家（地区）资源互补

资源和要素禀赋的互补是共建"一带一路"国家（地区）的典型特征之一。

共建"一带一路"国家（地区）众多，它们拥有充裕的资源禀赋，如俄罗斯、哈萨克斯坦、沙特阿拉伯等国家境内拥有丰富的油气资源，它们也是全球范围内最重要的能源出口国家，但同时其也面临着环保压力激增、能源价格不稳、工业竞争力持续下降、服务业发展受限等问题。相比之下，中国和印度作为区域性的制造业大国，由于经济的高速发展和对相关资源的需求量巨大，使中国和印度仍然需要大量进口原材料和能源以满足本国生产。共建"一带一路"国家（地区）本身有着经济发展的现实需求，但是受限于客观技术条件、要素禀赋，依赖本国自身难以满足自身实现发展的客观需要，因而必须借助全球价值链上的分工来充分获取全球化带来的收益。因而，基于资源互补的共建"一带一路"国家（地区）有着开展全球价值链合作的充分必要性。

全球价值链合作将能够有效调剂不同国家和地区间资源，但是其理论基础仍然是比较优势的高度互补。例如，俄罗斯、哈萨克斯坦、沙特阿拉伯等国家拥有丰富的油气资源，但缺少强有力的工业支持，客观需要并不能够转化为现实优势，因而需要加强国际合作，发挥参与国在各自产业链的比较优势。共建"一带一路"国家（地区）中既有诸如俄罗斯、哈萨克斯坦等资源禀赋极为丰富的国家，也有诸如中国、印度等区域制造业大国，还有新加坡这样精于各类金融与市场服务的国家，因此，共建"一带一路"国家（地区）的资源互补得以直接转化为比较优势的互补，并具备了将共建"一带一路"国家（地区）的分工重新组合、分配的可能。

二、有利于共建"一带一路"国家（地区）形成完整的分工体系

随着经济全球化和一体化程度的不断加深，全球价值链分工为世界各国和地区带来了良好的外部发展机遇。绝大部分共建"一带一路"国家（地区）在发展水平方面属于发展中国家，还处于工业化早期阶段，在工业竞争力方面难以和发达国家相提并论，产业资本不足成为限制其发展的主要因素。在这种情况下，外资成为各个发展中国家争取的重要产业要素。中国在长期的工业化进程中形成了全球最大的制造业产能，同时也是全球工业门类最为完善的工业体系，制造业的匹配能力较强，在产业资本、技术标准等方面均可以为共建"一带一路"国家（地区）补充生产所需要的各类中间产品和其他工业品。随着"一带一路"倡议在各共建国家（地区）的深入推进，通过构建以中国为"雁首"、共建国家（地区）为"雁身"的新型分工体系，以互联互通的方式，引领共建国家（地

区）实现共同发展，为其经济再起飞和世界经济复苏创造了有利条件。

三、有利于促进共建"一带一路"国家（地区）和世界经济发展

全球价值链引发了知识与高技能劳动力的技能溢价，引致技能偏向型技术进步，进而又增强了技术吸收和赶超能力。共建"一带一路"国家（地区）开展全球价值链合作不仅传承了古代丝绸之路和平友好发展的发展理念，"一带一路"倡议所秉持的共同发展、开放包容、互利共赢的思想也为在全球价值链的相关合作赋予了新的内涵，特别是在当前国际贸易保护主义持续抬头的大背景下，国际社会上以邻为壑的思想暗潮汹涌，世界范围内发展不平衡、不对等的现象仍然在持续，而当前的国际分工体系本身难以化解这些内在矛盾，因而只能够通过各类外部性的举措来优化各国和地区在全球价值链的分工。共建"一带一路"国家（地区）经济发展水平仍然较低是不争的事实，相关国家也需要抓紧这一难得的机遇，实现自身经济的发展。而借助全球价值链发展的浪潮，构建人类命运共同体，推动共建"一带一路"国家（地区）的产业链发展和经济全球化进程，尤为重要。

与此同时，中国的改革开放已至重要阶段，共建"一带一路"国家（地区）的经济发展也恰逢重要的过渡阶段，共建"一带一路"国家（地区）参与全球价值链合作符合欧亚大陆不同国家和地区经济发展的需求，不仅能协助中国和周边国家更好地开展经贸往来，还能使附近发展中国家借鉴中国的发展经验从而获得更快的进步，促进南北合作更大范围地推行下去。过去的这些年，中国经济开放的核心特征，从地理位置方面而言属于"往东开放"，各种要素逐渐向东南沿海区域聚集；同时，中国参与到由西方资本主义国家跨国企业所倡导的全球价值链中，开展加工生产与出口活动，使中国获得了巨大红利。在当前社会形势下，我们十分关注共建"一带一路"国家（地区）全球价值链合作，注重的是在不断融入西方国家跨国企业所主张的全球价值链的基础上，将以往在欧美所提倡的全球价值链下开展"国际代工"中所收获的知识、技术与经验乃至有针对性的体系创新成果用至"一带一路"建设的实际活动中，不但给中国的经济迭代发展提供新动能，还可以带动共建"一带一路"国家（地区）经济更好地发展。也就是说，我们应强化和周边相关国家的政策交流、道路互通、贸易关系等领域的畅通机制建设，强化以全球价值链为前提的合作关系，让各个国家间、区域间能建立有针对性的贸易与投资活动的对话制度。若不去系统地构建区域价值链，那么中国等共建"一带一路"国家（地区）的企业将无发展的方向，也不明白开放后可以做什么、和谁联络，产生了经济风险

与利益问题后也不懂得应该如何处理、由谁来协调与解决，各种问题若无法较好地处理，共建"一带一路"国家（地区）间将无法建立各种稳定的经贸关系，"一带一路"倡议所提出的目标也将无从谈起。

四、有利于促进共建"一带一路"国家（地区）参与全球价值链贸易的公平性

"一带一路"倡议构建区域价值链在属性方面应当以公平贸易为前提，是各国参与者均能从中获得发展的基础。在 2016 年的 G20 峰会中，中国政府提出了与设立"包容的全球价值链"相关的看法，倡导有必要促使成员达成一致的观点，积极设立协调、包容的全球价值链体系。这是在现阶段全球经济持续发展的综合环境下，再建全球贸易准则的长期、关键的一大目标。包容性的全球价值链分工旨在为共建"一带一路"国家（地区）构建相对平等参与全球价值链分工的相关机制，特别是在当前的全球价值链分工对于发展中国家有价值"攫取"倾向的情况下，共建"一带一路"国家（地区）开展全球价值链合作显然有助于构建更加公平的全球价值链参与格局。中国长期以来不仅要维护 WTO 框架下全球贸易公平发展的相关机制，而且要为共建"一带一路"国家（地区）提供更加公平和友好的发展机遇，在"一带一路"倡议的相关框架下发展公平贸易体系，以及构建开放包容的全球价值链分工，促使各种规模、各种制度、各种文化以及各种方式参与全球价值链都能够获得平等发展的机会。中国所倡导的"一带一路"倡议在设计之初就强调公平发展对于中国以及其他共建国家（地区）发展的重要性，同时中国也是全球化最为坚定的倡导者和践行者。共建"一带一路"国家（地区）开展相关合作不仅能够保障各国平等共享全球价值链分工带来的发展机遇，而且有助于对抗世界范围内的单边主义，帮助共建"一带一路"国家（地区）平等地参与全球价值链，促使各国共享发展机遇。

第三节　共建"一带一路"国家（地区）参与全球价值链合作的基础

与 APEC 成员开展的全球价值链合作类似，共建"一带一路"国家（地区）参与全球价值链合作也并非建立在中国"一厢情愿"的基础上，事实上共建"一带一路"国家（地区）参与全球价值链分工不仅有其历史背景和必要性，而且有着坚实的现实主义基础。

一、中国与其他共建"一带一路"国家（地区）贸易畅通度较高

作为"一带一路"倡议的核心内容之一，贸易畅通一直以来都是中国与沿线国家得以开展全球价值链合作的核心载体与重要途径之一。从现实基础来看，全球价值链分工离不开作为其核心载体的直接双边贸易。相较于产能合作、产业转移以及其他形式的全球价值链合作，基于贸易的全球价值链合作一方面能够以较低的难度实现比较优势的充分发挥，使双方在不建设自贸区、宏观规划与具体行动的情形下，基于贸易的全球价值链合作就能有效提升双边在全球分工的关联程度，这也是全球价值链合作最为普遍的形式。为此，本书首先分析了中国与其他共建"一带一路"国家（地区）之间基于贸易的全球价值链合作相关内容，具体结果如表2-1所示。2018年，共建"一带一路"国家（地区）进出口总额排名前十的国家为中国、韩国、越南、马来西亚、俄罗斯、印度、泰国、新加坡、印度尼西亚、沙特阿拉伯。在共建"一带一路"国家（地区）海关货物进出口总额排名前十的国家所属板块中，东南亚国家居多，占到了50%。由于历史和地理范围的限制，使全球价值链领域的相关合作主要从地理位置较近的地方和区域内展开。东南亚国家在地理空间上的邻近性以及长期的历史往来，使它们的经贸关联远高于世界其他地区。与此同时，共建"一带一路"国家（地区）当中较大的贸易流量也决定了相关国家能够以较好的姿态融入全球分工体系。特别是，中国作为全球第一大货物贸易国以及全球最大的工业国，本身有着较强的产业发展潜力，而其后的韩国、越南、马来西亚等作为区域性质的制造业强国，在全球范围内的贸易重要性同样不言而喻。此外，通过对表2-1的进一步观察不难发现，"一带一路"倡议涵盖了不同国家和地区，分属于不同板块之间的国家同样可以在该倡议的影响下实现全球价值链深度合作，进一步证实了"一带一路"倡议在推动全球价值链合作领域的重要潜力。总的来看，贸易畅通作为全球价值链合作领域的重要载体，同时也是全球价值链合作的重要内涵，共建"一带一路"国家（地区）间长期的贸易决定了双方在该领域的合作拥有长期的载体以及合作基础。但是值得注意的是，不同国家之间的贸易实力差距较大的基本事实加大了开展全球价值链合作的难度，特别是共建"一带一路"国家（地区）中

具有极为明显的中心-边缘结构，使全球价值链合作既要重视整体的大方向，又要重视具体的实践路径。

表 2-1　2018 年共建"一带一路"国家海关货物进出口总额排名

序号	国家	所属板块	进出口总额（万美元）	进口总额（万美元）	出口总额（万美元）
1	中国	东亚	462242000.00	213573000.00	248668000.00
2	韩国	东亚	31339954.50	20464340.10	10875614.40
3	越南	东南亚	14783303.70	6395634.90	8387668.80
4	马来西亚	东南亚	10858103.30	6320504.60	4537598.70
5	俄罗斯	俄罗斯	10710744.90	5914217.60	4796527.30
6	印度	南亚	9550900.30	1883334.70	7667565.60
7	泰国	东南亚	8750835.40	4462963.70	4287871.70
8	新加坡	东南亚	8276439.70	3372777.20	4903662.50
9	印度尼西亚	东南亚	7734118.10	3414977.60	4319140.50
10	沙特阿拉伯	西亚北非	6328241.60	4585438.00	1742803.60
11	菲律宾	东南亚	5564824.20	2061160.00	3503664.20
12	阿拉伯联合酋长国	西亚北非	4588901.50	1623776.70	2965124.80
13	伊朗	西亚北非	3504201.30	2110228.00	1393973.30
14	伊拉克	西亚北非	3039859.80	2249527.40	790332.40
15	波兰	中东欧	2452158.00	364536.80	2087621.20
16	阿曼	西亚北非	2176312.20	1889851.10	286461.10
17	土耳其	西亚北非	2154545.50	375686.00	1778859.50
18	哈萨克斯坦	中亚	1987813.70	852660.90	1135152.80
19	巴基斯坦	南亚	1910540.30	217208.60	1693331.70
20	孟加拉国	南亚	1873748.20	98442.30	1775305.90
21	科威特	西亚北非	1865651.40	1534386.60	331264.80
22	捷克	中东欧	1630863.00	439904.70	1190958.30
23	缅甸	东南亚	1523210.90	468433.80	1054777.10
24	以色列	西亚北非	1391557.30	464115.70	927441.60
25	埃及	西亚北非	1382973.20	184252.40	1198720.80
26	卡塔尔	西亚北非	1162880.40	914639.00	248241.40
27	匈牙利	中东欧	1088228.80	434207.40	654021.40
28	乌克兰	中东欧	966353.20	264503.00	701850.20
29	土库曼斯坦	中亚	843629.50	811937.00	31692.50

序号	国家	所属板块	进出口总额 （万美元）	进口总额 （万美元）	出口总额 （万美元）
30	蒙古国	东亚	798900.10	634411.20	164488.90
31	斯洛伐克	中东欧	778147.50	524562.50	253585.00
32	柬埔寨	东南亚	738417.80	137665.50	600752.30
33	罗马尼亚	中东欧	667495.80	216785.20	450710.60
34	乌兹别克斯坦	中亚	626919.10	232446.00	394473.10
35	吉尔吉斯斯坦	中亚	561112.00	5432.70	555679.30
36	斯洛文尼亚	中东欧	501525.60	59102.20	442423.40
37	斯里兰卡	南亚	457679.40	32174.50	425504.90
38	老挝	东南亚	347214.80	201815.30	145399.50
39	约旦	西亚北非	318366.70	21418.20	296948.50
40	也门	西亚北非	259454.10	71993.30	187460.80
41	保加利亚	中东欧	258668.40	114643.10	144025.30
42	立陶宛	中东欧	209299.40	33003.90	176295.50
43	黎巴嫩	西亚北非	201826.80	4898.40	196928.40
44	文莱	东南亚	183945.80	24751.00	159194.80
45	白俄罗斯	中东欧	171264.30	57105.40	114158.90
46	克罗地亚	中东欧	153915.90	21199.70	132716.20
47	塔吉克斯坦	中亚	150592.60	7684.40	142908.20
48	拉脱维亚	中东欧	137913.90	21305.10	116608.80
49	巴林	西亚北非	128564.70	15012.50	113552.20
50	爱沙尼亚	中东欧	127669.80	24519.10	103150.70
51	叙利亚	西亚北非	127364.10	86.90	127277.20
52	格鲁吉亚	西亚北非	114942.70	5388.70	109554.00
53	尼泊尔	南亚	109936.80	2200.00	107736.80
54	塞尔维亚	中东欧	95217.30	22387.20	72830.10
55	阿塞拜疆	西亚北非	89794.60	38201.80	51592.80
56	阿富汗	南亚	69166.90	2407.90	66759.00
57	阿尔巴尼亚	中东欧	64794.10	10803.60	53990.50
58	亚美尼亚	西亚北非	51532.70	30214.30	21318.40
59	马尔代夫	南亚	39720.60	103.30	39617.30
60	黑山	中东欧	21983.30	4173.60	17809.70
61	波斯尼亚和黑塞哥维那	中东欧	18712.00	7740.20	10971.80

续表

序号	国家	所属板块	进出口总额（万美元）	进口总额（万美元）	出口总额（万美元）
62	马其顿共和国	中东欧	15408.70	4834.30	10574.40
63	摩尔多瓦	中东欧	14708.30	3838.80	10869.50
64	巴勒斯坦	西亚北非	7380.50	44.40	7336.10
65	不丹	南亚	1284.10	0.80	1283.30

资料来源：国泰安数据库。

除双边直接的贸易之外，共建"一带一路"国家（地区）之间的全球价值链合作在贸易方式上也表现出诸多的新业态。其中，以中欧班列为代表的新形式的海陆联运正在逐步成为全球价值链合作的新方式。自中欧班列开通开通以来，中国与其他共建"一带一路"国家（地区）之间的贸易规模进一步扩大。中国同中亚、西非以及欧洲国家的贸易距离大幅度下降，双边贸易贸易的时效性大为增强，这也使此前部分不能作为全球价值链合作的相关内容也得以借由新的形式开展。同时，以跨境电商为代表的新业务模式加强了中国同其他共建"一带一路"国家（地区）之间的贸易，中国在电子商务领域的长期积累使中国本身拥有发展电子商务的先天优势和必要条件。中国基础设施建设也为相关业务的开展提供了全新的动力。据统计，仅2018年，中国电子商务贸易达到了203亿美元，较去年同期增长幅度超过50%，其中，电子商务出口业务保持强劲增长势头。2018年完成出口总额达到84.8%，增幅超过60%，进口总额达到118.7亿美元，同样实现了39.8%的增长。此外，中国的跨境电商模式也在共建"一带一路"国家（地区）推广。截止到2018年底，已经有超过17个国家同中国正式签署了相关文件，确立了将电子商务纳入合作的相关范畴。

为了进一步剖析中国同其他共建"一带一路"国家（地区）之间的贸易强度所表现出来的异质性特征，本书还引入了中国与共建"一带一路"国家（地区）双边贸易强度排名，具体结果如表2-2所示。通过对中国与"一带一路"沿线国家之间的相关贸易强度来看，2017年中国与其他共建"一带一路"国家（地区）双边贸易强度前十的国家为俄罗斯、泰国、印度尼西亚、越南、马来西亚、新加坡、土耳其、阿拉伯联合酋长国、印度、伊朗。上述国家不同于中国长期的对外贸易伙伴，既有来自欧洲的俄罗斯等国家，也有来自西亚地区的阿联酋以及伊朗等国，当然，其中占比最大的主要是来自东南亚地区的国家。这一事实表明地理环境的邻近性仍然是决定特定国家参与全球价值链分工的关键因素，同时也说明了中国在开展贸易时"由近及远"是其典型特征。另外，其中也包含了俄罗斯、印度等国家，这一点再一次印证了引力模型的具体适用性，特别是双边经济规模的扩大能够直接有助于减小各类贸易摩擦对双边贸易造成的客观阻碍。同时也说明了，经济规模仍然是特定国家超脱地理和历史范畴，开展全球价值链合作的关键性因素，因而中国同其他共建"一带一路"国家（地区）间的价值链合作也可以由点及面地展开。

表2-2   2017年中国与共建"一带一路"国家双边贸易强度排名

序号	国家	所属板块	双边贸易强度	中国对该国非金融类直接投资强度	该国对中国非金融类直接投资强度	海外工程项目合作强度
1	俄罗斯	俄罗斯	4.00	3.00	3.00	6.00
2	泰国	东南亚	4.00	3.00	3.00	4.60
3	印度尼西亚	东南亚	4.00	3.00	3.00	6.00
4	越南	东南亚	4.00	3.00	1.20	5.00
5	马来西亚	东南亚	4.00	2.40	3.00	4.80
6	新加坡	东南亚	4.00	3.00	3.00	3.20
7	土耳其	西亚北非	4.00	2.40	2.40	4.20
8	阿拉伯联合酋长国	西亚北非	4.00	2.40	3.00	3.60
9	印度	南亚	4.00	3.00	3.00	4.20
10	伊朗	西亚北非	4.00	3.00	2.40	4.80
11	沙特阿拉伯	西亚北非	2.40	3.00	3.00	5.40
12	菲律宾	东南亚	4.00	2.40	3.00	2.00
13	伊拉克	西亚北非	4.00	1.80	1.80	2.40
14	哈萨克斯坦	中亚	3.20	3.00	3.00	6.00
15	巴基斯坦	南亚	3.20	2.40	3.00	6.00
16	波兰	中东欧	3.20	1.80	2.40	2.80
17	缅甸	东南亚	3.20	3.00	2.40	5.00
18	埃及	西亚北非	3.20	2.40	2.40	4.40
19	匈牙利	中东欧	3.20	2.40	1.80	3.20
20	捷克	中东欧	3.20	1.80	3.00	1.40
21	孟加拉国	南亚	3.20	1.80	1.20	4.80

续表

序号	国家	所属板块	双边贸易强度	中国对该国非金融类直接投资强度	该国对中国非金融类直接投资强度	海外工程项目合作强度
22	乌克兰	中东欧	3.20	1.20	1.80	2.00
23	以色列	西亚北非	3.20	1.20	2.40	1.80
24	土库曼斯坦	中亚	3.20	2.40	0.60	1.40
25	科威特	西亚北非	3.20	1.80	2.40	2.20
26	阿曼	西亚北非	3.20	1.80	0.60	1.40
27	蒙古国	东亚	2.40	3.00	1.80	4.40
28	老挝	东南亚	2.40	3.00	0.60	5.80
29	斯里兰卡	南亚	2.40	1.80	1.20	3.80
30	柬埔寨	东南亚	2.40	3.00	2.40	5.60
31	吉尔吉斯斯坦	中亚	2.40	2.40	1.20	3.80
32	卡塔尔	西亚北非	2.40	1.80	0.60	1.60
33	乌兹别克斯坦	中亚	2.40	1.80	1.80	4.00
34	黎巴嫩	西亚北非	2.40	0.60	1.80	0.40
35	也门	西亚北非	2.40	2.40	1.80	2.00
36	约旦	西亚北非	2.40	1.20	1.80	1.80
37	罗马尼亚	中东欧	2.40	1.80	1.80	1.40
38	斯洛伐克	中东欧	2.40	1.20	2.40	0.00
39	斯洛文尼亚	中东欧	2.40	0.60	1.20	0.00
40	白俄罗斯	中东欧	1.60	1.80	1.20	5.00
41	塔吉克斯坦	中亚	1.60	2.40	0.60	4.60
42	尼泊尔	南亚	1.60	1.80	1.80	4.00
43	拉脱维亚	中东欧	1.60	0.60	1.20	0.00
44	叙利亚	西亚北非	1.60	1.20	2.40	0.00
45	爱沙尼亚	中东欧	1.60	0.60	1.20	0.00
46	阿塞拜疆	西亚北非	1.60	1.20	2.40	3.20
47	格鲁吉亚	西亚北非	1.60	2.40	0.60	1.80
48	保加利亚	中东欧	1.60	1.80	2.40	1.80
49	文莱	东南亚	1.60	1.20	3.00	2.40
50	巴林	西亚北非	1.60	0.60	1.80	0.80
51	克罗地亚	中东欧	1.60	1.20	1.20	0.40
52	立陶宛	中东欧	1.60	1.20	0.60	0.00

序号	国家	所属板块	双边贸易强度	中国对该国非金融类直接投资强度	该国对中国非金融类直接投资强度	海外工程项目合作强度
53	马其顿共和国	中东欧	0.80	0.60	0.60	0.00
54	摩尔多瓦	中东欧	0.80	0.60	0.60	0.40
55	波斯尼亚和黑塞哥维那	中东欧	0.80	0.60	0.60	2.00
56	巴勒斯坦	西亚北非	0.80	0.60	1.80	0.00
57	不丹	南亚	0.80	0.60	0.60	0.00
58	塞尔维亚	中东欧	0.80	1.20	0.60	1.40
59	东帝汶	东南亚	0.80	1.20	0.60	2.20
60	马尔代夫	南亚	0.80	0.60	0.60	2.20
61	黑山	中东欧	0.80	0.60	3.00	2.40
62	亚美尼亚	西亚北非	0.80	1.20	1.20	0.00
63	阿富汗	南亚	0.80	2.40	1.80	3.00
64	阿尔巴尼亚	中东欧	0.80	1.20	0.60	0.60

资料来源：国泰安数据库。

与此同时，从中国与其他共建"一带一路"国家（地区）之间的相关贸易强度来看，还包含对外直接投资的相关内容。具体来看，中国同其他共建"一带一路"国家（地区）间的资本跨境流动同样丰富，但是不同于基本贸易流量，以资本跨境流动为代表的全球价值链相关合作的强度远低于贸易。这主要是由于尽管中国经济已经在一定程度上取得了发展，但是目前中国对外开放水平仍然较低，较低的金融发展程度也使中国的对外直接投资难以如对外贸易那样实现快速发展。但是中国仍然与各个国家之间保持了良好的资金融通，特别是与中国有着长期友好往来的东南亚国家，更是中国对外直接投资的重要目的地。进一步观察不难发现，中国同其他共建"一带一路"国家（地区）间的对外直接投资表现出了不同的特征，即中国对共建"一带一路"国家（地区）的投资主要从小国开始，其可能的原因在于中国参与全球价值链合作的对外直接投资经验欠缺。

此外，中国同共建"一带一路"国家（地区）的对外工程建设也是"一带一路"倡议下得以开展相关合作的重要基础，集中体现在中国拥有强大的基础设施建设能力，其他共建"一带一路"国家（地区）在基础设施领域有着推动本地基础设施发展的客观需要，而中国强大的基础设施建设能力恰好完美"契合"

了相关国家的现实需要。自 2014 年开始，中国进入了经济全面转型升级的新阶段，中国长期以来在中低技术制造业积累的大量过剩产能使中国需要疏解部分过剩产能以实现经济平稳向好的发展。中国通过与其他共建"一带一路"国家（地区）之间开展相关领域的全球价值链合作同样有助于相关国家与中国开展贸易、发展经济，实现在全球分工中的"双赢"。因而，中国同其他共建"一带一路"国家（地区）之间开展的基础设施领域的相关合作程度也较高。

最后，中国同样重视对贸易便利化的推进。2017 年，在"一带一路"倡议正式提出的四年后，中国正式发布了《推进"一带一路"贸易畅通合作倡议》，在该文件中强调了一以贯之的以自愿、平等、共享为代表的全球价值链合作原则，强调各国在自愿原则的引导下逐步降低和削减各类关税和非贸易壁垒以推动世界各国和地区贸易自由化水平的提升。该《倡议》提出以后，陆续得到了多个国家（地区）和国际组织的积极响应。与此同时，中国官方层面定向推动的贸易便利化程度也有所提升。其中，中国与中亚部分国家就农产品快速跨境与绿色通道建设取得了积极的进展，目前中国已经与哈萨克斯坦、塔吉克斯坦两国实现了农产品双向绿色通道，包含小麦、玉米等在内的多种产品可以直接进入双方市场。中国还致力于改善同其他共建"一带一路"国家（地区）间的贸易壁垒，同样在中亚五国，中国与各国之间的贸易便利化水平快速提升，各类产品通关时间大幅度缩短。中国方面的主动减税也取得了积极成效，目前中国的平均关税税率已经由超过 10% 下降到不足 5%，中国更是通过主动降低对其他共建"一带一路"国家（地区）相关产品跨境流动的形式对部分国家实现了零关税。此外，中国还积极改善本国的营商环境，建设了大量的自由贸易园区和自由港，积极吸引世界各国和地区的人们来华投资建设。总的来看，中国同其他共建"一带一路"国家（地区）之间的贸易畅通已经构建起完善的保障体系。

二、中国与其他共建"一带一路"国家（地区）民心相通度整体较好

"民心相通"是"一带一路"倡议的基础性内容，中国同其他共建国家（地区）之间的民心相通度也在"一带一路"倡议的推动下有了较大的提高，正在逐步成为全球价值链合作的基础。本小节也从国泰安数据库中收集了 2017 年中国与其他共建"一带一路"国家（地区）民心相通度等相关数据作为分析的基础（见表 2-3）。不难发现，中国与其他共建"一带一路"国家（地区）民心相通度排

名前十的国家为塞尔维亚、俄罗斯、乌兹别克斯坦、蒙古国、巴基斯坦、新加坡、哈萨克斯坦、波兰、马来西亚、泰国。从绝对数据的变化趋势来看，中国同各国之间的民心相通度较低，说明了中国与这些国家之间民间友好往来仍然有着较大的提升空间。从地理分布来看，依旧表现出随地理距离的由远及近逐步衰减的基本态势，这表明中国同其他共建"一带一路"国家（地区）之间的民间往来也在较大程度上遵从引力模型的规律，充分反映出中国仍然有待提升中国同各国长期的民间交往。但是值得注意的是，中国友好城市主要集中在东欧地区，这主要是由于友好城市建设这一政策自身的偏向性，在设立之初即注重向发达国家特别是欧洲国家倾斜，但是这也从侧面表明了与中国有着长期友好往来的东南亚国家本身经济发展水平较低，中国对其开展的官方文化促进活动有待提升。事实上，当将友好城市建设与文化交流活动相结合时不难看出，中国在文化交流活动中以东南亚国家和地区为主，而在友好城市建设的过程中则以欧洲国家为主，二者表现出了明显的"倒挂"与高度不同步，未来中国应当以相关领域为着重发力点，促进中国与相关国家的平衡发展。

表 2-3　2017 年中国与其他共建"一带一路"国家民心相通度排名

序号	国家	所属板块	友好城市建设	文化交流活动	中国合作期待度	该国合作期待度
1	塞尔维亚	中东欧	1.25	1.80	4.00	0.72
2	俄罗斯	俄罗斯	3.00	3.00	3.96	3.85
3	乌兹别克斯坦	中亚	1.00	2.40	3.95	1.88
4	蒙古国	东亚	3.00	3.00	3.94	2.46
5	巴基斯坦	南亚	2.75	3.00	3.90	3.70
6	新加坡	东南亚	0.25	3.00	3.90	3.91
7	哈萨克斯坦	中亚	3.00	3.00	3.89	3.69
8	波兰	中东欧	3.00	2.40	3.89	3.42
9	马来西亚	东南亚	2.75	3.00	3.82	3.57
10	泰国	东南亚	3.00	3.00	3.81	3.64
11	伊朗	西亚北非	2.50	2.40	3.80	2.41
12	印度	南亚	2.50	3.00	3.79	3.33
13	越南	东南亚	3.00	3.00	3.78	3.00
14	捷克	中东欧	1.75	0.60	3.58	2.31

序号	国家	所属板块	友好城市建设	文化交流活动	中国合作期待度	该国合作期待度
15	埃及	西亚北非	3.00	2.40	3.54	2.06
16	老挝	东南亚	3.00	3.00	3.50	2.23
17	塔吉克斯坦	中亚	1.00	2.40	3.46	1.42
18	柬埔寨	东南亚	3.00	2.40	3.46	2.17
19	印度尼西亚	东南亚	3.00	2.40	3.44	3.33
20	斯里兰卡	南亚	1.75	2.40	3.43	2.51
21	吉尔吉斯斯坦	中亚	3.00	3.00	3.42	1.35
22	沙特阿拉伯	西亚北非	0.00	1.80	3.38	2.57
23	缅甸	东南亚	1.75	3.00	3.38	2.24
24	阿富汗	南亚	0.00	1.20	3.34	2.01
25	土耳其	西亚北非	3.00	3.00	3.22	3.03
26	马尔代夫	南亚	0.00	1.80	3.13	1.36
27	阿拉伯联合酋长国	西亚北非	0.25	1.80	3.13	2.40
28	白俄罗斯	中东欧	3.00	2.40	3.09	2.81
29	菲律宾	东南亚	3.00	2.40	3.08	3.29
30	卡塔尔	西亚北非	0.25	2.40	3.07	1.91
31	格鲁吉亚	西亚北非	0.75	1.80	3.06	2.16
32	文莱	东南亚	0.25	1.80	3.06	1.19
33	匈牙利	中东欧	3.00	1.80	3.04	2.40
34	孟加拉国	南亚	0.25	1.80	3.04	2.04
35	以色列	西亚北非	3.00	1.80	3.01	3.01
36	尼泊尔	南亚	1.75	2.40	2.96	2.21
37	巴勒斯坦	西亚北非	0.00	1.80	2.79	2.31
38	约旦	西亚北非	0.50	1.80	2.76	2.35
39	罗马尼亚	中东欧	3.00	1.20	2.65	2.92
40	阿曼	西亚北非	0.00	1.20	2.64	1.83
41	东帝汶	东南亚	0.00	0.60	2.63	0.80
42	阿塞拜疆	西亚北非	0.25	1.20	2.57	1.34
43	亚美尼亚	西亚北非	0.50	1.20	2.57	1.19
44	土库曼斯坦	中亚	0.75	1.80	2.56	1.35
45	科威特	西亚北非	0.00	1.20	2.54	2.26

续表

序号	国家	所属板块	友好城市建设	文化交流活动	中国合作期待度	该国合作期待度
46	保加利亚	中东欧	2.50	1.20	2.54	1.84
47	叙利亚	西亚北非	0.50	0.60	2.53	1.08
48	马其顿共和国	中东欧	0.25	1.20	2.52	0.60
49	伊拉克	西亚北非	0.00	1.80	2.49	2.17
50	斯洛伐克	中东欧	0.75	1.20	2.45	1.02
51	乌克兰	中东欧	3.00	2.40	2.42	2.59
52	波斯尼亚和黑塞哥维那	中东欧	0.25	0.60	2.28	1.33
53	摩尔多瓦	中东欧	0.50	0.60	2.26	1.04
54	也门	西亚北非	0.50	0.60	2.24	1.11
55	立陶宛	中东欧	0.75	0.60	2.24	1.25
56	黎巴嫩	西亚北非	0.00	1.20	2.21	2.75
57	巴林	西亚北非	0.00	1.20	2.21	1.02
58	爱沙尼亚	中东欧	0.00	1.20	2.20	0.83
59	斯洛文尼亚	中东欧	0.75	0.60	2.15	1.32
60	克罗地亚	中东欧	1.00	1.20	2.13	1.24
61	拉脱维亚	中东欧	0.75	0.60	2.09	1.06
62	阿尔巴尼亚	中东欧	0.25	0.60	2.09	1.06
63	不丹	南亚	0.00	0.60	2.07	0.97
64	黑山	中东欧	0.75	0.60	2.04	0.72

资料来源：国泰安数据库。

此外，从合作的期待度来看，中国对于同其他共建"一带一路"国家（地区）框架下开展相关合作有着极高的期待，这一点表明无论是从国家层面还是从社会意识层面来看，中国都对"一带一路"倡议的现实沟通有着极高的期待。相应地，除少数国家外，共建国家（地区）同样对"一带一路"倡议的现实推进有着较高的期待值，尽管大部分国家对于中国首倡的"一带一路"倡议期待度均略低于中国，但是仍然进一步证实了双方对于民心相通的高度期待。即使是在双边现实了解程度较低的大背景下，中国同其他共建"一带一路"国家（地区）共同的期待都能够在双边的共同努力之下转化为全球价值链合作的基础。

三、中国与其他共建"一带一路"国家（地区）设施联通度较高

由表2-4可知，通过对航空联通度、铁路联通度、海路联通度和互联网普及率进行衡量从而测度设施联通度，可以发现，2017年中国与"一带一路"沿线国设施联通度排名前十的国家为俄罗斯、越南、印度尼西亚、阿拉伯联合酋长国、泰国、菲律宾、新加坡、马来西亚、哈萨克斯坦、卡塔尔。相较于民心相通与贸易畅通领域的相关合作，中国与其他共建"一带一路"国家（地区）之间在各类交通设施领域的联通度较低。这一方面是受东亚蒙古国和中亚国家地理位置所限，本身建设跨国基础设施所需要的投资更多、难度也更大，极大地制约了中国实现设施联通的水平。另一方面，中国作为后发国家本身经济发展水平有待提升，基础设施也有待进一步完善，发展阶段同时也阻碍了中国进一步开展基础设施联通。从设施联通的地理区位来看，在中国与其他共建"一带一路"国家（地区）双边设施联通排名前十的国家所属板块中，东南亚国家居多，占到了60%；中国与这些国家之间的航空联通度、铁路联通度和海路联通度都相对较大，航空联通度明显高于铁路联通度和海路联通度，这为中国与其他共建"一带一路"国家（地区）之间进行全球价值链合作提供了便捷的交通方式。此外，中国与这些共建"一带一路"国家（地区）的互联网普及率也比较高，便捷的网络也方便这些国家进行线上的全球价值链合作。总体来说，中国与其他共建"一带一路"国家（地区）良好的设施联通度将会为全球价值链的建设提供便捷的联系方式。

表2-4　2017年中国与共建"一带一路"国家设施联通度排名

序号	国家	所属板块	航空联通度	铁路联通度	海路联通度	互联网普及率
1	俄罗斯	俄罗斯	2.00	2.00	1.14	1.54
2	越南	东南亚	2.00	2.00	0.94	1.06
3	印度尼西亚	东南亚	2.00	0.00	1.86	0.37
4	阿拉伯联合酋长国	西亚北非	2.00	0.00	1.79	1.98
5	泰国	东南亚	2.00	0.00	1.34	0.76
6	菲律宾	东南亚	2.00	0.00	1.33	0.87
7	新加坡	东南亚	2.00	0.00	1.23	1.79
8	马来西亚	东南亚	2.00	0.00	1.15	1.48
9	哈萨克斯坦	中亚	1.60	2.00	0.09	1.20

续表

序号	国家	所属板块	航空联通度	铁路联通度	海路联通度	互联网普及率
10	卡塔尔	西亚北非	1.60	0.00	1.93	2.00
11	土耳其	西亚北非	1.60	0.00	1.72	1.12
12	马尔代夫	南亚	1.60	0.00	1.72	1.08
13	柬埔寨	东南亚	1.60	0.00	1.70	0.20
14	印度	南亚	1.60	0.00	1.68	0.39
15	老挝	东南亚	1.60	0.00	0.98	0.31
16	缅甸	东南亚	1.60	0.00	0.77	0.05
17	伊朗	西亚北非	1.20	2.00	1.95	0.86
18	阿塞拜疆	西亚北非	1.20	2.00	1.58	1.33
19	吉尔吉斯斯坦	中亚	1.20	2.00	0.01	0.62
20	蒙古国	东亚	1.20	2.00	0.01	0.59
21	斯里兰卡	南亚	1.20	0.00	2.00	0.56
22	埃及	西亚北非	1.20	0.00	1.91	0.69
23	孟加拉国	南亚	1.20	0.00	1.89	0.21
24	巴基斯坦	南亚	1.20	0.00	1.84	0.30
25	格鲁吉亚	西亚北非	0.80	2.00	1.86	1.07
26	捷克	中东欧	0.80	2.00	1.10	1.74
27	尼泊尔	南亚	0.80	2.00	0.45	0.34
28	乌兹别克斯坦	中亚	0.80	2.00	0.27	0.95
29	土库曼斯坦	中亚	0.80	2.00	0.10	0.27
30	塔吉克斯坦	中亚	0.80	2.00	0.03	0.38
31	文莱	东南亚	0.80	0.00	2.00	1.50
32	沙特阿拉伯	西亚北非	0.80	0.00	1.92	1.39
33	乌克兰	中东欧	0.80	0.00	1.88	0.95
34	以色列	西亚北非	0.80	0.00	1.53	1.56
35	白俄罗斯	中东欧	0.40	2.00	1.69	1.29
36	波兰	中东欧	0.40	2.00	1.66	1.46
37	伊拉克	西亚北非	0.40	0.00	1.99	0.25
38	约旦	西亚北非	0.40	0.00	1.92	0.96
39	斯洛伐克	中东欧	0.00	2.00	1.55	1.75
40	叙利亚	西亚北非	0.00	0.00	2.00	0.61
41	也门	西亚北非	0.00	0.00	2.00	0.49

续表

序号	国家	所属板块	航空联通度	铁路联通度	海路联通度	互联网普及率
42	阿曼	西亚北非	0.00	0.00	1.99	1.54
43	黑山	中东欧	0.00	0.00	1.97	1.33
44	东帝汶	东南亚	0.00	0.00	1.97	0.02
45	阿尔巴尼亚	中东欧	0.00	0.00	1.93	1.31
46	巴勒斯坦	西亚北非	0.00	0.00	1.93	0.00
47	科威特	西亚北非	0.00	0.00	1.91	1.72
48	黎巴嫩	西亚北非	0.00	0.00	1.90	1.63
49	亚美尼亚	西亚北非	0.00	0.00	1.83	1.01
50	克罗地亚	中东欧	0.00	0.00	1.81	1.50
51	拉脱维亚	中东欧	0.00	0.00	1.80	1.66
52	斯洛文尼亚	中东欧	0.00	0.00	1.80	1.56
53	立陶宛	中东欧	0.00	0.00	1.75	1.58
54	保加利亚	中东欧	0.00	0.00	1.73	1.21
55	巴林	西亚北非	0.00	0.00	1.72	1.99
56	马其顿共和国	中东欧	0.00	0.00	1.71	1.49
57	罗马尼亚	中东欧	0.00	0.00	1.58	1.18
58	爱沙尼亚	中东欧	0.00	0.00	1.51	1.84
59	阿富汗	南亚	0.00	0.00	1.51	0.14
60	塞尔维亚	中东欧	0.00	0.00	1.49	1.17
61	摩尔多瓦	中东欧	0.00	0.00	1.48	1.02
62	不丹	南亚	0.00	0.00	1.34	0.75
63	匈牙利	中东欧	0.00	0.00	1.23	1.66
64	波斯尼亚和黑塞哥维那	中东欧	0.00	0.00	1.13	1.33

资料来源：国泰安数据库。

　　从具体的项目推进来看，中国同其他共建"一带一路"国家（地区）之间的设施联通主要以跨国项目的形式实现，如中国主动投资并大力建设中欧班列即为其中的代表性工程。中欧班列的开通沟通了中国同其他共建"一带一路"国家（地区），使中国和其他共建国家（地区）的相关产品可以以较低的价格实现互联互通，极大地促进了中国同其他共建国家（地区）之间的价值链合作。而在跨境设施建设领域，中国主导的中老铁路、中泰铁路陆续建成通车，这也是中国铁路"走出去"的标志性工程。此外，中国改建的匈牙利—塞尔维亚铁路的高标准建设也为中国铁路基础设施建设赢得了新的"订单"，标志着中国基础设施的建设水平陆续得到了多个国家的认可。而在公路合作方面，中国同其他共建"一带一路"国家（地区）间的多条公路"大动脉"也陆续建成。其中中国—蒙古—俄罗斯、中国—吉尔吉斯斯坦—乌兹别克斯坦等国家公路相继通车，同时还有多条公路在规划、改建的过程中。在航空运输方面，中国与全球多个国家和地区签署了政府间航空运输协定，实现了海陆空多级联运的体系。

四、中国与其他共建"一带一路"国家（地区）政策沟通整体较好

政策沟通是"一带一路"倡议在推进过程中重要的基础性内容，中国同其他共建"一带一路"国家（地区）之间良好的高层互访、伙伴关系等均是促进双方全球价值链合作日益深入的重要外部基础。由表2-5可知，通过对高层互访、伙伴关系、联合声明和双边协定四个方面进行测度来衡量中国与其他共建"一带一路"国家（地区）政策沟通度，可以发现2017年中国与其他共建"一带一路"国家政策沟通度排名前十的国家为巴基斯坦、俄罗斯、新加坡、柬埔寨、越南、老挝、缅甸、蒙古国、波兰、哈萨克斯坦。在中国与其他共建"一带一路"国家（地区）政策沟通度排名前十的国家所属板块中，东南亚国家居多，占到了50%；中国与这些国家之间的高层互访、伙伴关系、联合声明和双边协定都比较多。这些反映了这些国家的政府高层对外来合作的重视程度与互信程度；同时也表明了这些国家是否与中国签署了加强双边合作的联合声明，反映了它们对互利合作的认可与承诺。政策的沟通也让共建"一带一路"国家（地区）更加熟悉彼此之间的制度与优势，为彼此之间的全球价值链合作降低了门槛，从而更加便于各国之间进行经济和贸易的深度往来和合作。

表2-5　2017年中国与其他共建"一带一路"国家政策沟通度排名

序号	国家	所属板块	高层互访	伙伴关系	联合声明	双边协定
1	巴基斯坦	南亚	5.00	5.00	3.00	3.00
2	俄罗斯	俄罗斯	5.00	4.5	3.00	4.00
3	新加坡	东南亚	5.00	4.00	3.00	3.00
4	柬埔寨	东南亚	5.00	4.00	3.00	3.00
5	越南	东南亚	5.00	4.00	3.00	2.00

序号	国家	所属板块	高层互访	伙伴关系	联合声明	双边协定
6	老挝	东南亚	5.00	4.00	3.00	2.00
7	缅甸	东南亚	5.00	4.00	3.00	1.00
8	蒙古国	东亚	5.00	3.50	3.00	4.00
9	波兰	中东欧	5.00	3.50	3.00	4.00
10	哈萨克斯坦	中亚	5.00	3.50	3.00	3.00
11	泰国	东南亚	5.00	3.50	3.00	3.00
12	马来西亚	东南亚	5.00	3.50	3.00	3.00
13	白俄罗斯	中东欧	5.00	3.50	3.00	3.00
14	印度尼西亚	东南亚	5.00	3.50	3.00	2.00
15	埃及	西亚北非	5.00	3.50	3.00	2.00
16	伊朗	西亚北非	5.00	3.50	3.00	2.00
17	沙特阿拉伯	西亚北非	5.00	3.50	3.00	2.00
18	乌兹别克斯坦	中亚	5.00	3.50	3.00	2.00
19	塞尔维亚	中东欧	5.00	3.50	3.00	1.00
20	斯里兰卡	南亚	5.00	2.50	3.00	3.00
21	吉尔吉斯斯坦	中亚	5.00	2.50	3.00	3.00
22	塔吉克斯坦	中亚	5.00	2.50	3.00	2.00
23	捷克	中东欧	5.00	2.50	3.00	2.00
24	阿富汗	南亚	5.00	2.50	3.00	0.00
25	印度	南亚	5.00	0.50	3.00	2.00
26	土库曼斯坦	中亚	4.50	2.50	3.00	2.00
27	马尔代夫	南亚	4.50	2.00	3.00	0.00
28	土耳其	西亚北非	3.50	4.00	0.00	2.00
29	约旦	西亚北非	3.00	2.50	3.00	0.00
30	孟加拉国	南亚	3.00	2.00	3.00	2.00
31	亚美尼亚	西亚北非	3.00	1.00	0.00	3.00
32	东帝汶	东南亚	2.50	2.00	3.00	0.00
33	乌克兰	中东欧	2.00	2.50	0.00	2.00
34	罗马尼亚	中东欧	2.00	2.00	3.00	4.00
35	克罗地亚	中东欧	2.00	2.00	0.00	2.00
36	匈牙利	中东欧	2.00	1.50	3.00	3.00
37	立陶宛	中东欧	2.00	0.50	0.00	2.00

续表

序号	国家	所属板块	高层互访	伙伴关系	联合声明	双边协定
38	卡塔尔	西亚北非	1.50	2.50	3.00	3.00
39	尼泊尔	南亚	1.50	2.00	3.00	3.00
40	保加利亚	中东欧	1.50	2.00	3.00	2.00
41	菲律宾	东南亚	1.50	0.50	3.00	2.00
42	格鲁吉亚	西亚北非	1.50	0.50	3.00	2.00
43	巴林	西亚北非	1.50	0.50	3.00	2.00
44	文莱	东南亚	1.50	0.50	3.00	1.00
45	科威特	西亚北非	1.50	0.50	0.00	3.00
46	以色列	西亚北非	1.50	0.50	0.00	2.00
47	马其顿共和国	中东欧	1.50	0.50	0.00	2.00
48	黑山	中东欧	1.50	0.50	0.00	1.00
49	也门	西亚北非	1.50	0.50	0.00	1.00
50	波斯尼亚和黑塞哥维那	中东欧	1.50	0.50	0.00	0.00
51	伊拉克	西亚北非	1.00	2.50	3.00	0.00
52	爱沙尼亚	中东欧	1.00	0.50	0.00	2.00
53	拉脱维亚	中东欧	1.00	0.50	0.00	1.00
54	阿拉伯联合酋长国	西亚北非	0.50	2.50	0.00	3.00
55	斯洛伐克	中东欧	0.50	2.50	0.00	2.00
56	阿塞拜疆	西亚北非	0.50	0.50	0.00	2.00
57	巴勒斯坦	西亚北非	0.50	0.50	0.00	0.00
58	阿尔巴尼亚	中东欧	0.00	1.50	0.00	3.00
59	摩尔多瓦	中东欧	0.00	0.50	3.00	2.00
60	阿曼	西亚北非	0.00	0.50	0.00	2.00
61	斯洛文尼亚	中东欧	0.00	0.50	0.00	2.00
62	叙利亚	西亚北非	0.00	0.50	0.00	2.00
63	黎巴嫩	西亚北非	0.00	0.50	0.00	1.00
64	不丹	南亚	0.00	0.50	0.00	0.00

资料来源：国泰安数据库。

为了继续加强中国与其他共建"一带一路"国家（地区）区域规划对接，2018 年习近平总书记 4 次外访，行程逾 11 万千米，遍布亚非欧拉美 13 个国家和地区，先后参加 APEC 领导人非正式会议及 G20 峰会等会议，参加近 200 场外交活动，大多以"一带一路"为主题。中国举办了 4 场大型主场外交，均以人类命运共同体理念为出发点。此外，中国继续加强与其他共建"一带一路"国家（地区）的区域规划对接。以意大利为例，中国加强"一带一路"与意大利"北方港口建设"及"投资意大利计划"的对接，推进各领域互利合作。过去中国与邻国柬埔寨及印度尼西亚签订"一带一路"文件时，也与印度尼西亚"全球海洋支点"和菲律宾"大建特建"计划对接。与此同时，中国继续推动与沿线国家签订经济发展和合作协议以及建立相应机制，降低发展时面对的项目安保及债务负担等风险。中国曾向俄罗斯及蒙古国元首提出，将"丝绸之路经济带"与俄罗斯的"欧亚经济联盟"和蒙古国的"草原之路"倡议对接，打造成现时的"中蒙俄经济走廊"。

第四节 共建"一带一路"国家（地区）参与全球价值链合作的基本情况

一、共建"一带一路"国家（地区）参与全球价值链合作的领域和方式

从"一带一路"倡议现实合作的领域和方式来看，不同于 APEC 成员之间带有明确的自发的、市场机制沟通的合作方式。中国同其他共建"一带一路"国家（地区）之间以政府强制力推动是中国同其他共建国家（地区）开展全球价值链领域相关合作的典型特征。其中优先领域主要集中在以"五通"（政策沟通、设施联通、贸易畅通、资金融通、民心相通）为代表的相关领域。

正如前文所提到的那样，基础设施建设作为"一带一路"建设优先开展的相关内容，中国同其他共建国家（地区）在港口、铁路、航空港以及公路运输等领域均取得了显著的进展，如中国同其他共建国家（地区）相继开展了中老铁路、中泰铁路等建设。在港口建设方面，中国已经先后在吉布提和巴基斯坦获得了两座港口的运营权，相关项目已经有部分建成并投入使用。同时，中国同海外沟通的各类能源建设通道也取得积极进展，相继贯通了中国同中亚地区的多条管道。

中国同其他共建"一带一路"国家（地区）之间的产能合作也取得了一定的进展，如与作为中国近邻的哈萨克斯坦的产能合作相关项目。中方同哈方在经过长期的协商和会谈之后已经在多个领域达成一致，建立起了完善的常态运营和维护机制。除此之外，中国还在中亚多国境内建立了产业合作园区，借助中国强大的生产能力帮助相关国家建立完善的生产和制造业体系，促进当地经济的发展。

在贸易自由化和社会发展领域，"一带一路"倡议也取得了一定的进展。从绝对的贸易体量来看，共建"一带一路"国家（地区）已经成为中国第一大贸易伙伴，中国同其他共建"一带一路"国家（地区）之间的贸易流量占中国进出口贸易总额的 1/4 以上，并屡创新高。与此同时，中国同其他共建"一带一路"国家（地区）之间的贸易流动也是中国与其他共建"一带一路"国家（地区）之间最具潜力的部分，贸易增速常年保持在 10% 以上，不仅远高于同时期中国进出口贸易增速，同时也高于中国自身的经济增长速度。可以说，中国经济的平稳增长离不开来自共建"一带一路"国家（地区）的贸易流动的支持。

就资金融通领域，中国与其他共建"一带一路"国家（地区）作为后发国家，均面临着资金不足的窘境，同时由于自身金融市场的发展不够完善，使中国同其他共建"一带一路"国家（地区）之间有着极大的资金需求。面对世界经济的持续动荡，中国同其他共建"一带一路"国家（地区）之间资金仍然需要依靠相互合作来完成。为此，中国陆续设立了亚洲基础设施投资开发银行与丝路基金以推进中国与其他共建"一带一路"国家（地区）之间的资金融通，同时也为"一带一路"倡议的深入推进提供资金支持。截止到 2021 年底，丝路基金已经累计投资超过 100 个项目，逐渐成为共建"一带一路"国家（地区）开展大规模基础设施建设、改善生态环境、发展生产的重要资金来源。此外，中国也借助自身与其他共建"一带一路"国家（地区）之间的资金融通持续推动人民币国际化建设，在"一带一路"倡议下，中国同其他共建国家（地区）通过跨境银行合作、货币互换、发行熊猫债券等方式推动国际金融领域的发展，同时以分散化的方式降低外汇风险，为"一带一路"倡议的发展保驾护航。

"一带一路"倡议作为中国对外开放的重要举措，本身呈现出诸多不同于传统合作与多边机制的特征。中国所倡导的"共同发展，共同繁荣"的理念借由"一带一路"倡议的"五通"建设得以实现，而中国长期以来对于国际主义、多边主义的高度坚持更使中国成为促进世界经济增长、推动全球范围内价值链变革的关键性力量，在解决当前国际社会遇到的发展问题中发挥了至关重要的作用。

二、共建"一带一路"国家（地区）参与全球价值链合作的层次

表2-6从政策沟通度、设施联通度、贸易畅通度、资金融通度、民心相通度五个维度综合评价其他共建"一带一路"国家（地区）与中国的互联互通合作水平，指数值越大，合作水平越高。合作度类型划分标准为深度合作型（80~100分，含80分）、快速推进型（60~80分，含69分）、逐步拓展型（40~60分，含40分）、有待加强型（40分以下）。由表2-6可知，2016年中国与部分共建"一带一路"国家合作度指数排名前十的国家为俄罗斯、哈萨克斯坦、泰国、巴基斯坦、印度尼西亚、越南、马来西亚、新加坡、蒙古国、老挝。在中国与部分共建"一带一路"国家合作度指数排名前十的国家所属板块中，东南亚国家居多，占到了60%；合作度类型中，快速推进型国家居多，占到了80%。从国别合作度指数来看，共建"一带一路"全球价值链合作层次越来越深入，从次区域、区域合作到被写入多个联合国大会和安理会的决议，逐渐成为全球合作倡议；共建"一带一路"全球价值链也从铁路、公路、港口、机场、互联网等"硬件"建设，升级至政策协调、贸易投资自由化和便利化措施、资金人员自由流动等"软件"建设；共建"一带一路"也正在由亚欧大陆延伸至非洲、南太平洋、拉丁美洲等地区。

表2-6 2016年中国与部分共建"一带一路"国家合作度指数排名

排名	国家	所属板块	国别合作度指数	合作度类型
1	俄罗斯	俄罗斯	85.09	深度合作型
2	哈萨克斯坦	中亚	81.25	深度合作型
3	泰国	东南亚	74.01	快速推进型
4	巴基斯坦	南亚	72.40	快速推进型
5	印度尼西亚	东南亚	71.33	快速推进型
6	越南	东南亚	70.74	快速推进型
7	马来西亚	东南亚	69.89	快速推进型
8	新加坡	东南亚	69.22	快速推进型
9	蒙古国	东亚	67.62	快速推进型
10	老挝	东南亚	65.98	快速推进型
11	土耳其	西亚北非	62.45	快速推进型

排名	国家	所属板块	国别合作度指数	合作度类型
12	波兰	中东欧	61.82	快速推进型
13	缅甸	东南亚	61.43	快速推进型
14	斯里兰卡	南亚	61.34	快速推进型
15	柬埔寨	东南亚	60.98	快速推进型
16	阿拉伯联合酋长国	西亚北非	58.26	逐步拓展型
17	埃及	西亚北非	57.99	逐步拓展型
18	印度	南亚	57.74	逐步拓展型
19	吉尔吉斯斯坦	中亚	57.22	逐步拓展型
20	白俄罗斯	中东欧	56.58	逐步拓展型
21	伊朗	西亚北非	56.43	逐步拓展型
22	塔吉克斯坦	中亚	53.4	逐步拓展型
23	沙特阿拉伯	西亚北非	51.66	逐步拓展型
24	匈牙利	中东欧	51.49	逐步拓展型
25	卡塔尔	西亚北非	49.32	逐步拓展型
26	乌兹别克斯坦	中亚	49.1	逐步拓展型
27	尼泊尔	南亚	47.73	逐步拓展型
28	捷克	中东欧	47.05	逐步拓展型
29	菲律宾	东南亚	46.33	逐步拓展型
30	孟加拉国	南亚	46.32	逐步拓展型
31	乌克兰	中东欧	43.75	逐步拓展型
32	塞尔维亚	中东欧	42.68	逐步拓展型
33	以色列	西亚北非	39.98	有待加强型
34	马尔代夫	南亚	38.63	有待加强型
35	约旦	西亚北非	38.39	有待加强型
36	土库曼斯坦	中亚	37.71	有待加强型
37	罗马尼亚	中东欧	37.43	有待加强型
38	科威特	西亚北非	36.81	有待加强型
39	阿塞拜疆	西亚北非	36.66	有待加强型
40	格鲁吉亚	西亚北非	35.94	有待加强型

排名	国家	所属板块	国别合作度指数	合作度类型
41	保加利亚	中东欧	34.17	有待加强型
42	文莱	东南亚	33.27	有待加强型
43	斯洛伐克	中东欧	32.42	有待加强型
44	巴林	西亚北非	30.82	有待加强型
45	亚美尼亚	西亚北非	30.34	有待加强型
46	阿富汗	南亚	30	有待加强型
47	阿曼	西亚北非	27.1	有待加强型
48	伊拉克	西亚北非	25.83	有待加强型
49	斯洛文尼亚	中东欧	25.22	有待加强型
50	克罗地亚	中东欧	24.89	有待加强型
51	立陶宛	中东欧	24.87	有待加强型
52	阿尔巴尼亚	中东欧	24.5	有待加强型
53	东帝汶	东南亚	24.33	有待加强型
54	爱沙尼亚	中东欧	23.79	有待加强型
55	黑山	中东欧	22.31	有待加强型
56	黎巴嫩	西亚北非	22.2	有待加强型
57	拉脱维亚	中东欧	21.67	有待加强型
58	马其顿共和国	中东欧	21.52	有待加强型
59	叙利亚	西亚北非	20.75	有待加强型
60	摩尔多瓦	中东欧	19.26	有待加强型
61	也门	西亚北非	18.73	有待加强型
62	波斯尼亚和黑塞哥维那	中东欧	16.83	有待加强型
63	巴勒斯坦	西亚北非	13.66	有待加强型
64	不丹	南亚	8.67	有待加强型

资料来源：国泰安数据库。

三、共建"一带一路"国家（地区）参与全球价值链合作的项目

近年来，"一带一路"建设从无到有、由点及面，取得了长足的发展，并且在政策沟通、设施联通、贸易畅通、资金融通、民心相通等方面都取得了显著

的成果,而工程项目作为"一带一路"的重要组成部分,更是留下一行行坚实的"足印"。如表 2-7 所示,2016~2017 年,中国与部分共建"一带一路"国家合作项目非常多,达到 195 个,囊括了轨道交通、火电、天然气、玻璃、水电、公共建筑、太阳能发电、公路、机场等方面,项目承建方包括中国石油、中国建筑、中国电建、中铁等大型企业,这说明共建"一带一路"国家(地区)参与全球价值链合作以来,中国与其他共建"一带一路"国家(地区)合作项目颇丰,对共建"一带一路"国家(地区)的帮助很大,这些国家的基础建设取得了巨大的飞越,同时也为我国与其他国家和地区解决了大量劳动力就业问题。

表 2-7 2016~2017 年中国与部分共建"一带一路"国家合作项目分析

序号	国家	项目名称	项目类型	项目承建方
1	孟加拉国	孟加拉国达卡至纳拉扬甘杰铁路项目	轨道交通	水电十五局
2	马来西亚	马来西亚东部沿海铁路二期项目		中国交建
3	孟加拉国	达卡轻轨 6 号线项目		中国电建
4	澳大利亚	西澳省基础设施一揽子建设项目		中国建筑工程总公司
5	尼日利亚	卡诺标规铁路拉各斯至伊巴丹段(拉伊铁路)项目		中国铁建中土尼日利亚公司
6	俄罗斯	莫斯科外环换乘地铁线		中国铁建
7	马来西亚	马来西亚 MRT 二线项目		水电基础局
8	塞尔维亚	塞尔维亚铁路 G 汇合点-拉科维查-莱斯尼克段铁路大修项目		中土集团
9	尼日利亚	尼日利亚卡诺市轻轨项目		中铁十八局与中铁电气化局
10	孟加拉国	帕德玛大桥铁路连接线项目		中国中铁股份有限公司
11	伊拉克	伊拉克鲁迈拉项目		电建核电公司
12	阿尔及利亚	阿尔及利亚 KAIS1266 兆瓦联合循环电站项目		国机集团所属中国建设
13	巴基斯坦	巴基斯坦 Askari 水泥余热发电项目		中材节能
14	孟加拉国	孟加拉古拉绍电厂项目		广东火电
15	巴基斯坦	瓜达尔港 300 兆瓦燃煤电站项目		
16	印度尼西亚	印尼坦竣 2×660MW 超超临界清洁煤电站项目		哈电国际

续表

序号	国家	项目名称	项目类型	项目承建方
17	塞尔维亚	塞尔维亚 KOSTOLAC-B 电站二期项目	火电	博奇电力
18	菲律宾	菲律宾 JPCPP 700 兆瓦电站项目		山东三建
19	马来西亚	马来西亚凯德隆联合循环燃气电站项目		中国水电和 GE 联营体
20	科特迪瓦	松贡燃气联合循环发电项目		中国能建
21	伊朗	赞詹燃机联合循环电厂项目		湖北工程公司
22	巴基斯坦	巴基斯坦塔尔 2×330 兆瓦电站项目		湖北工程公司电建一公司与中国机械设备工程股份有限公司
23	孟加拉国	孟加拉国库尔纳联合循环电站项目		中国哈尔滨电气公司和江苏永鼎公司
24	莫桑比克	鲁伍马盆地 4 区块科洛尔气田项目	天然气	中国石油
25	尼日利亚	尼日利亚 AKK 天然气管道项目		
26	乌兹别克斯坦	乌兹别克斯坦 CNG 加气站项目		山东科瑞石油装备有限公司
27	俄罗斯	俄罗斯阿穆尔天然气处理厂项目		中国石油工程建设有限公司
28	乌兹别克斯坦	明源丝路公司玻璃深加工项目	玻璃	中国明源丝路实业有限公司
29	哈萨克斯坦	克孜勒奥尔达州玻璃厂项目		凯盛集团
30	哈萨克斯坦	哈萨克斯坦日熔化 600 吨浮法玻璃项目		中国建材下属凯盛科技
31	尼泊尔	尼泊尔布达甘达基（Budhi Gandaki）水电站项目	水电	中国葛洲坝集团有限公司
32	尼泊尔	松柯溪 2&3（Sunkoshi 2&3）水电站项目		中国长江三峡集团公司上海勘测设计研究院有限公司
33	尼泊尔	尼泊尔塞提 6（Seti River-6）水电站项目		中国长江三峡集团公司上海勘测设计研究院有限公司
34	乌干达	卡鲁玛水电站项目		水电八局
35	巴基斯坦	巴基斯坦苏基克纳里（Suki Kinari）水电项目		葛洲坝集团
36	老挝	老挝会兰庞雅下游水电站项目		葛洲坝集团第二工程有限公司
37	老挝	老挝东萨宏水电站项目		中国电建公司
38	巴基斯坦	达苏水电站项目		中国葛洲坝集团股份有限公司

序号	国家	项目名称	项目类型	项目承建方
39	老挝	色拉龙一级水电站项目	水电	
40	巴基斯坦	巴基斯坦鲁阿特水电站项目		中国电建
41	菲律宾	菲律宾8.1兆瓦水电项目		贵州工程公司
42	老挝	老挝南欧江流域梯级水电站项目（二期）		中国电建
43	印度尼西亚	印度尼西亚Poso-1水电站项目		中国电建成都院
44	纳米比亚	纳米比亚Ruavana水电站附属太阳能电站项目	太阳能发电	中国建筑第二工程局有限公司所属中建电力中环工程有限公司
45	阿根廷	阿根廷高查瑞光伏项目		中国电建
46	马来西亚	马来西亚50MWp光伏项目		国家电投工程公司
47	葡萄牙	葡萄牙220兆瓦光伏地面电站工程		中国建材国际工程集团有限公司
48	纳米比亚	纳米比亚一期6兆瓦光伏发电项目		水电基础局
49	阿根廷	胡胡伊省300兆瓦太阳能EPC合同		上海电建
50	菲律宾	菲律宾北伊罗柯斯省风电和光伏一体化发电项目		青岛恒顺众昇集团股份有限公司
51	肯尼亚	肯尼亚内罗毕顶峰塔（原哈斯塔）项目	公共建筑	中国建筑
52	摩洛哥	摩洛哥拉巴特塔建造项目		中国铁建与TGCC公司
53	泰国	泰国LandmarkWaterfront超高层项目		中联重科
54	柬埔寨	中柬友谊医疗大楼项目		
55	马来西亚	马来西亚雅居乐满家乐项目		中建三局一公司
56	孟加拉国	援孟加拉国孟中友谊展览中心项目		中国建筑
57	阿富汗	阿富汗国家职业技术学院项目		中国铁建所属中铁十四局
58	柬埔寨	援柬国家体育场项目		
59	斯里兰卡	科伦坡港口城项目		
60	马来西亚	吉隆坡喜来登福朋酒店项目		中国五矿中冶集团所属中国二十二冶集团
61	阿拉伯联合酋长国	迪拜硅谷公园项目		中建六局
62	斯里兰卡	都喜天丽海滨公寓项目		神州国际
63	纳米比亚	纳米比亚大学行政办公楼项目		中国江西国际公司
64	肯尼亚	哈斯塔项目一期工程		中国建筑

序号	国家	项目名称	项目类型	项目承建方
65	巴巴多斯	巴巴多斯卡莱尔海湾会议中心项目	公共建筑	北京城建集团国际事业部
66	肯尼亚	肯尼亚中央银行基金办公大楼项目		
67	印度尼西亚	雅加达东区 Jakarta Living Star 工程		
68	瓦努阿图	瓦努阿图 White Sand and Golf Coures 项目		武汉联投置业有限公司
69	澳大利亚	悉尼彩带酒店综合体项目		武汉天龙投资集团有限公司
70	斐济	斐济丝路方舟温德姆酒店项目		广东丝路方舟投资（斐济）有限公司
71	比利时	中国-比利时科技园		中国湖北省与比利时瓦隆大区
72	缅甸	南山缅甸仰光世纪大厦地产开发项目		福建南山发展股份有限公司
73	科特迪瓦	科特迪瓦阿比让奥林匹克体育场项目		北京建工
74	马来西亚	仕毛月区 TYL 建设项目		中冶海外马来西亚公司
75	柬埔寨	泰文隆双子大厦世贸中心项目		武船集团与神州长城股份有限公司
76	科威特	科威特医保医院项目		中国中冶集团
77	赞比亚	赞比亚养老金商业综合体项目		中国建筑
78	塞尔维亚	塞尔维亚中国文化中心项目		
79	安哥拉	安哥拉马兰热省姆苏鲁至多博卡班古公路修复项目	公路	水电十三局
80	安哥拉	北宽扎省圣佩德罗至高敦多公路修复项目		中国电建
81	尼泊尔	尼泊尔黑托达公路项目		中国电建
82	刚果（布）	刚果（布）凯塔公路二期项目		水电十三局
83	博茨瓦纳	博茨瓦纳哈博罗内到博特勒道路项目		中建二局博茨瓦纳公司
84	阿拉伯联合酋长国	迪拜 R881/3C2 平行路升级改造项目		中建中东有限责任公司
85	赞比亚	赞比亚南方省 237 千米道路升级改造项目		中建二局博茨瓦纳公司
86	老挝	中国援老挝湄公河沿岸公路项目		中铁十七局
87	马里	马里卡伊-奥鲁-毛塔边境 165 千米公路项目		中国铁建国际集团
88	莫桑比克	莫桑比克尼亚萨省公路项目		水电十一局

续表

序号	国家	项目名称	项目类型	项目承建方
89	安哥拉	安哥拉首都罗安达市政公路工程	公路	中国铁建二十局集团
90	塞拉利昂	塞拉利昂 12.15 千米市政道路项目		中铁七局海外公司
91	柬埔寨	柬埔寨 51 号公路复建工程		中国路桥公司
92	肯尼亚	基布韦济至基图伊公路升级项目		中国电建
93	肯尼亚	肯尼亚 163 乡村公路工程		水电十三局
94	埃塞俄比亚	阿夫德拉-依雷贝提交叉口-尔塔阿雷交叉口-艾哈迈德厄拉公路项目		中国武夷公司
95	纳米比亚	奥奇瓦龙戈地区道路养护项目		河南国际合作集团
96	乌兹别克斯坦	乌兹别克斯坦日产 4500 吨水泥生产线余热建设装机 8 兆瓦发电项目合同	水泥	中国建材集团所属上海凯盛节能公司
97	尼泊尔	纳瓦尔帕拉西县新型干法水泥生产线项目		
98	哈萨克斯坦	哈萨克西里日产 2500 吨熟料水泥生产线项目		中国建材工程与葛洲坝西里水泥有限责任公司
99	印度尼西亚	巴基斯坦日产 6700 吨水泥熟料生产线项目		中国建材集团天津水泥院
100	印度尼西亚	印度尼西亚 Grobogan 6000tpd 水泥项目		中国建材国际工程
101	巴西	巴西输变电 TP 二期 LOTE 0 标段工程	电网	上海电建福建公司
102	老挝	老挝南萨 230 千伏输变电项目		湖北工程公司建设公司
103	巴基斯坦	巴基斯坦默-拉±660 千伏直流输电工程项目		湖北工程公司建设公司
104	巴基斯坦	Matiari 至 Lahore 高压输变电项目		
105	几内亚	1677 千米四国跨境输变电网项目		
106	孟加拉国	孟加拉 JICA/P8 双回输电线路工程		上海电建福建公司
107	埃及	埃及 EETC 500kV 输电线路工程		中国电力技术装备有限公司 EPC
108	肯尼亚	埃塞-肯尼亚±500kV 直流跨国联网输电项目		中电装备公司
109	埃塞俄比亚	埃塞-肯尼亚±500kV 直流跨国联网输电项目		中电装备公司
110	巴西	中能电气巴西输变电特许经营权 BOT 项目		中能电气股份有限公司
111	马来西亚	马来西亚下南南区 21 层公寓工程		水电基础局三公司
112	赞比亚	赞比亚国民卫队 2000 套经济适用房项目		德建集团

续表

序号	国家	项目名称	项目类型	项目承建方
113	多米尼克	多米尼克贝尔维尤肖邦安置房新项目	居住建筑	中国土木工程集团有限公司
114	马来西亚	亚沙房地产项目		中国福建省合信元通投资有限公司、中铁第六勘察设计院集团有限公司
115	澳大利亚	澳大利亚 Mermaid Beach Elegance 项目		武汉联投置业有限公司
116	沙特阿拉伯	达雅·阿斯法拉新城项目		中国电力建设集团有限公司、中国北方工业公司、中国三冶集团有限公司
117	印度尼西亚	印度尼西亚巴布亚省廉租房项目（PA-PUA LOW COST HOUSING PROJECT 廉租房）		水电基础局与 PT. GALANGMAS MULIA
118	巴基斯坦	巴基斯坦锦屏风电项目	风能发电	湖北工程公司
119	智利	太平洋水电智利公司蓬塔风电项目		
120	巴基斯坦	巴基斯坦哈瓦（HAWA）风电项目		湖北工程公司工程建设公司
121	哈萨克斯坦	哈萨克斯坦巴丹莎 200 兆瓦风电项目		
122	蒙古国	蒙古国 50 兆瓦巨龙山风电项目		中国电建
123	亚美尼亚	亚美尼亚风电项目		中电工程华北院
124	孟加拉国	西塔拉克什亚河第三座桥项目	桥梁隧道	中国公司中水有限公司
125	澳大利亚	澳大利亚维多利亚州西门隧道工程项目		公司约翰·霍兰德与 CPB 公司组成的联营体
126	坦桑尼亚	坦桑尼亚乌本戈立交桥项目		中土集团东非有限公司
127	老挝	老挝万象红狮水泥厂桥梁工程		水电基础局
128	孟加拉国	希达拉雅河 3 桥建设项目		中国水电建设集团国际工程有限公司
129	柬埔寨	柬跨湄公河大桥项目		中国上海建工
130	美国	中科生物股份北美植物工厂科研及产业化项目	专用建筑	福建省中科生物股份有限公司
131	肯尼亚	中国武夷肯尼亚建筑工业化研发生产基地及配套式仓储建材超市项目		中国武夷实业股份有限公司
132	肯尼亚	中国武夷肯尼亚建筑工业化基地项目		中国武夷实业股份有限公司

序号	国家	项目名称	项目类型	项目承建方
133	泰国	福斯特材料科学（泰国）有限公司新建厂房和办公室工程	专用建筑	水电基础局
134	塔吉克斯坦	塔"丹加拉"自由经济区建设建材厂及货物仓储库		
135	俄罗斯	俄罗斯渔业公司并购及基地建设项目	农林牧渔	福建海顺渔业有限公司
136	毛里塔尼亚	毛里塔尼亚渔业发展项目		宏东渔业股份有限公司
137	乌克兰	潍坊海普国际贸易有限公司在乌克兰投资建设农业生产基地项目		潍坊海普国际贸易有限公司
138	吉布提	吉布提国际自贸区项目	园区	
139	阿拉伯联合酋长国	阿联酋投资建设中阿（富吉拉）商贸物流园区项目		威海建设集团建联建设发展有限公司
140	美国	山东博科生物产业有限公司博科美国硅谷生命科学园项目		山东博科生物产业有限公司
141	泰国	泰国生态农业工厂项目		中国铁建（东南亚）有限公司
142	刚果（金）	刚果（金）投资建设综合园区项目		湖北达非进出口贸易有限公司
143	越南	中国·越南（深圳—海防）经济贸易合作区项目		深越联合投资有限公司
144	安哥拉	援安哥拉农业技术示范中心项目		新疆生产建设兵团建设工程（集团）有限责任公司
145	乌克兰	中国-乌克兰农业示范园区		
146	柬埔寨	中柬产能合作启动区项目		泰安国家高新区金泰国际园区开发管理公司
147	蒙古国	山东贾氏伟业农牧开发有限公司投资中蒙动物疫病防疫、防控、检验中心及无疫区建设项目		山东贾氏伟业农牧开发有限公司
148	埃塞俄比亚	埃塞俄比亚德雷达瓦工业园区项目		中土集团
149	印度	印度630MW太阳能产业园项目		
150	斯里兰卡	斯里兰卡北部前战区贾夫纳战后供水项目	供水排水	中国机械设备工程股份有限公司
151	津巴布韦	Kunzvi大坝-哈拉雷供水一期项目		中国电建国际公司

续表

序号	国家	项目名称	项目类型	项目承建方
152	南非	南非瓦尔贾马贾拉供水升级改造项目一期工程	供水排水	陕建华山国际集团
153	孟加拉国	孟加拉吉大港卡纳夫利供水工程二期输水管线项目		中地集团
154	塞内加尔	塞内加尔乡村打井项目		中地海外公司
155	安哥拉	安哥拉贝塔供水系统配水中心项目		中国电建
156	安哥拉	安哥拉罗安达吉隆戈供水项目		
157	印度尼西亚	印度尼西亚年产200万吨氧化铝项目	有色金属	山东魏桥铝电有限公司
158	印度	印度16万吨/年锌渣处理项目		中色股份
159	老挝	越南老街铜冶炼扩建项目		中色股份
160	文莱	恒逸文莱大摩拉岛石油化工项目	石油	
161	尼日利亚	尼日利亚莱基自贸区炼油和聚丙烯厂项目		杭萧钢构公司
162	俄罗斯	中俄原油管道二线工程		
163	厄瓜多尔	厄瓜多尔166平方千米三维叠后深度偏移项目		河南油田物研院与中石化地球物理公司华北分公司
164	印度尼西亚	印度尼西亚150兆瓦连锁式生物质发电站项目	生物质能发电	中国建材集团
165	越南	越南芹苴市垃圾发电项目		
166	泰国	泰国玲珑三期项目	非金属材料	
167	美国	8万吨玻璃纤维生产线项目		
168	马来西亚	马来西亚森美兰州瓜拉萨瓦污水处理厂项目	环保	水电基础局
169	巴布亚新几内亚	巴布亚新几内亚莫尔斯比港内陆区域污水处理设施项目		中国建筑
170	德国	南都电源德国储能系统项目	其他	
171	越南	歌尔电子（越南）电声器件生产投资项目		歌尔声学股份有限公司
172	越南	年产5000万米高档服装面料（染整）建设项目		华纺股份有限公司
173	波兰	福建鸿博光电科技有限公司波兰投资新设清洁能源产品生产线项目		福建鸿博光电科技有限公司
174	老挝	山东太阳纸业股份有限公司投资老挝建设年产30万吨化学浆项目		山东太阳纸业股份有限公司

序号	国家	项目名称	项目类型	项目承建方
175	越南	科一越南合成革生产项目	其他	科一（福建）超纤有限责任公司
176	新西兰	年产 100 吨高 UMF 麦努卡蜜（新西兰）境外生产基地投资建设项目		煌上煌集团有限公司
177	马来西亚	新建年产 550 兆瓦太阳能电池组件及 800 兆瓦太阳能电池生产线项目		晶科能源有限公司
178	柬埔寨	柬埔寨明远家用纺织品项目		烟台明远家用纺织品有限公司
179	南非	新设成立合资公司投资建设年产 100 万芯千米光缆项目		长飞光纤光缆股份有限公司
180	埃塞俄比亚	新建埃塞俄比亚药厂项目		人福医药集团股份公司
181	哈萨克斯坦	日处理 100 吨骆驼奶马奶乳粉生产项目		金骆驼集团有限公司
182	尼日利亚	拉各斯卡车装配厂项目		
183	美国	芝加哥四方机车总组装厂项目		
184	俄罗斯	俄罗斯西布尔 ZAPSIB-2PE 项目		中国化学工程第七建设有限公司
185	突尼斯	突尼斯梅莱格大坝工程	水利工程	水电十五局
186	莫桑比克	莫桑比克焦煤项目	煤炭	
187	肯尼亚	肯尼亚硅藻土开发项目	非金属矿	中国川山国际矿业公司
188	老挝	太阳纸业老挝公司 30 万吨阔叶木浆项目	轻纺食品	太阳纸业老挝公司
189	意大利	威尼斯深水港项目	水运	中国交通建设股份有限公司
190	科摩罗	科摩罗机场改扩建工程	机场	中国电建
191	哈萨克斯坦	哈萨克斯坦 Shar37.5 兆瓦风电项目	风能发电	湖北工程公司
192	阿拉伯联合酋长国	M1003/12 迪拜年度沥青路面维护项目	沥青材料	中建中东有限责任公司
193	突尼斯	突尼斯梅来格上游大坝工程	水利工程	中国水电十五局
194	蒙古国	济宁市铸金矿业有限公司蒙古国扩建年产 240 万吨铁、多金属矿石项目	金属矿	济宁市铸金矿业有限公司
195	马来西亚	中济建设有限公司在马来西亚建设年产 10 万吨钢结构件加工基地项目	黑色金属	中济建设有限公司

资料来源：国泰安数据库。

在基础设施建设、能源资源开发、国际产能合作等领域，中国企业承担了一大批具有示范性和带动性作用的重大项目和工程，同时积极开展本土化经营，履行社会责任，展现了中国企业负责任的良好形象。

共建"一带一路"国家（地区）之间的项目合作共建的对象不断扩大，既有中央企业之间的合作，又有民营企业之间的合作，还有和所在国企业以及国际跨国公司之间的合作；同时积极响应和参与"一带一路"倡议的国家也在不断增加。共建的领域不断拓展，既有基础建设方面的共建，又有重大工程方面的共建；既有能源资源方面的合作开发，又有国际产能方面的协同合作；既有产品和服务的合作，又有科研和技术的协作。中国企业参与"一带一路"建设，进一步加快了国际化经营进程，同时也为当地产品走进中国、走向世界打开了方便之门，有力地促进了全球化进程。这为今后在更大范围、更广领域、更高层次合作奠定了坚实的基础。

四、共建"一带一路"国家（地区）参与全球价值链合作的成效

随着世界经济的结构性调整和新一轮产业革命的全面深入展开，共建全球价值链正在由传统的加工制造、工程机械、能源、农业等领域向绿色经济、数字经济、跨境电子商务、金融科技等新经济领域方向发展。

"一带一路"倡议，吸引了大量的国家和地区来中国进行投资，同时也吸引了中国去这些国家和地区进行投资。由表 2-8 可知，2018 年部分共建"一带一路"国家商人对中国实际投资排名前十的国家为新加坡、韩国、马来西亚、越南、沙特阿拉伯、俄罗斯、菲律宾、印度、泰国、印度尼西亚。在部分共建"一带一路"国家商人对中国实际投资排名前十国家所属板块中，东南亚国家居多，占到了60%。由表 2-9 可知，2018 年中国对部分共建"一带一路"国家直接投资排名前十的国家为乌兹别克斯坦、印度、马来西亚、老挝、约旦、阿拉伯联合酋长国、韩国、越南、柬埔寨、俄罗斯。在中国对部分共建"一带一路"国家直接投资排名前十国家所属板块中，东南亚国家居多，占到了40%。共建"一带一路"国家（地区）商人对中国实际投资反映出这些国家对中国的投资流量较多，而中国对这些共建"一带一路"国家（地区）实际投资的增加也反映出中国对这些国家的实际投资较多，这也是"一带一路"建设取得的显著成效，吸引了大量的投资，把投资转化成源源不断的生产力。另外，共建"一带一路"国家（地区）参与全球价值链合作打造出了全球价值链新模式。一方面，借助自由贸易区、经贸合作区等加强国际产能合作；另一方面，构建"互联网+"平台，通过跨境电子商务，有效削减相关经济体之间的贸易投资壁垒，不断降低相关经济体融入全球价值链分工体

系的门槛，同时拓展其提升的空间。可以说，共建"一带一路"国家（地区）参与全球价值链合作，依托对外贸易和资本流动，既支持企业集群式发展、链条式转移，又有利于上下游产业链协同布局，打造生产融合、衔接紧密的全球价值链分工发展新格局，为全球价值链升级拓宽了发展思路、提供了强劲动力。

表 2-8　2018 年部分共建"一带一路"国家商人对中国实际投资排名

序号	国家	所属板块	外商直接投资（万美元）
1	新加坡	东南亚	521021.00
2	韩国	东亚	466688.00
3	马来西亚	东南亚	21162.00
4	越南	东南亚	13883.00
5	沙特阿拉伯	西亚北非	8694.00
6	俄罗斯	俄罗斯	5677.00
7	菲律宾	东南亚	4986.00
8	印度	南亚	4754.00
9	泰国	东南亚	4574.00
10	印度尼西亚	东南亚	3246.00
11	斯洛伐克	中东欧	2877.00
12	阿拉伯联合酋长国	西亚北非	2568.00
13	哈萨克斯坦	中亚	1968.00
14	文莱	东南亚	1872.00
15	白俄罗斯	中东欧	1820.00
16	也门	西亚北非	1536.00
17	以色列	西亚北非	1131.00
18	叙利亚	西亚北非	898.00
19	缅甸	东南亚	822.00
20	克罗地亚	中东欧	615.00
21	科威特	西亚北非	443.00
22	斯洛文尼亚	中东欧	421.00
23	捷克	中东欧	421.00
24	约旦	西亚北非	394.00
25	罗马尼亚	中东欧	272.00
26	波兰	中东欧	247.00

续表

序号	国家	所属板块	外商直接投资（万美元）
27	阿富汗	南亚	233.00
28	柬埔寨	东南亚	199.00
29	黎巴嫩	西亚北非	167.00
30	土库曼斯坦	中亚	150.00
31	匈牙利	中东欧	131.00
32	埃及	西亚北非	88.00
33	土耳其	西亚北非	87.00
34	乌克兰	中东欧	80.00
35	巴基斯坦	南亚	67.00
36	保加利亚	中东欧	66.00
37	老挝	东南亚	51.00
38	蒙古国	东亚	41.00
39	阿塞拜疆	西亚北非	40.00
40	伊拉克	西亚北非	36.00
41	立陶宛	中东欧	20.00
42	尼泊尔	南亚	15.00
43	塞尔维亚	中东欧	12.00
44	伊朗	西亚北非	10.00
45	孟加拉国	南亚	7.00
46	卡塔尔	西亚北非	5.00
47	拉脱维亚	中东欧	4.00
48	亚美尼亚	西亚北非	3.00
49	摩尔多瓦	中东欧	3.00

资料来源：国泰安数据库。

表 2-9　2018 年中国对部分共建"一带一路"国家直接投资排名

序号	国家	所属板块	对外直接投资流量（万美元）	对外直接投资存量（万美元）
1	乌兹别克斯坦	中亚	641126.00	368988.00
2	印度	南亚	186482.00	466280.00
3	马来西亚	东南亚	166270.00	838724.00

续表

序号	国家	所属板块	对外直接投资流量（万美元）	对外直接投资存量（万美元）
4	老挝	东南亚	124179.00	830976.00
5	约旦	西亚北非	115083.00	14198.00
6	阿拉伯联合酋长国	西亚北非	108101.00	643606.00
7	韩国	东亚	103366.00	671011.00
8	越南	东南亚	81067.00	560543.00
9	柬埔寨	东南亚	77834.00	597368.00
10	俄罗斯	俄罗斯	72524.00	1420822.00
11	孟加拉国	南亚	54365.00	87023.00
12	伊朗	西亚北非	41057.00	323429.00
13	塔吉克斯坦	中亚	38824.00	194483.00
14	沙特阿拉伯	西亚北非	38307.00	259456.00
15	泰国	东南亚	35282.00	594670.00
16	埃及	西亚北非	22197.00	107926.00
17	以色列	西亚北非	20620.00	461998.00
18	科威特	西亚北非	19208.00	109184.00
19	塞尔维亚	中东欧	15341.00	27141.00
20	哈萨克斯坦	中亚	11835.00	734108.00
21	波兰	中东欧	11783.00	52373.00
22	捷克	中东欧	11302.00	27923.00
23	吉尔吉斯斯坦	中亚	10016.00	139308.00
24	文莱	东南亚	9901.00	22045.00
25	匈牙利	中东欧	9495.00	32069.00
26	印度尼西亚	东南亚	8562.00	1281128.00
27	格鲁吉亚	西亚北非	8023.00	63970.00
28	白俄罗斯	中东欧	6773.00	50378.00
29	菲律宾	东南亚	5882.00	83002.00
30	爱沙尼亚	中东欧	5322.00	5684.00
31	阿曼	西亚北非	5191.00	15068.00
32	尼泊尔	南亚	5122.00	37919.00
33	乌克兰	中东欧	2745.00	9048.00
34	克罗地亚	中东欧	2239.00	6908.00

序号	国家	所属板块	对外直接投资流量（万美元）	对外直接投资存量（万美元）
35	亚美尼亚	西亚北非	1964.00	4961.00
36	斯洛伐克	中东欧	1462.00	9929.00
37	斯洛文尼亚	中东欧	1328.00	4009.00
38	黑山	中东欧	1272.00	1942899.00
39	拉脱维亚	中东欧	1068.00	1170.00
40	叙利亚	西亚北非	1045.00	87.00
41	斯里兰卡	南亚	783.00	46893.00
42	也门	西亚北非	773.00	62300.00
43	马其顿共和国	中东欧	183.00	3630.00
44	阿尔巴尼亚	中东欧	172.00	642.00
45	罗马尼亚	中东欧	157.00	30462.00
46	新加坡	东南亚	-1.00	5009383.00
47	阿富汗	南亚	-16.00	40444.00
48	阿塞拜疆	西亚北非	-105.00	918.00
49	马尔代夫	南亚	-155.00	7477.00
50	保加利亚	中东欧	-168.00	17109.00
51	巴林	西亚北非	-235.00	7196.00
52	立陶宛	中东欧	-447.00	1289.00
53	东帝汶	东南亚	-1032.00	16668.00
54	土库曼斯坦	中亚	-1509.00	31193.00
55	土耳其	西亚北非	-3830.00	173368.00
56	缅甸	东南亚	-19724.00	468006.00
57	巴基斯坦	南亚	-19873.00	424682.00
58	卡塔尔	西亚北非	-36810.00	43598.00
59	蒙古国	东亚	-45713.00	336507.00
60	伊拉克	西亚北非	-56733.00	59854.00
61	巴勒斯坦	西亚北非		4.00
62	黎巴嫩	西亚北非		222.00
63	波斯尼亚和黑塞哥维那	中东欧		434.00
64	摩尔多瓦	中东欧		387.00

资料来源：国泰安数据库。

第五节　小结

"一带一路"倡议的提出是中国推动构建人类命运共同体、促进世界繁荣的重要依托，也是中国实现对外高层次开放的重要机遇和平台。中国同其他共建"一带一路"国家（地区）之间悠久的历史往来、全球经济的发展以及生产的碎片化是中国与共建"一带一路"国家（地区）展开合作的历史大背景。中国自身对于"一带一路"倡议的高度重视，以及对外开放层次的提升与南南合作的现实需要也要求中国积极与其他共建"一带一路"国家（地区）展开深层次的合作。中国与其他共建"一带一路"国家（地区）存在着显著的资源互补，共建"一带一路"国家（地区）本身较为独立和完整的分工体系也为合作提供了充分的必要性。倡议本身所倡导的合作的基本格局使其不同于既往的全球治理策略，更加有利于促进国际发展。中国与其他共建"一带一路"国家（地区）之间在贸易互通、民心相通、基础设施联通以及政策沟通等方面同样有着较为稳定的基础。

第三章　APEC 成员全球价值链参与度与分工位置分析

随着科学技术的进步、运输成本的下降以及各类贸易壁垒的削减，全球价值链生产模式在亚太地区高速发展，"碎片化"的全球分工与中间商品贸易已经成为亚太地区经贸往来的突出特征。贸易成为全球价值链得以沟通与连接跨境生产的核心载体，亚太地区的全球价值链合作更多的表现为 APEC 成员间在价值链生产模式下的梯度分工。在全球价值链生产模式下，特定产品的生产被切割为研究、设计等生产前端环节，加工、组装等生产中间环节以及营销、售后服务等生产后端环节。而全球分工的深化则决定了没有任何一个国家或地区能够将全价值链生产的所有环节均纳入境内，各个国家或地区只能依托自身的比较优势嵌入某一环节并获取相应的收益，对于亚太地区的各个国家或地区而言亦是如此。亚太经济圈作为全球经济发展最为迅速、国际分工较为深入、贸易往来十分密切的区域，全球价值链分工模式在亚太地区也实现了高速发展，并已经形成了亚洲和北美两个区域价值链体系。正是在上述背景下，APEC 第二十二次领导人非正式会议宣言通过了《亚太经合组织促进全球价值链发展合作战略蓝图》和《全球价值链中的 APEC 贸易增加值核算战略框架》（以下简称战略蓝图和战略框架）。在战略蓝图和战略框架中，明确倡议亚太经合组织各成员在参与全球价值链分工时可在应对贸易投资壁垒、启动全球价值链数据统计、使发展中经济体更好参与、增强全球价值链的韧性等 10 个方向开展合作。

第一节　APEC 成员全球价值链参与度分析

全球价值链作为国际分工深入到产品层面的重要结果之一，极大地促进了产品增加值贸易，制定出更加符合实际情况的世界贸易政策以及贸易管理制度，已经成为处在不同发展阶段中各经济体均重点关注的领域。随着 APEC 各主要成员积极地参与到全球价值链生产模式中，分析亚太经合组织各成员在全球价值链中的参与度不仅有助于明确各个国家或地区全球价值链分工占当地 GDP 的比重，同时有助于更加深入地理解 APEC 成员间开展全球价值链合作的重点方向和领域。

全球价值链参与度的测算离不开多区域投入产出表（MRIO）作为必要的支撑，但是多区域投入产出表的编制不仅需要大量的人力物力，其编制更是一个技术门槛极高的工作。为保证本书研究的数据真实、可靠，在对全球已经公开使用的多区域投入产出表系统进行对比的基础上，本书选择亚洲开发银行编制的 ADB-MRIO 数据库作为基础以计算 APEC 各成员嵌入全球价值链分工的程度。ADB-MRIO 数据库涵盖了 2007~2021 年全球 62 个国家或地区的跨区域投入产出数据，其中囊括了中国、美国、德国、日本等在内的全球主要经济体，能够较好地反映全球范围内的投入产出关系。同时，其优秀的连贯性有助于本书从历史的角度较为完整地呈现 APEC 成员与共建"一带一路"国家（地区）参与全球价值链分工的历程。值得注意的是，尽管 ADB-MRIO 已经涵盖了世界主要的经济体，但是 ADB-MRIO 所包含的国家或地区与 APEC 成员的差异（详见附录一）仍然将使本书损失少量样本。其中，ADB-MRIO 所包含的 APEC 成员有澳大利亚、文莱、加拿大、中国、中国香港、中国台湾、印度尼西亚、日本、韩国、墨西哥、马来西亚、菲律宾、俄罗斯、新加坡、泰国、美国、越南等 17 个国家或地区（缺失的国家或地区仅为巴布亚新几内亚、新西兰、秘鲁、智利）。

就全球价值链参与度而言，自全球价值链提出伊始，以 Hummels 等（2001）、Johnson 和 Noguera（2012）为代表的学者就从贸易流量中剥离出增加值的方法开展了早期探索，并由 Koopman 等（2014）首次正式提出全球价值链分解框架以实现对出口的分解，并正式构建了全球价值链参与度指数。在对现有关于全球价值链参与度测度方法综合对比的基础上，本章最终选择 Wang 等（2017a）提出的适用于特定国家或地区全球价值链参与度指数，以计算 APEC 成员开展全球价值链生产模式占当地产出的比重。该方法根据多区域投入产出表行列平衡所反映的生产关系将全球价值链参与度进一步细分为前向和后向两个维度，从而更加完整地刻画了特定国家或地区嵌入全球价值链分工深度方面的具体特征。根据 Wang 等（2017）对于全球价值链参与度计算方法的理论阐释，用

"前向分工"来描述特定国家或地区创造的增加值通过全球分工向下游生产环节流动的过程。因此，全球价值链前向参与度可以理解为特定国家或地区的前向全球价值链生产活动，即以中间产品的形式出口的增加值占特定国家或地区所创造的 GDP 的比重。相应地，"后向分工"视角则是基于多区域投入产出表的列平衡关系，因而全球价值链后向参与度可以用最终产品生产过程中需要上游进口中间产品作为必要投入的比例来衡量。后向参与度的提高表明特定国家或地区的生产中对于进口中间产品的依赖程度有所提升。对于中国而言，较高的后向参与度往往意味着当地生产需要大量进口来自其他国家或地区的中间产品作为必要的中间投入，面临着陷入"低端嵌入"和"低端锁定"的风险。更高的前向参与度则意味着特定国家或地区的前向全球价值链生产活动占当地的比例有所提升，显然该国家或地区所从事的生产环节将更加偏向于价值链的上游环节。基于 ADB－MRIO 数据库测度 APEC 成员全球价值链参与度的具体结果如图 3-1、图 3-2 以及图 3-3 所示。

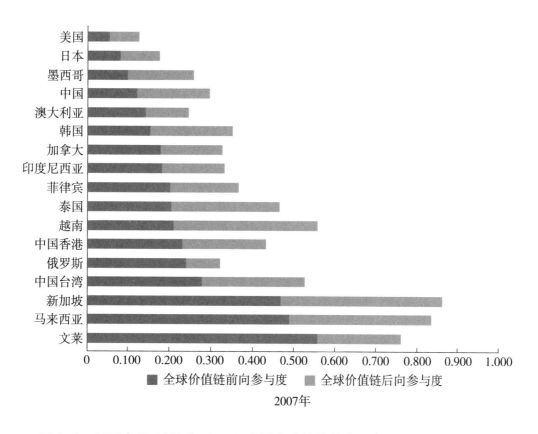

图 3-1　2007 年和 2021 年 APEC 成员全球价值链前向参与度与后向参与度

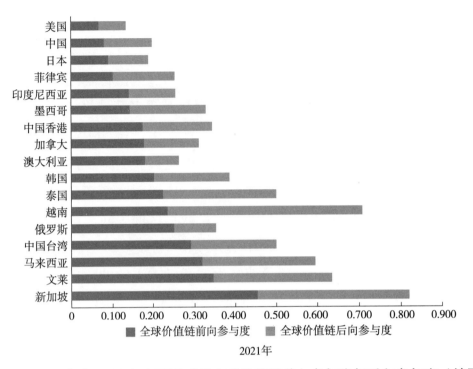

图 3-1　2007 年和 2021 年 APEC 成员全球价值链前向参与度与后向参与度（续图）

资料来源：ADB-MRIO 数据库。

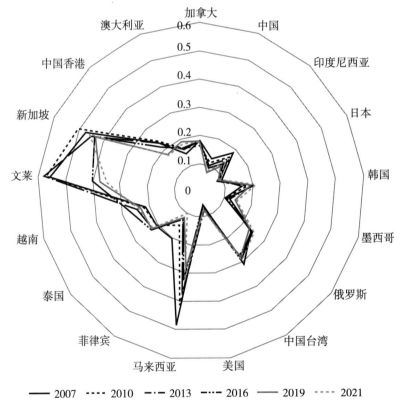

图 3-2　2007~2021 年 APEC 各经济体全球价值链前向参与度演进趋势

资料来源：ADB-MRIO 数据库。

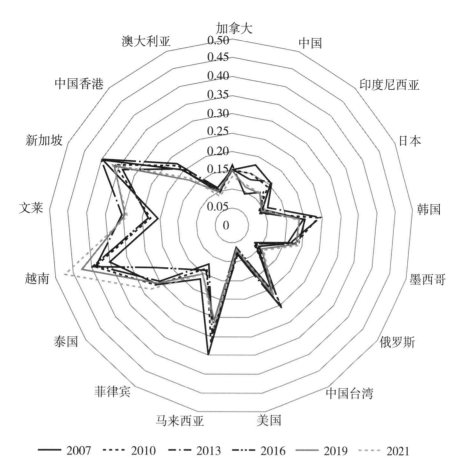

图 3-3 2007~2021 年 APEC 成员全球价值链后向参与度演进趋势

资料来源：ADB-MRIO 数据库。

2021 年，APEC 各成员全球价值链前向参与度分别为：新加坡的前向参与度为 0.453、文莱的前向参与度为 0.343、马来西亚的前向参与度为 0.318、中国台湾的前向参与度为 0.290、俄罗斯的前向参与度为 0.251、越南的前向参与度为 0.234、泰国的前向参与度为 0.222、韩国的前向参与度为 0.204、澳大利亚的前向参与度为 0.177、加拿大的前向参与度为 0.176、中国香港的前向参与度为 0.172、墨西哥的前向参与度为 0.140、印度尼西亚的前向参与度为 0.139、菲律宾的前向参与度为 0.101、日本的前向参与度为 0.089、中国的前向参与度为 0.079、美国的前向参与度为 0.067。

同时期 APEC 各成员全球价值链后向参与度分别为：新加坡的后向参与度为 0.364、文莱的后向参与度为 0.288、马来西亚的后向参与度为 0.274、中国台湾的后向参与度为 0.210、俄罗斯的后向参与度为 0.100、越南的后向参与度为 0.472、泰国的后向参与度为 0.277、韩国的后向参与度为 0.179、澳大利亚的后向参与度为 0.084、加拿大的后向参与度为 0.132、中国香港的后向参与度为

0.169、墨西哥的后向参与度为 0.187、印度尼西亚的后向参与度为 0.115、菲律宾的后向参与度为 0.150、日本的后向参与度为 0.098、中国的后向参与度为 0.117、美国的后向参与度为 0.065。

进一步分析不难发现：第一，尽管不同国家或地区的全球价值链参与度在本书的考察期内略有变化，但是 APEC 成员在全球价值链参与度的排序相对稳定，如美国、日本和中国等国家或地区的全球价值链前向和后向参与度始终处在 APEC 成员中的较低水平。相比较之下，文莱和新加坡在全球价值链中的前向参与度和后向参与度均在 APEC 成员中处于领先地位，其可能的原因显然与特定国家或地区的生产规模有关。对于美国、中国和日本这类大型经济体而言，由于其经济体量更大、人口总量更多、工业生产能力更强，使得全球价值链生产模式尽管在这些国家或地区内的进出口贸易中较为重要，但是受限于自身的规模优势，其生产的更多环节须在特定国家或地区国内完成，在一定程度上限制了全球价值链生产模式在当地的渗透。加之经济规模的优势在一定程度上降低了全球价值链生产模式在特定国家或地区 GDP 中所占的比重，因而其全球价值链前向和后向参与度均明显低于经济规模较小的国家或地区。但是对于文莱、马来西亚以及新加坡这样经济规模较小的国家或地区而言，其经济规模决定了其更加倾向于通过嵌入全球分工的某一环节实现专业化生产，其独特的地理环境也为当地嵌入全球分工体系提供了便利，这也是国家或地区在经济上更依赖进口中间产品作为必要投入和将外国市场作为产品的出口目的地的原因。因而，这些国家和地区在全球价值链生产模式的产出占 GDP 的比重更高，相应地，其全球价值链前向和后向参与度也较高。

第二，对于大部分 APEC 成员而言，其全球价值链前向和后向参与度均表现出较高的相关性，即全球价值链前向参与度较高的国家或地区，其全球价值链后向参与度也较高，其潜在的原因同样在于经济规模的限制。正如前文所言，由于经济规模较小的国家或地区只能通过自身特定的比较优势嵌入全球价值链分工的某一环节，而全球价值链本身链条状的生产则决定了专注于某一环节的生产过程必须通过进口和/或出口实现中间产品或者最终产品的流转，高度依赖进出口的生产模式直接使全球价值链生产模式在规模较小的国家中更深入地渗透。但是对于大国而言，由于其规模能够涵盖全球价值链分工更多的生产环节，产品与不同生产环节的内循环属性增强，对外依赖度整体较低的经济特征使其全球价值链前向参与度与后向参与度均呈现较低的水平。

第三，APEC 主要成员的全球价值链前向和后向参与度在不同年份尽管有波动，但是整体变化幅度较小。分工的细化作为全球价值链生产模式得以发展的基础，决定各国或地区得以嵌入全球价值链分工何种环节的核心要素仍然是特定国家或地区的比较优势。由于短期内特定国家或地区的比较优势基本保持稳定，决定了其在全球价值链所从事的专业化分工环境也处在相对稳定的情境中。加之亚太地区作为世界经济最具活力同时也是竞争最为激烈的地区，APEC 主要成员在全球价值链中的分工角色基本固化，这也是造成 APEC 各成员全球价值链参与度在本书研究的考察期内变化幅度较小的原因。

第二节　APEC 成员全球价值链参与方式分析

根据 Wang 等（2017a）关于全球价值链生产活动的定义，只有涉及以中间产品跨境的生产活动方才属于全球价值链生产活动的范畴。而基于多区域投入产出表行列平衡所反映的生产关系，特定国家或地区可以通过进口中间产品用于特定国家或地区生产的后向参与方式嵌入全球价值链生产体系，或者出口中间产品被其他国家或地区所使用的前向参与方式参与全球价值链分工。但是根据中间产品跨境次数的差异，又可以进一步将全球价值链参与度分为以中间产品单次跨境并不再向第三方出口的全球价值链生产活动（也被称为简单的全球价值链生产活动），以及以中间产品多次跨境为代表的复杂的全球价值链生产活动。本书以 Wang 等（2017a）提出的全球价值链前向简单参与度与前向复杂参与度，以及后向简单参与度与后向复杂参与度的计算方法为基础，测算了 APEC 成员在 2007 年和 2021 年的全球价值链简单参与度与复杂参与度，具体结果如表 3-1 所示。

表 3-1　APEC 各成员全球价值链简单参与复杂参与度

| 成员 | 2007 年 | | | | 2021 年 | | | |
| | 全球价值链前向参与 | | 全球价值链后向参与 | | 全球价值链前向参与 | | 全球价值链后向参与 | |
	简单参与度	复杂参与度	简单参与度	复杂参与度	简单参与度	复杂参与度	简单参与度	复杂参与度
加拿大	0.136	0.042	0.088	0.060	0.133	0.042	0.080	0.053
中国	0.070	0.049	0.088	0.086	0.046	0.034	0.075	0.042

| 成员 | 2007 年 | | | | 2021 年 | | | |
| | 全球价值链前向参与 | | 全球价值链后向参与 | | 全球价值链前向参与 | | 全球价值链后向参与 | |
	简单参与度	复杂参与度	简单参与度	复杂参与度	简单参与度	复杂参与度	简单参与度	复杂参与度
印度尼西亚	0.108	0.072	0.095	0.056	0.092	0.047	0.074	0.041
日本	0.044	0.037	0.062	0.031	0.052	0.037	0.068	0.029
韩国	0.085	0.069	0.117	0.078	0.118	0.086	0.109	0.071
墨西哥	0.072	0.025	0.078	0.081	0.102	0.038	0.079	0.108
俄罗斯	0.133	0.106	0.057	0.025	0.150	0.101	0.068	0.032
中国台湾	0.147	0.129	0.125	0.124	0.168	0.122	0.097	0.114
美国	0.030	0.024	0.050	0.022	0.037	0.030	0.044	0.020
马来西亚	0.299	0.188	0.142	0.206	0.201	0.117	0.143	0.131
菲律宾	0.118	0.082	0.091	0.075	0.065	0.036	0.098	0.052
泰国	0.125	0.078	0.153	0.108	0.145	0.077	0.152	0.125
越南	0.140	0.071	0.137	0.206	0.160	0.074	0.146	0.327
文莱	0.353	0.203	0.131	0.073	0.221	0.122	0.202	0.085
新加坡	0.299	0.170	0.097	0.296	0.289	0.163	0.123	0.241
中国香港	0.159	0.073	0.094	0.106	0.117	0.055	0.105	0.064
澳大利亚	0.088	0.053	0.071	0.034	0.118	0.059	0.056	0.028

资料来源：ADB-MRIO 数据库。

由表 3-1 可知，APEC 各成员在 2021 年全球价值链前向简单参与度排名为：新加坡、文莱、马来西亚、中国台湾、越南、俄罗斯、泰国、加拿大、澳大利亚和韩国、中国香港、墨西哥、印度尼西亚、菲律宾、日本、中国、美国。

APEC 成员在 2021 年全球价值链前向复杂参与度排名为：新加坡、文莱和中国台湾、马来西亚、俄罗斯、韩国、泰国、越南、澳大利亚、中国香港、印度尼西亚、加拿大、墨西哥、日本、菲律宾、中国、美国。

与此同时，APEC 各成员在 2021 年全球价值链后向简单参与度排名为：文莱、泰国、越南、马来西亚、新加坡、韩国、中国香港、菲律宾、中国台湾、加拿大、墨西哥、中国、印度尼西亚、日本和俄罗斯、澳大利亚、美国。

APEC 成员在 2021 年全球价值链后向复杂参与排名为：越南、新加坡、马来西亚、泰国、中国台湾、墨西哥、文莱、韩国、中国香港、加拿大、菲律宾、中国、印度尼西亚、俄罗斯、日本、澳大利亚、美国。

进一步分析不难看出，APEC 各成员的全球价值链简单参与度与复杂参与度在 2007 年与 2021 年的排名变化幅度不大，相对平稳，其潜在的原因同样是不同国家或地区的比较优势相对稳定以及亚太地区经济格局固化。值得注意的是，从全球价值链的简单参与度与复杂参与度的变化趋势来看，中国在全球价值链前向参与度与美国、日本等国家基本处在同一水平，但是对于后向参与度而言，中国无论是全球价值链简单参与度还是复杂参与度所处的位置均有所上升。全球价值链后向参与度的含义，说明中国需要进口来自其他国家或地区的中间产品来完成生产。这一特征显然与美国、日本等其他区域价值链核心成员有着明显的差距，中国迈向以中间产品出口为主要特征的全球价值链中高端生产环节的任务依然任重而道远。因而，为了摆脱"低端锁定"、优化中国在全球价值链生产模式下的分工环节，中国应当积极加快提升自身实力，争取提升复杂参与度，扩大与其他经济体的合作范围，以合作谋发展，在竞争中求改观。

第三节 APEC 成员全球价值链分工位置分析

全球范围内分工细化使特定产品生产的全产业链条逐步延长，而国际贸易和生产模式的变化也要求构建新的统计指标来捕捉不同国家或地区在全球价值链上的分工位置。在对已有的方法进行系统对比的基础上，本章选择 Wang 等（2017b）提出的测度方法，将全球价值链分工位置定义为特定国家或地区所处的生产环节到价值链两端的相对距离。根据 Wang 等（2017b）的研究，特定国家或地区在全球价值链上的分工位置必须根据该环节上游的环节数与下游环节数共同决定。对于特定国家或地区而言，其所嵌入全球价值链分工仅仅是价值链条上的一个环节。显然，该环节之前的生产阶段越少，那么该国家（地区）或行业在特定价值链中的上游度越高。如果该国家（地区）或行业所嵌入全球价值链生产环节之后的生产阶段数量越少，那么该国家（地区）或行业所处的分工环节将更加接近价值链的下游环节。显然，特定国家或地区在全球价值链中的分工位置应该表达为其所从事的环节在全球价值链分工体系下上下游的相对位置。借鉴该方法，本书计算了 2007~2021 年 APEC 成员在全球价值链中的分工位置指数，具体结果如表 3-2 所示。

表 3-2　2007～2021 年 APEC 成员全球价值链分工位置指数

成员	2007 年	2009 年	2011 年	2013 年	2015 年	2017 年	2019 年	2021 年
日本	1.042	1.098	1.082	1.072	1.089	1.083	1.090	1.095
澳大利亚	1.142	1.097	1.137	1.109	1.100	1.148	1.092	1.067
俄罗斯	1.082	1.115	1.100	1.109	1.100	1.124	1.066	1.056
加拿大	1.008	1.009	1.000	0.994	1.014	1.004	1.055	1.053
韩国	0.988	1.053	1.039	1.020	1.031	1.037	1.050	1.040
美国	1.009	1.022	1.016	1.005	1.010	1.012	1.029	1.039
墨西哥	1.040	1.061	1.033	1.037	1.052	1.034	1.041	1.035
中国台湾	0.994	1.058	1.024	1.018	1.013	1.016	1.032	1.020
新加坡	0.965	1.033	0.994	1.007	1.023	1.011	1.008	1.020
文莱	0.909	1.170	1.151	1.107	1.180	1.158	1.092	1.017
中国	0.995	0.959	0.965	0.959	0.981	0.982	1.002	0.997
中国香港	0.933	1.034	1.049	1.079	1.062	1.057	1.034	0.997
印度尼西亚	1.086	1.039	1.035	1.012	1.023	1.005	0.980	0.978
菲律宾	1.034	0.926	0.931	0.917	0.956	0.953	0.961	0.963
马来西亚	0.971	1.003	0.992	0.977	0.972	0.966	0.958	0.940
越南	1.024	0.928	0.937	0.920	0.934	0.924	0.921	0.907
泰国	1.021	0.983	0.964	0.934	0.930	0.927	0.894	0.896

资料来源：ADB-MRIO 数据库。

其中，2021 年，APEC 成员全球价值链分工指数由大到小依次为日本（1.095）、澳大利亚（1.067）、俄罗斯（1.056）、加拿大（1.053）、韩国（1.040）、美国（1.039）、墨西哥（1.035）、中国台湾（1.020）和新加坡（1.020）、文莱（1.017）、中国（0.997）和中国香港（0.997）、印度尼西亚（0.978）、菲律宾（0.963）、马来西亚（0.940）、越南（0.907）、泰国（0.896）。

进一步分析不难发现，第一，中国作为东亚地区新的区域价值链核心成员，其在全球价值链分工中所处的分工位置有待进一步提升。根据《全球价值链发展报告 2019》对于全球价值链网络的刻画，2000 年全球价值链贸易网络围绕美国、德国和日本形成了北美、欧洲、亚洲三大区域价值链体系，如北美区域价值链网络以美国为中心、以加拿大和墨西哥为核心参与对象。但是值得注意的是，当时间行进至 2017 年，尽管世界仍然呈现北美、欧洲、亚洲三大区域价值链体系，但是亚洲区域价值链的核心成员由日本变为了中国。中国凭借庞大的经济体量与"世界工厂"的地位对位于东亚的国家或地区产生了巨大的贸易引力，原先从属于日本的区域价值链分工体系随着中日之间经济实力的此消彼长，最终围绕中国形成了新的区域价值链分工。但是值得注意的是，无论是在本书研究考察的起始时间 2007 年，还是在 2021 年，中国在全球价值链分工中所处的分工位置长期处在较低的水平。不仅与北美区域价值链的核心成员美国有着明显差距，与亚洲区域价值链原先的核心成员日本也有着不小的距离。进一步结合中国的全球价值链参与度来看，中国仍然主要依托组装、加工等生产环节嵌入全球价值链分工，大量进口中间产品的同时出口最终产品仍然是中国参与全球化分工的典型特征，在中高端分工的竞争优势不足是中国制造业"大而不强"的重要原因之一。尽管中国对于研发的长期投入与产业升级已经取得了一定成效，表现为从 2007 年至 2019 年中国全球价值链分工指数在波动中上升，并摆脱了长期出口初级工业产品的出口产品结构，目前已经形成了技术密集型、资本密集型和劳动密集型并举的产品格局，低技术制造业和服务业占出口的比重不断降低。但是总体而言，中国在亚洲区域价值链的核心地位仍然主要是通过中国所处的独特分工环节以及经济体量所实现的。中国要想全面赶超其他区域价值链核心成员，仍然有很长的路要走。

第二，中国从全球价值链生产模式下所获取的分工收益也有待进一步提升。从全球价值链的分工来看，产品价值由众多的价值环节构成，处于生产不同环节的企业及所在国家或地区进行着从设计、产品开发、中间产品到最终产品的制造、营销等各种增值活动，其相应创造的价值也并不均衡。根据"微笑曲线"理论，全球价值链上不同分工环节的价值分配并非完全均等。大部分行业的上游为研发和设计环节等无形的生产前活动，下游为销售、品牌管理和售后服务等市场性环节，而处在价值链中游的企业主要从事加工、组装等生产性分工。其中，位于全球价值链上下游的价值密度远高于价值链中游生产性环节，全产业链的利润主要为上游和下游环节所攫取（原源和吴朝阳，2016）。如图 3-4、图 3-5 所示，由于中国长期处在加工、制造等生产环节，使中国从全球价值链分工中所获得的收益明显少于其他区域价值链核心成员。中国不仅要面对垂直专业分工环境

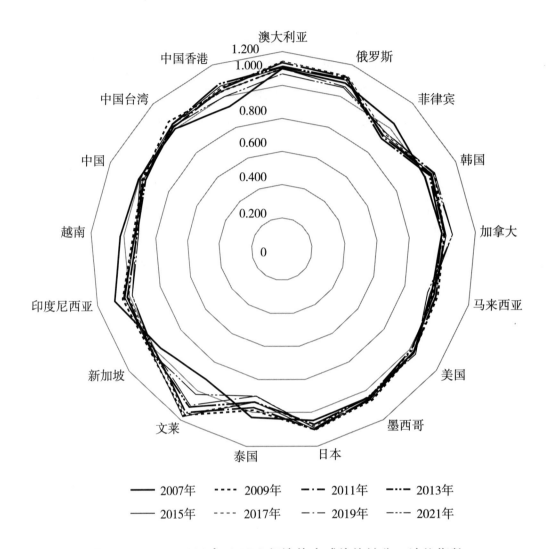

图 3-4 2007~2021 年 APEC 经济体全球价值链分工地位指数

资料来源：ADB-MRIO 数据库。

下发达经济体的"纵向压榨"，同时还要面临来自其他发展中经济体对中国传统优势分工领域的"横向挤压"；加之中国经济借助全球化的浪潮实现快速崛起的同时，对于现有全球分工格局的挑战也招致了部分经济体打压，以美国挑起中美贸易摩擦为代表的单边主义行径以及针对中国日渐增多的非关税贸易保护措施为中国继续深度嵌入全球价值链分工体系添加了诸多不确定性因素。因而，通过与APEC 成员开展价值链合作以优化全球价值链参与、推动价值链升级成为中国化解当前嵌入全球分工过程中所面临的一系列问题的重要路径。

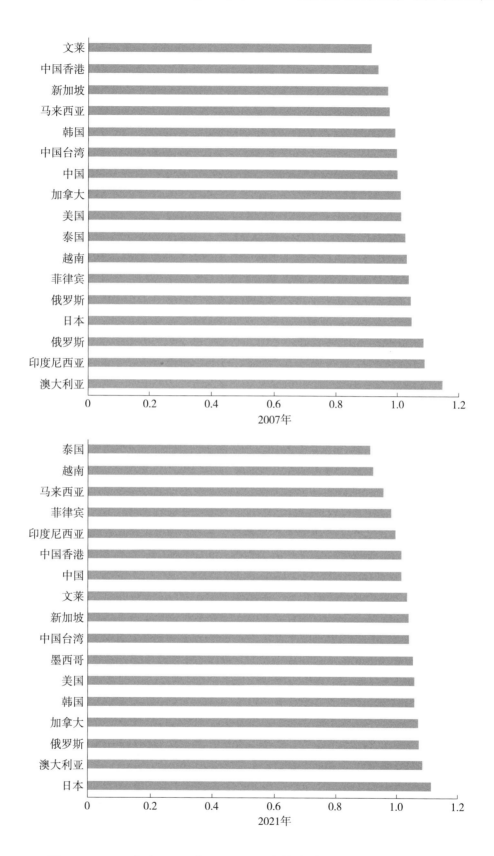

图 3-5　2007 年和 2021 年 APEC 经济体全球价值链分工地位分析

资料来源：ADB-MRIO 数据库。

第三，同全球价值链参与度类似，APEC 不同成员在全球价值链中所处的分工位置相对稳定。一般而言，发达经济体处在全球价值链分工的上游环节，而下游环节则由发展中经济体承担。诚如前文分析所言，诸如日本、韩国、美国等发达经济体依托在技术、资金等领域的先发优势，牢牢掌握着全球价值链分工的上游环节；相较之下，诸如印度尼西亚、菲律宾、马来西亚、越南、泰国等则长期处在全球价值链分工的下游环节，且在本书研究的考察期内所处的分工位置基本稳定，同样反映出既有的全球价值链分工已经逐步固化。事实上，对于发展中经济体而言，由于技术门槛、先发优势等先天差距的存在，通过价值链分工跻身上游环节困难重重。而长期的"低端锁定"更是在一定程度上限制了发展中经济体在资本、技术等领域的积累。构建新的全球价值链合作格局不仅需要良好的顶层机制设计作为前置条件，更需要配套的区域价值链以产业发展作为必要的支撑。

第四节　APEC 成员行业显示比较优势分析

为了进一步揭示造成 APEC 成员全球价值链参与度与分工位置指数变化的深层次原因，本书基于 Balassa（1965）提出的比较优势指数以刻画各个国家或地区的优势产业以及其在全球价值链上的位置。但是基于进出口总量衡量的产业关联由于重复计算，将过高估计两成员间产业上下游的依赖关系；而增加值正弥补了这一缺陷，剔除了贸易流量中重复计算的部分，从而更加准确地反映了各成员参与国际分工的真实获利与成员间的产业关联关系（杨继军，2019）。因而在具体的计算过程中，本章结合 Wang 等（2013）从增加值的角度改进的显示比较优势（NRCA）对 APEC 成员基础行业、低技术制造业、中高技术制造业、商业服务业以及个人和公共服务业五个行业大类的显示比较优势进行了计算。具体结果如表 3-3 与表 3-4 所示。

表 3-3　2007 年 APEC 成员各行业显示比较优势与排序①

成员	基础行业		低技术制造业		中高技术制造业		商业服务业		个人和公共服务业	
	NRCA 指数	排名	NRCA 指数	排名	NRCA 指数	排名	NRCA 指数	排名	NRCA 指数	排名
澳大利亚	2.668	14	1.556	28	0.761	47	0.965	45	1.733	8
文莱	8.275	2	0.437	62	7.723	1	0.245	63	0.240	61
加拿大	1.467	28	1.212	41	0.879	40	1.145	39	2.406	3
中国香港	0.011	63	0.391	63	0.023	63	3.406	5	0.787	37
印度尼西亚	2.737	13	1.466	32	1.697	11	0.670	62	0.533	48
日本	0.098	60	0.781	53	1.739	9	0.945	49	0.733	39
马来西亚	2.341	20	1.366	35	1.364	21	1.254	30	0.496	50
墨西哥	2.043	23	0.607	58	1.233	26	0.799	58	0.016	63
中国	1.536	26	1.326	37	1.286	24	0.798	59	0.503	49
菲律宾	2.399	18	2.646	8	1.448	17	1.797	11	0.468	54
韩国	0.226	56	0.491	61	2.033	6	0.952	48	0.688	43
俄罗斯	2.154	22	0.535	59	1.431	18	1.377	25	0.947	27
新加坡	0.012	62	0.711	55	1.209	27	2.107	9	0.832	33
中国台湾	0.159	58	0.494	60	2.736	2	0.873	54	0.489	52
泰国	1.472	27	1.307	38	2.204	4	1.137	41	0.468	53
美国	0.464	49	0.754	54	1.099	31	1.147	38	1.706	9
越南	4.071	11	4.886	4	0.556	50	0.862	55	0.445	56

资料来源：ADB-MRIO 数据库。

表 3-4　2021 年 APEC 成员各行业显示比较优势与排序

成员	基础行业		低技术制造业		中高技术制造业		商业服务业		个人和公共服务业	
	NRCA 指数	排名	NRCA 指数	排名	NRCA 指数	排名	NRCA 指数	排名	NRCA 指数	排名
澳大利亚	4.221	6	1.477	34	0.334	57	0.928	52	1.779	12
文莱	7.299	1	0.137	63	17.936	1	0.318	63	0.267	59
加拿大	1.968	18	1.049	43	0.850	36	1.050	48	1.491	16

---

① 受到 ADB-MRIO 所覆盖的国家限制，表中排名是指各成员特定行业 NRCA 指数在 ADB-MRIO 所包含的 62 个国家或地区的次序。下同。

成员	基础行业		低技术制造业		中高技术制造业		商业服务业		个人和公共服务业	
	NRCA指数	排名	NRCA指数	排名	NRCA指数	排名	NRCA指数	排名	NRCA指数	排名
中国香港	0.030	62	0.487	59	0.016	63	3.441	4	1.058	30
印度尼西亚	2.964	12	1.866	17	0.746	42	0.780	60	0.656	48
日本	0.110	59	0.666	55	1.843	10	0.936	51	1.056	31
马来西亚	1.789	20	1.441	37	1.296	22	1.565	19	0.502	53
墨西哥	1.374	26	0.843	48	1.655	13	1.223	37	0.021	63
中国	1.215	28	0.898	47	1.342	19	0.910	53	0.910	49
菲律宾	1.227	27	1.849	18	0.870	35	1.987	14	0.773	41
韩国	0.145	57	0.626	57	2.172	5	0.862	55	0.508	52
俄罗斯	3.069	11	0.778	50	2.136	6	0.790	59	1.464	18
新加坡	0.006	63	0.320	62	1.759	12	2.117	8	0.753	45
中国台湾	0.152	56	0.589	58	3.730	3	0.726	62	0.323	58
泰国	2.275	16	1.458	36	1.227	24	2.028	11	0.621	50
美国	0.487	45	0.759	52	1.055	27	1.217	39	0.767	43
越南	2.908	13	4.419	5	1.010	30	0.822	56	0.770	42

资料来源：ADB-MRIO 数据库。

第一，针对不同的成员，其显示比较优势指数在不同行业间有明显的差异，例如，中国 2021 年基础行业的显示比较优势指数为 1.215，在 ADB-MRIO 所包含的 62 个成员或地区中处于 28 位，处于中游水准；中高技术制造业的显示比较优势指数为 1.342，位列第 19 位，显示出中国的中高技术制造业在国际范围内拥有一定的比较优势；低技术制造业、商业服务业以及个人和公共服务业的显示比较优势指数分别为 0.898、0.910 以及 0.910，分别在全球位列第 47 位、第 53 位和第 49 位，处在相对比较劣势的位置。显然这一结论进一步印证了前文的表述，即全球分工的细化决定了没有任何一个成员或地区能够包办全球价值链所有环节的生产，特定成员只能依托自身的要素禀赋在某一环节形成比较优势，对于其他成员而言亦是如此。

第二，对于规模较小的成员或地区而言，其显示比较优势指数更容易呈现极端化的分布，其中典型代表即为文莱。文莱因当地主要出口农产品与石油等，基础行业与中高技术制造业显示比较优势分别达到了 7.299 与 17.936，在 2021 年稳居世界第一；但是在低技术制造业、商业服务业以及个人和社会服务业领域，文莱排名则较为靠后。相较之下，对于中国、美国和日本等规模较大的经济体而言，尽管其大部分行业在全球中处在相对均衡的位置，但是不能否定它们在各个行业领域对于世界经济的重要影响。因而基于显示比较优势审视特定成员的相对比较优势时既要结合显示比较优势的绝对数值，也要结合多种因素加以评判，方能得到准确的认识。

第三，对于 APEC 主要成员，不同成员的显示比较优势拥有高度的互补性，这为开展全球价值链合作提供了坚实的基础。就基础行业而言，APEC 成员中的澳大利亚、俄罗斯、印度尼西亚等拥有丰富油气、矿产资源的国家；在低技术制造业领域，APEC 成员中的越南、印度尼西亚凭借低廉的劳动力成本在低端制造业领域形成了比较优势；而在中高技术制造业领域，APEC 成员中既有美国、日本、韩国等发达经济体"坐拥"全球价值链的中高端分工，也有中国这样的新兴经济体在逐步发展中在中高技术制造业领域逐步形成新的比较优势；在商业服务业领域，APEC 成员也覆盖了中国香港、新加坡这样的国际金融中心。因而从比较优势来看，APEC 成员已经形成行业覆盖完整、比较优势突出、不同成员的比较优势呈现梯度下降的分工格局，为全球价值链合作提供了广阔的发展前景。

第五节　小结

利用亚洲开发银行编制的 ADB-MRIO 数据库，本章针对 APEC 成员全球价值链合作参与度、参与方式、分工位置以及显示比较优势四个方面展开了分析。研究结果表明：APEC 成员全球价值链参与度、参与方式以及分工指数等在本书研究的考察期内基本保持稳定，其背后折射出的是不同国家或地区比较优势的差异以及亚太地区分工的固化。一般而言，发达经济体在全球价值链分工中处在相对优势的地位，其全球价值链分工位置指数与前向参与度均较高；而以中国为代表的发展中经济体则因长期从事加工、制造等生产性环节，处在全球价值链分工的中低端，依赖以进口中间产品为代表的后向参与融入国际分工体系。总的来看，APEC 成员已经形成行业覆盖完整、比较优势突出、不同国家或地区的比较优势呈现梯度下降的分工格局，为全球价值链合作提供了广阔的发展前景。

第四章　共建"一带一路"国家（地区）全球价值链参与度与分工位置分析

　　正如前文所述，"一带一路"倡议是"丝绸之路经济带"和"21世纪海上丝绸之路"的简称。"一带一路"倡议是由中国首倡，基于中国与其他共建"一带一路"国家（地区）对古代丝绸之路共同历史回忆，在当前国际形势发生剧烈变化的大背景下，旨在顺应全球化潮流、整合各国资源与要素禀赋、推动区域开放和合作，进而打造的新型国家间合作平台与顶层对话机制。"一带一路"倡议自提出以来，在中国的大力推动下，相继在多个领域取得了进展，同时也吸引了诸多国家积极参与"一带一路"倡议。作为"一带一路"在政策沟通领域的重要实践，以两届"一带一路"国际合作高峰论坛成功举办为代表的国家间合作与对话日趋深入，与会国家数量明显增多，已累计在六大领域取得了超过五百项建设性成果，标志着"一带一路"倡议在政策沟通领域实现了重要突破。2018年，习近平总书记在推进"一带一路"建设工作五周年座谈会上指出："共建'一带一路'正在成为我国参与全球开放合作、改善全球经济治理体系、促进全球共同发展繁荣、推动构建人类命运共同体的中国方案。""一带一路"作为中国首倡并参与的一种新型开放倡议，是中国顺应经济新常态下国际经贸格局的变化，专注强化与亚欧非国家的双边贸易、双向投资与国际金融领域等方面进行经贸合作，推动共建"一带一路"国家（地区）持续发展和价值链转型升级的重要举措。但是近年来，诸如保护主义、分离主义等各种形式的"逆全球化"甚至"去全球化"趋势逐步抬头，不仅对共建"一带一路"国家（地区）参与全球价值链添加了诸多不确定性，同时也在客观上阻碍了全球经济复苏与贸易的健康发展。因此，如何在"逆全球化"的严重影响下，推动中国同其他共建"一带一路"国家（地区）间新一轮的合作与发展，成为必须慎重思考的问题。本章旨在从历史演进的角度纵向刻画共建"一带一路"国家（地区）参与全球价值链分工过程中在参与度、分工位置以及具体行业显示比较优势等方面的特征，从而为进一步刻画共建"一带一路"国家（地区）开展全球价值链合作的重点方向和领域提供典型事实基础。

第一节 共建"一带一路"国家（地区）全球价值链参与度分析

全球价值链参与度是特定国家或地区参与全球分工的重点特征，本章同样参考 Wang 等（2017a）提出的全球价值链参与度指数对共建"一带一路"国家（地区）展开测算。由于全球价值链参与度的测度需要建立在多区域投入产出表的基础上，本书研究所使用的 ADB-MRIO 数据库所包含的 62 个国家和地区中仅覆盖了保加利亚、中国、塞浦路斯、捷克、爱沙尼亚、希腊、克罗地亚、匈牙利、印度尼西亚、印度、立陶宛、拉脱维亚、波兰、罗马尼亚、俄罗斯、斯洛伐克、斯洛文尼亚、土耳其、孟加拉国、马来西亚、菲律宾、泰国、越南、哈萨克斯坦、蒙古国、斯里兰卡、巴基斯坦、老挝、文莱、不丹、吉尔吉斯斯坦、柬埔寨、马尔代夫、尼泊尔、新加坡共 35 个共建"一带一路"国家。具体测算结果如图 4-1、图 4-2 以及图 4-3 所示。

其中，2021 年，部分共建"一带一路"国家全球价值链前向参与度由大到小依次为：新加坡的前向参与度为 0.453、蒙古国的前向参与度为 0.432、斯洛文尼亚的前向参与度为 0.362、塞浦路斯的前向参与度为 0.354、文莱的前向参与度为 0.343、立陶宛的前向参与度为 0.329、爱沙尼亚的前向参与度为 0.325、老挝的前向参与度为 0.321、马来西亚的前向参与度为 0.318、拉脱维亚的前向参与度为 0.312、哈萨克斯坦的前向参与度为 0.306、匈牙利的前向参与度为 0.302、保加利亚的前向参与度为 0.298、斯洛伐克的前向参与度为 0.291、马尔代夫的前向参与度为 0.280、捷克的前向参与度为 0.256、俄罗斯的前向参与度为 0.251、克罗地亚的前向参与度为 0.244、波兰的前向参与度为 0.243、越南的前向参与度为 0.234、泰国的前向参与度为 0.222、吉尔吉斯斯坦的前向参与度为 0.219、罗马尼亚的前向参与度为 0.216、不丹的前向参与度为 0.197、柬埔寨的前向参与度为 0.177、土耳其的前向参与度为 0.161、希腊的前向参与度为 0.151、印度尼西亚的前向参与度为 0.139、菲律宾的前向参与度为 0.101、印度的前向参与度为 0.093、中国的前向参与度为 0.079、斯里兰卡的前向参与度为 0.053、巴基斯坦的前向参与度为 0.036、尼泊尔的前向参与度为 0.030、孟加拉国的前向参与度为 0.019。

部分共建"一带一路"国家 2021 年全球价值链后向参与度指数分别为：越南的后向参与度为 0.472、斯洛伐克的后向参与度为 0.387、新加坡的后向参与度为 0.364、柬埔寨的后向参与度为 0.342、爱沙尼亚的后向参与度为 0.316、斯洛文尼亚的后向参与度为 0.308、匈牙利的后向参与度为 0.306、文莱的后向参与度为 0.288、泰国的后向参与度为 0.277、捷克的后向参与度为 0.274、马来西亚的后向参与度为 0.274、塞浦路斯的后向参与度为 0.273、蒙古国的后向参与

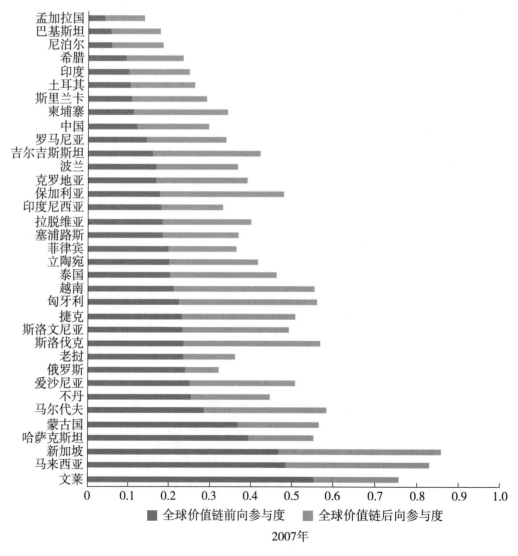

图 4-1　2007 年和 2021 年部分共建"一带一路"国家全球价值链前向参与度与后向参与度分析

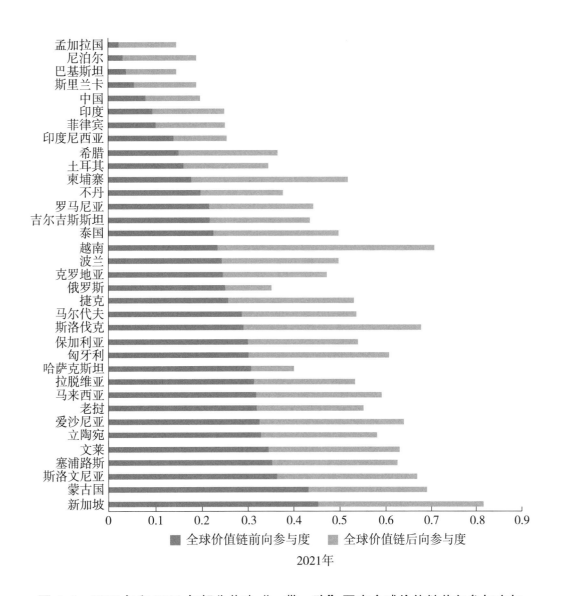

图 4-1　2007 年和 2021 年部分共建"一带一路"国家全球价值链前向参与度与
后向参与度分析（续图）

资料来源：ADB—MRIO 数据库。

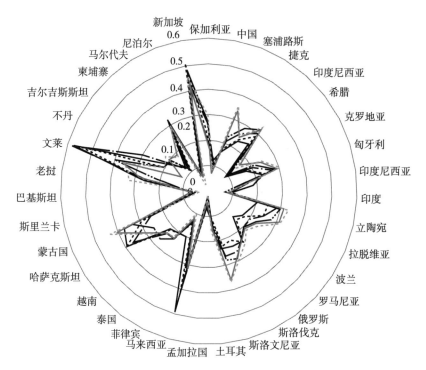

图 4-2 2007~2021 年部分共建"一带一路"国家全球价值链前向参与度演进趋势

资料来源：ADB-MRIO 数据库。

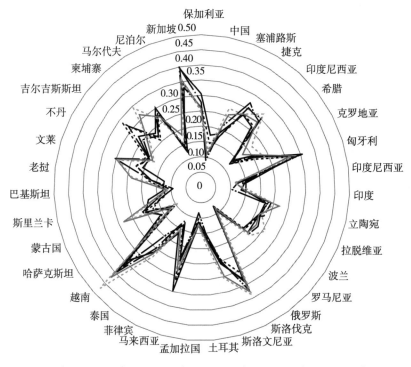

图 4-3 2007~2021 年部分共建"一带一路"国家全球价值链后向参与度演进趋势

资料来源：ADB-MRIO 数据库。

度为 0.258、波兰的后向参与度为 0.256、立陶宛的后向参与度为 0.252、马尔代夫的后向参与度为 0.249、保加利亚的后向参与度为 0.242、老挝的后向参与度为 0.231、克罗地亚的后向参与度为 0.228、罗马尼亚的后向参与度为 0.226、拉脱维亚的后向参与度为 0.222、吉尔吉斯斯坦的后向参与度为 0.219、希腊的后向参与度为 0.215、土耳其的后向参与度为 0.185、不丹的后向参与度为 0.181、尼泊尔的后向参与度为 0.158、印度的后向参与度为 0.156、菲律宾的后向参与度为 0.150、斯里兰卡的后向参与度为 0.136、孟加拉国的后向参与度为 0.126、中国的后向参与度为 0.117、印度尼西亚的后向参与度为 0.115、巴基斯坦的后向参与度为 0.110、俄罗斯的后向参与度为 0.100、哈萨克斯坦的后向参与度为 0.094。

进一步分析不难发现，第一，共建"一带一路"国家（地区）间全球价值链参与度的绝对差异要远大于 APEC 成员之间，换言之，共建"一带一路"国家（地区）的全球价值链参与度分布更为离散。共建"一带一路"国家（地区）中既有新加坡、蒙古国、斯洛文尼亚等全球价值链前向和后向参与度均超过 0.3 的国家，这也就意味着以中间产品进出口为代表的全球价值链生产活动在占当地 GDP 的比重超过 30%。但是诸如斯里兰卡、尼泊尔、巴基斯坦、孟加拉国等国的全球价值链参与度仅在 0.1 左右徘徊，表明这些国家的全球价值链生产活动占当地 GDP 的比重在最极端的情况下不足 10%。"一带一路"作为开放性的国家间合作与对话平台，其所覆盖的地理区域广泛，当中既包含了来自东欧的部分发达国家，也包含了以出口各类自然资源为代表的中等收入国家，同时也包含了低收入国家。国家间的巨大差异一方面反映出共建"一带一路"国家（地区）在经济发展水平、对外开放程度等方面的巨大差异；另一方面，不同的参与度之间的巨大差异也为开展全球价值链合作提供了更多的可能。但值得注意的是，国家间的差异客观上也加剧了各国利益诉求的差异，加大了开展全球价值链合作的难度。

第二，共建"一带一路"国家（地区）的全球价值链后向参与度普遍高于前向参与度，反映出上述国家在国际分工时更多的以后向参与，即进口中间产品用于特定国家或地区生产的方式为主。出现这一现象的原因主要在于大部分共建"一带一路"国家（地区）受自身发展水平的制约，国内的经济体制有待完善，除东欧的少数发达国家外，共建"一带一路"国家（地区）往往以欠发达的国家和地区为主，在全球产业链上主要从事低端分工和生产，进口中间产品用于特定国家或地区产品的生产是此类国家和地区的典型特征，同时也是与自身发展阶段相适应、在当前国际分工下的必然选择；特别是对于经济欠发达的国家或地区而言，其对于进口中间产品的依赖程度更高，更加容易陷入"低端锁定"的困局。

第三，同 2007 年相比，共建"一带一路"国家（地区）的全球价值链参与度普遍有一定程度的提升。这一现象在一定程度上应当归功于"一带一路"倡议的实施。作为"一带一路"倡议的纲领性文件，《推动共建丝绸之路经济带和 21 世纪海上丝绸之路的愿景与行动》（以下简称《愿景与行动》）于 2015 年 3 月正式发布。当中针对"一带一路"倡议提出的时代背景、共建原则、框架思路、合作重点等共建"一带一路"国家（地区）所关心的内容给出了详细陈述，明确表达了中国推动与其他共建"一带一路"国家（地区）实现共同繁荣、推进双边合作迈向新高度的核心意愿。《愿景与行动》中更是明确提出，"一带一路"倡议以促进中国同其他共建"一带一路"国家（地区）间政策沟通、设施联通、贸易畅通、资金融通、民心相通为主要内容，重点加强"五通"领域的合作。实际上，"一带一路"倡议提出以后，中国同其他共建"一带一路"国家（地区）的贸易总额稳步增长。货物贸易方面，2013~2021 年，中国与其他共建"一带一路"国家（地区）货物贸易进出口总额从 1.04 万亿美元增至 1.34 万亿美元，占中国货物贸易总额比重也由 25.0%升至 29.7%，创 8 年来新高。与此同时，在"一带一路"倡议的推动下，服务贸易成为中国同共建"一带一路"国家（地区）之间新的经贸合作增长点。根据《中国"一带一路"贸易投资发展报告》的统计，2019 年中国与其他共建"一带一路"国家（地区）之间实现各类服务贸易进出口总额达到 1178.8 亿美元，其中服务业实现出口 380.6 亿美元、进口 798.2 亿美元。此外，服务外包业务也快速增长。2019 年，中国承接其他共建"一带一路"国家（地区）离岸服务外包执行额 1249.5 亿元，同比增长 12.4%，较上年增加 4.4 个百分点。显然，经由"一带一路"倡议的推动，共建国家（地区）之间的经贸潜力得到了进一步释放，而中国作为"一带一路"倡议的首倡者也在积极推动共建国家（地区）之间的全面互联互通，同时也推动了全球价值链生产模式在共建"一带一路"国家（地区）间的发展。

第二节 共建"一带一路"国家（地区） 全球价值链参与方式分析

基于 Wang 等（2017a）对于全球价值链参与方式的进一步拆分，本章同样就 ADB-MRIO 数据库中所包含的部分共建"一带一路"国家的全球价值链参与方式展开了分析，具体结果如表 4-1 所示。

表 4-1　2007 年和 2021 年部分共建"一带一路"国家全球价值链参与方式

国家	2007 年				2021 年			
	全球价值链前向参与		全球价值链后向参与		全球价值链前向参与		全球价值链后向参与	
	简单参与度	复杂参与度	简单参与度	复杂参与度	简单参与度	复杂参与度	简单参与度	复杂参与度
保加利亚	0.105	0.072	0.199	0.105	0.170	0.128	0.117	0.125
中国	0.070	0.049	0.088	0.086	0.046	0.034	0.075	0.042
塞浦路斯	0.117	0.065	0.115	0.072	0.214	0.140	0.118	0.155
捷克	0.115	0.116	0.120	0.158	0.117	0.140	0.090	0.184
爱沙尼亚	0.149	0.101	0.139	0.121	0.179	0.146	0.122	0.194
希腊	0.053	0.040	0.098	0.043	0.087	0.064	0.105	0.110
克罗地亚	0.096	0.071	0.136	0.089	0.140	0.104	0.106	0.121
匈牙利	0.120	0.104	0.118	0.219	0.152	0.150	0.085	0.221
印度尼西亚	0.108	0.072	0.095	0.056	0.092	0.047	0.074	0.041
印度	0.062	0.037	0.106	0.044	0.062	0.031	0.111	0.045
立陶宛	0.118	0.083	0.134	0.082	0.165	0.163	0.084	0.168
拉脱维亚	0.108	0.074	0.138	0.082	0.164	0.148	0.090	0.132
波兰	0.087	0.079	0.113	0.088	0.119	0.124	0.106	0.149
罗马尼亚	0.082	0.061	0.125	0.070	0.114	0.103	0.131	0.095
俄罗斯	0.133	0.106	0.057	0.025	0.150	0.101	0.068	0.032
斯洛伐克	0.118	0.117	0.114	0.220	0.144	0.147	0.092	0.295

续表

| 国家 | 2007 年 | | | | 2021 年 | | | |
| | 全球价值链前向参与 | | 全球价值链后向参与 | | 全球价值链前向参与 | | 全球价值链后向参与 | |
	简单参与度	复杂参与度	简单参与度	复杂参与度	简单参与度	复杂参与度	简单参与度	复杂参与度
斯洛文尼亚	0.127	0.105	0.111	0.150	0.182	0.181	0.101	0.207
土耳其	0.061	0.043	0.093	0.065	0.095	0.066	0.105	0.080
孟加拉国	0.024	0.018	0.053	0.042	0.013	0.005	0.079	0.047
马来西亚	0.299	0.188	0.142	0.206	0.201	0.117	0.143	0.131
菲律宾	0.118	0.082	0.091	0.075	0.065	0.036	0.098	0.052
泰国	0.125	0.078	0.153	0.108	0.145	0.077	0.152	0.125
越南	0.140	0.071	0.137	0.206	0.160	0.074	0.146	0.327
哈萨克斯坦	0.233	0.161	0.121	0.039	0.179	0.128	0.070	0.025
蒙古国	0.232	0.137	0.138	0.061	0.322	0.110	0.207	0.051
斯里兰卡	0.066	0.041	0.097	0.085	0.035	0.018	0.081	0.055
巴基斯坦	0.035	0.021	0.083	0.037	0.023	0.012	0.081	0.029
老挝	0.159	0.077	0.070	0.055	0.192	0.129	0.106	0.125
文莱	0.353	0.203	0.131	0.073	0.221	0.122	0.202	0.085
不丹	0.176	0.077	0.136	0.061	0.145	0.053	0.126	0.055
吉尔吉斯斯坦	0.103	0.054	0.162	0.103	0.118	0.099	0.152	0.067

资料来源：ADB-MRIO 数据库。

2021 年，部分共建"一带一路"国家的全球价值链前向简单参与度从大到小依次为：蒙古国、文莱、塞浦路斯、马来西亚、老挝、斯洛文尼亚、爱沙尼亚和哈萨克斯坦、保加利亚、立陶宛、拉脱维亚、越南、匈牙利、俄罗斯、不丹和泰国、斯洛伐克、克罗地亚、波兰、吉尔吉斯斯坦、捷克、罗马尼亚、土耳其、印度尼西亚、希腊、菲律宾、印度、中国、斯里兰卡、巴基斯坦、孟加拉国。

2021 年，部分共建"一带一路"国家全球价值链前向复杂参与度从大到小依次为：斯洛文尼亚、立陶宛、匈牙利、拉脱维亚、斯洛伐克、爱沙尼亚、捷克和塞浦路斯、老挝、保加利亚和哈萨克斯坦、波兰、文莱、马来西亚、蒙古国、克罗地亚、罗马尼亚、俄罗斯、吉尔吉斯斯坦、泰国、越南、土耳其、希腊、不丹、印度尼西亚、菲律宾、中国、印度、斯里兰卡、巴基斯坦、孟加拉国。

2021 年，部分共建"一带一路"国家全球价值链后向简单参与度从大到小依次为：蒙古国、文莱、吉尔吉斯斯坦和泰国、越南、马来西亚、罗马尼亚、不丹、爱沙尼亚、塞浦路斯、保加利亚、印度、波兰和克罗地亚和老挝、土耳其和希腊、斯洛文尼亚、菲律宾、斯洛伐克、捷克和拉脱维亚、匈牙利、立陶宛、巴基斯坦和斯里兰卡、孟加拉国、中国、印度尼西亚、哈萨克斯坦、俄罗斯。

2021 年，部分共建"一带一路"国家后向复杂参与度从大到小依次为：越南、斯洛伐克、匈牙利、斯洛文尼亚、爱沙尼亚、捷克、立陶宛、塞浦路斯、波兰、拉脱维亚、马来西亚、泰国和老挝和保加利亚、克罗地亚、希腊、罗马尼亚、文莱、土耳其、吉尔吉斯斯坦、不丹和斯里兰卡、菲律宾、蒙古国、孟加拉国、印度、中国、印度尼西亚、俄罗斯、巴基斯坦、哈萨克斯坦。

第三节 共建"一带一路"国家（地区）全球价值链分工位置分析

借鉴 Wang 等（2017b）对于全球价值链分工位置指数的界定以及测算方法，本章测算出 2007~2021 年部分共建"一带一路"国家的全球价值链分工位置指数（见表 4-2、图 4-4）。

在 2021 年，部分共建"一带一路"国家全球价值链分工位置指数为：蒙古国（1.244）、哈萨克斯坦（1.174）、塞浦路斯（1.148）、土耳其（1.079）、俄罗斯（1.056）、拉脱维亚（1.055）、爱沙尼亚（1.036）、马尔代夫（1.031）、捷克（1.024）、新加坡（1.020）、吉尔吉斯斯坦（1.019）、文莱（1.017）、希腊（1.016）、匈牙利（1.006）、克罗地亚（1.000）、中国（0.997）、立陶宛（0.995）、罗马尼亚（0.992）、波兰（0.984）、斯洛文尼亚（0.979）、斯里兰卡（0.979）、印度尼西亚（0.978）、尼泊尔（0.971）、菲律宾（0.963）、保加利亚（0.963）、孟加拉国（0.955）、不丹（0.947）、斯洛伐克（0.944）、马来西亚（0.940）、印度（0.939）、老挝（0.926）、巴基斯坦（0.913）、越南（0.907）、泰国（0.896）、柬埔寨（0.891）。

表 4-2　2010~2017 年部分共建"一带一路"国家全球价值链参与相对位置分析

国家	2007 年	2009 年	2011 年	2013 年	2015 年	2017 年	2019 年	2021 年
蒙古国	0.933	1.043	1.133	1.144	1.160	1.186	1.223	1.244
哈萨克斯坦	0.984	1.096	1.136	1.141	1.156	1.150	1.140	1.174
塞浦路斯	1.010	1.057	1.079	1.083	1.072	1.080	1.143	1.148
土耳其	1.073	0.991	0.990	0.984	0.988	1.007	1.058	1.079
俄罗斯	1.082	1.115	1.100	1.109	1.100	1.124	1.066	1.056
拉脱维亚	1.087	1.047	1.053	1.048	1.030	1.017	1.042	1.055
爱沙尼亚	1.012	1.015	1.005	1.002	0.998	0.991	1.034	1.036
马尔代夫	1.116	1.009	0.982	1.045	1.071	1.080	1.055	1.031
捷克	1.013	1.021	1.011	1.011	0.999	1.003	1.037	1.024
新加坡	0.965	1.033	0.994	1.007	1.023	1.011	1.008	1.020
吉尔吉斯斯坦	0.948	1.039	1.005	0.962	0.976	0.972	0.988	1.019
文莱	0.909	1.170	1.151	1.107	1.180	1.158	1.092	1.017
希腊	1.005	1.045	1.094	1.094	1.093	1.068	1.066	1.016
匈牙利	1.047	1.006	0.994	0.998	0.977	0.980	1.020	1.006
克罗地亚	1.067	1.019	1.031	1.017	1.016	1.008	1.021	1.000
中国	0.995	0.959	0.965	0.959	0.981	0.982	1.002	0.997
立陶宛	1.126	0.991	1.017	0.994	0.988	0.991	1.021	0.995
罗马尼亚	1.069	0.985	0.990	0.989	0.984	0.971	1.006	0.992
波兰	1.033	0.984	0.976	0.974	0.965	0.973	0.999	0.984
斯洛文尼亚	1.022	1.008	1.015	1.007	1.011	0.977	0.983	0.979
斯里兰卡	0.977	0.937	0.925	0.917	0.927	0.934	0.933	0.979
印度尼西亚	1.086	1.039	1.035	1.012	1.023	1.005	0.980	0.978
尼泊尔	0.955	0.995	0.937	0.969	0.958	0.962	1.000	0.971
菲律宾	1.034	0.926	0.931	0.917	0.956	0.953	0.961	0.963
保加利亚	1.145	0.977	1.004	0.996	0.968	0.960	1.001	0.963
孟加拉国	1.050	1.050	1.014	1.034	1.068	1.024	0.971	0.955
不丹	0.928	0.932	0.965	0.936	0.940	0.931	0.930	0.947
斯洛伐克	1.014	0.997	1.014	0.955	0.927	0.926	0.964	0.944

续表

国家	2007 年	2009 年	2011 年	2013 年	2015 年	2017 年	2019 年	2021 年
马来西亚	0.971	1.003	0.992	0.977	0.972	0.966	0.958	0.940
印度	1.074	0.988	0.950	0.959	0.966	0.950	0.951	0.939
老挝	1.129	0.792	0.918	0.895	0.938	0.909	0.934	0.926
巴基斯坦	0.899	0.927	0.901	0.909	0.915	0.888	0.912	0.913
越南	1.024	0.928	0.937	0.920	0.934	0.924	0.921	0.907
泰国	1.021	0.983	0.964	0.934	0.930	0.927	0.894	0.896
柬埔寨	0.854	0.910	0.922	0.896	0.926	0.906	0.901	0.891

资料来源：ADB-MRIO 数据库。

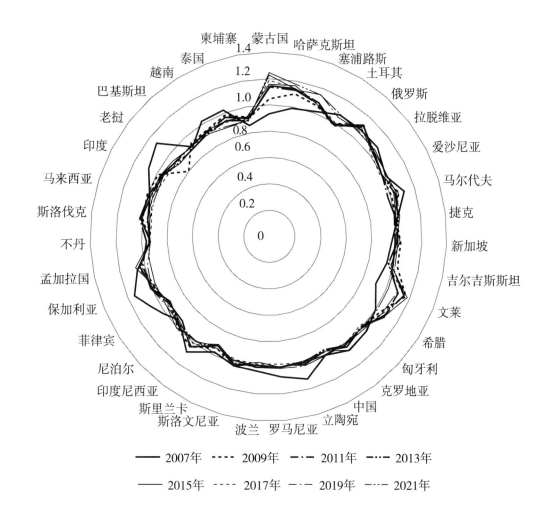

图 4-4 2010~2017 年部分共建"一带一路"国家全球价值链分工地位指数

资料来源：ADB-MRIO 数据库。

进一步观察不难发现，共建"一带一路"国家（地区）在全球价值链中所处分工位置可以分为三个明显的类别。第一类以蒙古国、哈萨克斯坦、塞浦路斯、土耳其、俄罗斯为核心成员，这些国家在全球价值链分工的过程中更加靠近上游环节，表现为其全球价值链分工指数在本书研究所考察的 35 个共建"一带一路"国家中长期位居前列。出现这一现象的核心原因在于全球分工生产离不开资源型产业的支撑，蒙古国、哈萨克斯坦、俄罗斯等国自身拥有丰富的各类矿产以及石油、天然气等资源，矿物、原材料作为生产过程的必要投入，资源禀赋的优势使这些国家的优势产业主要集中在全球价值链生产活动的前端；加之这些国家独特的地缘政治、地理位置的限制，自身在制造业和服务业的竞争优势较低，直接造成了其进口最终产品、出口原材料与能源产品的经济结构。

第二类则以捷克、匈牙利、克罗地亚、中国等在制造业和服务业拥有一定比较优势的国家为主，其全球价值链分工位置指数始终围绕着 1 上下波动是此类国家的典型特征。全球价值链分工位置指数在 1 左右意味着该国所处的生产环节距离价值链上游以及距离下游环节基本相等；进一步结合全球产业分工序列来看，此类国家主要在全球价值链分工的过程中承担生产性任务。对于捷克、匈牙利、克罗地亚、中国等国而言，通过长期的技术与资本积累已经在部分制造业形成了相对优势，其产品的国际竞争力有了一定的提升，初步具备了迈入全球价值链中高端分工的前置条件。但是对于这些国家而言，其上游的研发、设计等技术密集型行业的渗透不足，而营销、市场活动等高附加值的下游环节又被其他国家所垄断，因而处于这一分工位置的国家不仅面临着巨大的价值链升级压力，同时其比较优势也容易为后来者所模仿、超越，因而，尽快向高附加值环节延伸是此类国家所面临的重要问题。

第三类则以印度尼西亚、印度、老挝、巴基斯坦、越南、泰国、柬埔寨等国为代表。其主要特征可以概括为在全球价值链中所处的分工位置不断下降，并在本书研究的考察期内长期处在全球价值链分工的下游环节。根据前文的分析不难看出，处在该环节的国家主要依托丰富的劳动力资源和低廉的劳动力成本嵌入制造业分工体系，主要从事各类中低端制造业产品的生产。但是随着不同国家间比较优势的此消彼长，一方面劳动力密集型产业的要素回报逐步减少，挤压部分国家实现技术积累和资本积累的空间；另一方面随着产业升级成为世界主流经济体之间的共识，以数字经济、互联网技术、人工智能为代表的新兴产业和核心技术逐步与传统制造业相结合，并形成新的比较优势，这使从事低端分工的国家更加依赖从其他国家进口中间产品以完成本国的生产，而技术上的绝对差距则进一步将其推至更加下游的位置。

但是总的来看，共建"一带一路"国家（地区）在全球价值链分工的巨大差异不仅可以支持企业链条式转移、集群式发展，而且使上下游产业链协同布局，建立起研发、生产和销售的完整体系。同时，通过参与全球价值链分工，在一定程度上提高了一国的人力资本和创新能力。尽管在这一过程中不得不面对全球竞争日趋激烈带来的一系列问题，但是如果依托部分位于价值链较高位置的国家，逐步通过承接专业产业、参与全球价值链分工获取经济发展的机会，对于共建"一带一路"国家（地区）继续深入参与全球分工仍然大有裨益。从共建"一带一路"国家（地区）的比较优势来看，其相对较大的梯度层次差异对中国来说也有较大的优势互补效应。例如，东南亚和南亚地区的国家劳动力资源丰富，在劳动密集型制造业上处于起步阶段，而中亚、西亚和欧洲部分地区资源采掘和深加工能力比较强，但大部分国家缺乏充分的资本和一般技术水平，而在上述领域中国恰好积累了相当的技术与产业优势。中国在共建"一带一路"国家（地区）中承上启下的位置在客观上有助于沟通不同区域间的生产，可以以"一带一路"为核心区域构建"以我为主"的新型全球价值链、区域价值链，进行有针对性的产业互补分工，以优化既有的价值链分配，推动世界各国和地区的发展。

第四节　共建"一带一路"国家（地区）行业显示比较优势分析

同 APEC 成员类似，为了进一步刻画共建"一带一路"国家（地区）在不同行业比较优势的具体差异，本章同样基于 Balassa（1965）以及 Wang 等（2013）的研究，根据从增加值的角度改进的新显示比较优势（NRCA）对部分共建"一带一路"国家基础行业、低技术制造业、中高技术制造业、商业服务业以及个人和公共服务业五个行业大类的显示比较优势进行了计算。具体结果如表4-3与表4-4所示。

表4-3 2007年部分共建"一带一路"国家各行业显示比较优势与排序

国家	基础行业		低技术制造业		中高技术制造业		商业服务业		个人和公共服务业	
	NRCA指数	排名	NRCA指数	排名	NRCA指数	排名	NRCA指数	排名	NRCA指数	排名
孟加拉国	4.146	9	6.881	3	0.343	55	0.829	57	2.082	6
不丹	4.668	7	7.581	2	2.170	5	0.732	61	1.155	20
文莱	8.275	2	0.437	62	7.723	1	0.245	63	0.240	61
保加利亚	1.202	31	2.551	10	1.323	22	1.243	32	1.056	21
柬埔寨	4.128	10	11.752	1	0.055	62	2.779	6	0.678	44
克罗地亚	0.870	38	1.550	29	0.859	41	1.222	34	2.130	5
塞浦路斯	0.506	45	1.910	16	0.313	56	2.593	7	2.260	4
捷克	0.503	46	1.655	24	1.720	10	0.891	52	0.833	32
爱沙尼亚	1.147	32	3.103	6	0.949	36	1.542	20	0.733	40
希腊	0.744	39	0.983	45	0.754	48	3.934	4	0.570	47
匈牙利	1.121	33	1.043	43	1.660	12	0.955	46	1.007	24
印度	1.816	24	1.028	44	0.846	42	1.484	22	0.719	42
印度尼西亚	2.737	13	1.466	32	1.697	11	0.670	62	0.533	48
哈萨克斯坦	3.722	12	0.668	56	1.312	23	1.185	36	0.249	60
吉尔吉斯斯坦	6.478	4	0.938	47	2.551	3	1.591	18	3.913	1
老挝	10.954	1	0.819	52	0.099	61	1.751	14	1.357	17
拉脱维亚	1.639	25	2.665	7	0.532	51	1.786	12	0.792	36
立陶宛	1.328	29	2.022	14	1.155	29	1.708	16	0.431	58
马来西亚	2.341	20	1.366	35	1.364	21	1.254	30	0.496	50
马尔代夫	2.531	17	1.510	31	0.122	60	27.150	1	0.590	45
蒙古国	5.080	6	0.875	49	0.263	58	0.921	50	0.415	59
尼泊尔	4.614	8	0.840	50	0.447	53	2.346	8	1.429	13
巴基斯坦	7.123	3	2.586	9	0.364	54	1.750	15	1.466	12
中国	1.536	26	1.326	37	1.286	24	0.798	59	0.503	49
菲律宾	2.399	18	2.646	8	1.448	17	1.797	11	0.468	54
波兰	0.712	41	2.334	13	1.129	30	1.252	31	0.875	31
罗马尼亚	0.581	44	1.758	19	1.064	32	1.434	24	0.801	35
俄罗斯	2.154	22	0.535	59	1.431	18	1.377	25	0.947	27
新加坡	0.012	62	0.711	55	1.209	27	2.107	9	0.832	33

续表

国家	基础行业		低技术制造业		中高技术制造业		商业服务业		个人和公共服务业	
	NRCA指数	排名	NRCA指数	排名	NRCA指数	排名	NRCA指数	排名	NRCA指数	排名
斯洛伐克	0.955	36	1.631	25	1.570	14	1.050	44	0.490	51
斯洛文尼亚	0.357	55	2.349	12	1.492	16	0.906	51	0.909	29
斯里兰卡	2.642	15	3.337	5	0.277	57	1.643	17	0.190	62
泰国	1.472	27	1.307	38	2.204	4	1.137	41	0.468	53
土耳其	1.292	30	2.365	11	0.943	37	1.776	13	0.457	55
越南	4.071	11	4.886	4	0.556	50	0.862	55	0.445	56

资料来源：ADB-MRIO 数据库。

表 4-4　2021 年部分共建"一带一路"国家各行业显示比较优势与排序

国家	基础行业		低技术制造业		中高技术制造业		商业服务业		个人和公共服务业	
	NRCA指数	排名	NRCA指数	排名	NRCA指数	排名	NRCA指数	排名	NRCA指数	排名
孟加拉国	1.638	24	8.285	2	0.563	50	0.893	54	2.310	7
不丹	1.836	19	8.979	1	0.533	51	1.730	17	1.869	11
文莱	7.299	1	0.137	63	17.936	1	0.318	63	0.267	59
保加利亚	1.215	29	1.546	30	0.872	34	1.299	34	1.148	26
柬埔寨	6.201	3	7.026	3	0.180	60	1.418	29	0.251	60
克罗地亚	1.069	34	1.699	25	0.757	40	1.513	22	2.105	9
塞浦路斯	0.244	54	1.486	33	0.484	53	2.522	6	2.796	4
捷克	0.468	46	1.576	29	1.940	8	1.048	49	0.839	39
爱沙尼亚	0.713	38	3.448	7	0.607	47	1.586	18	0.910	35
希腊	1.093	32	1.284	39	0.754	41	4.549	2	0.451	56
匈牙利	1.198	30	1.258	40	1.419	17	1.099	45	1.146	27
印度	1.637	25	0.817	49	1.019	29	1.111	44	0.657	47
印度尼西亚	2.964	12	1.866	17	0.746	42	0.780	60	0.656	48
哈萨克斯坦	3.999	7	0.461	60	1.981	7	0.972	50	0.048	61
吉尔吉斯斯坦	1.981	17	1.578	28	5.732	2	2.107	9	5.308	2
老挝	4.990	5	3.027	9	0.112	61	1.221	38	0.022	62
拉脱维亚	1.731	21	3.556	6	0.566	49	1.540	21	0.904	36

续表

国家	基础行业		低技术制造业		中高技术制造业		商业服务业		个人和公共服务业	
	NRCA指数	排名	NRCA指数	排名	NRCA指数	排名	NRCA指数	排名	NRCA指数	排名
立陶宛	1.148	31	2.504	11	0.682	45	2.072	10	0.666	46
马来西亚	1.789	20	1.441	37	1.296	22	1.565	19	0.502	53
马尔代夫	1.654	23	0.411	61	0.091	62	29.823	1	2.626	5
蒙古国	5.614	4	0.629	56	0.212	59	0.806	57	0.493	54
尼泊尔	3.382	9	1.016	45	1.628	15	2.013	12	1.165	25
巴基斯坦	6.339	2	2.937	10	0.352	56	1.541	20	1.277	23
中国	1.215	28	0.898	47	1.342	19	0.910	53	0.648	49
菲律宾	1.227	27	1.849	18	0.870	35	1.987	14	0.773	41
波兰	0.648	39	2.072	15	1.022	28	1.481	25	0.762	44
罗马尼亚	0.910	36	1.643	27	0.796	38	1.791	16	1.585	14
俄罗斯	3.069	11	0.778	50	2.136	6	0.790	59	1.464	18
新加坡	0.006	63	0.320	62	1.759	12	2.117	8	0.753	45
斯洛伐克	0.308	51	1.487	32	1.843	9	2.002	13	0.890	37
斯洛文尼亚	0.434	48	2.159	13	1.218	25	1.136	43	0.859	38
斯里兰卡	1.683	22	5.554	4	0.505	52	1.377	30	0.457	55
泰国	2.275	16	1.458	36	1.227	24	2.028	11	0.621	50
土耳其	0.918	35	1.755	22	1.272	23	1.354	32	0.595	51
越南	2.908	13	4.419	5	1.010	30	0.822	56	0.770	42

资料来源：ADB-MRIO 数据库。

共建"一带一路"国家（地区）之间的显示比较优势同样存在明显差异，例如，蒙古国、巴基斯坦、俄罗斯等国在基础行业拥有明显的比较优势，孟加拉国、柬埔寨、老挝、斯里兰卡、泰国等国则在低技术制造业拥有明显的比较优势，而捷克和中国等国家则在中高技术制造业拥有明显的比较优势。但值得注意的是，共建"一带一路"国家（地区）间在同一类产业拥有比较优势的国家分布相对集中，例如，中亚、西亚以及俄罗斯等国家和地区在基础行业的优势相对集聚，东南亚地区则在劳动力密集型的低技术制造业领域分布较为集中，在中高技术制造业以及服务业等行业拥有比较优势的国家则主要集中在东欧等地的发达国家和地区。地理上的集聚一方面加剧了区域内部竞争的激烈程度，但是领域方面地理上的集聚也为比较优势的形成和强化提供了公共的产业基础，形成了规模优势。更重要的是，此类比较优势的梯度下降和区域集中分布也是"一带一路"倡议得以实现和发展的重要现实基础。全球价值链生产模式作为各共建"一带一路"国家（地区）依托比较优势嵌入全球分工的必然结果，明显的自发演化特征造成了拥有不同比较优势的国家在地理上的相对分散；加之当前全球基础设施在跨区域领域的不完善，极大地阻碍了跨区域贸易和价值链合作的进程。而"一带一路"倡议以基础设施先行为导向，为实现跨区域的互联互通提供了重要的现实基础。作为联通基础设施的重要举措，中国相继投资了包括中老铁路、中泰铁路、雅万高铁、匈塞高铁等在内的多条铁路建设，与此同时，包括泛亚铁路东线、巴基斯坦1号铁路干线升级改造、中吉乌铁路等在内的多个项目取得了长足的发展，使"一带一路"倡议推动的铁路设施联通涵盖了东南亚、欧洲等多个地区，显著促进了中国同沿线国家之间的铁路通道建设。海运作为当前国际物流中成本较低、货运量较大的主流运输方式，中国同样积极布局各类港口建设，相继推动了包括瓜达尔港、汉班托塔港等多个港口在内的海运通道建设项目落地。此外，在"一带一路"倡议的推动下，中国还大力投资援建其他共建"一带一路"国家（地区）的各类通信基础设施、搭建电力设施和能源输送通道等，以增强其他共建"一带一路"国家（地区）与中国生产体系的对接。已经累计建成了包括同俄罗斯、中亚、缅甸等国家和地区在内的多条能源通道，有效地推动了中国与其他共建"一带一路"国家（地区）在基础设施领域的全面联通。得益于基础设施的进步，共建"一带一路"国家（地区）之间的贸易成本得以下降，人流、物流、信息流能够以更高的效率进行沟通，各国的比较优势也能够充分发挥。依托比较优势的互补，"一带一路"初步奠定了构建区域价值链分工体系的现实基础，为开展更深层次和更加深入的合作提供了可能。

第五节　小结

利用亚洲开发银行构建的 ADB-MRIO 数据库，本章针对部分共建"一带一路"国家全球价值链嵌入度、参与方式、分工位置以及显示比较优势四个方面进行了分析。研究结果表明：与 APEC 成员相比，共建"一带一路"国家（地区）

间全球价值链参与度分布更为离散。受限于经济发展水平和发展阶段，共建"一带一路"国家（地区）间全球价值链后向参与度普遍高于其前向参与度。尽管在本书研究的考察期内沿线国家的全球价值链参与度普遍有所提升，但是共建"一带一路"国家（地区）在全球价值链中所处的分工位置仍较为离散，各国拥有比较优势的行业也不甚相同。总的来看，共建"一带一路"国家（地区）间在全球价值链嵌入度、参与方式、分工位置以及显示比较优势等方面的巨大差异加剧分化了各国的利益诉求，为开展更深层次的全球价值链合作增添了诸多困难。但也正是由于差异的存在，不同国家在全球价值链上的分工高度互补且区域特色明显，随着"一带一路"倡议的持续推进，共建国家（地区）间政策沟通、设施联通、贸易畅通、资金融通、民心相通水平会不断提高，为共建"一带一路"国家（地区）间开展全球价值链合作提供了可能。

第五章　APEC 成员开展全球价值链合作的贸易网络关系特征分析

全球价值链（Global Value Chains）这一经济现象最早由 Gereffi（1994）使用全球商品链（Global Commodity Chains）的概念加以描述。Gereffi 在其研究中将商品链定义为：实现最终产品生产的连续制造过程之间的连接。商品链中的每个环节都涉及获取必要的原材料、半成品投入、劳动力的使用、运输、分销体系的构建以及消费。全球资本主义对于国际分工的整合是全球商品链产生的核心原因。进入 21 世纪，以 Gereffi 和 Kaplinsky（2001）为代表的一批学者在经过深入讨论后正式提出全球价值链（Global Value chains）的概念来概括全球范围内复杂的网络状生产以及附加于生产环节上的增加值分配，认为"全球价值链强调了将产品或服务从概念转变到生产的不同阶段（包括物理转化和各种生产性服务的投入）、交付给最终消费者以及使用后的最终处置所需活动的相对价值"。"全球价值链"自提出以后大量的学者就全球价值链的表现形式展开了深入的研究和探析。根据 Baldwin 和 Venables（2013）的界定，全球价值链通常可以分为序贯型（Sequential）和垂直型（Horizontal）两种形式，即分别对应所谓的"蛇形"（Snake）和"蜘蛛形"（Spider）两种模式。经由"蛇形"和"蜘蛛形"全球价值链组合，最终形成了网络状互相关联的全球价值链生产网络。而全球价值链的网络状形态及其特征近年来也得到了学术界的广泛关注，并得到了初步的研究（孙天阳等，2018；刘敏等，2022；何文彬和桂璐，2022）。本章所要重点研究的内容是 APEC 增加值网络的整体格局，即从网络的视角，以社会网络为分析方法，从宏观格局上研究中国与 APEC 成员之间的增加值贸易网络关系。

第一节　分析方法与数据来源

一、社会网络分析方法概述

社会网络分析方法（Social Network Analysis，SNA）是一种基于关系数据的分析方法，该方法广泛应用于计算机科学、社会学和经济学等领域。社会网络方法在关注双边贸易流量的同时注重从全局的角度使网络的结构特征以及个体与网络整体特征的关系抽象化，从而为贸易网络提供"量"和结构的双重视角（赵景瑞和孙慧，2019）。

现有的研究结果表明，世界性的贸易网络具有典型的"小世界"和"鲁棒性"的特征，作为对现实贸易关系的抽象映射，中国与 APEC 成员之间的全球价值链网络必然以成员为基本的单位组成的封闭性网络。考虑到 APEC 成员截至目前共有 21 个，在基础网络中，本书设定将 17 个 APEC 成员作为网络的"节点"，将两成员的贸易增加值作为网络中的"边"，据此可以得到加权邻接矩阵 $W = (w_{ij})$，其中 w_{ij} 为两成员之间的贸易额。在节点和边的基础上，社会网络分析方法可以将 APEC 成员的贸易网络抽象为有向网络图 $G = (V, W)$。

二、资料来源

投入-产出表是全球价值链相关研究的基础。APEC 成员共包含中国、中国香港、中国台北、澳大利亚等 21 个国家和地区。基于数据的可得性和覆盖范围，本书最终选择亚洲开发银行所开发的 ADB-WIOD 数据库作为基础数据，该数据库覆盖了 APEC 17 个成员（APEC 所涵盖的国家和地区中，ADB-WIOD 所覆盖的国家中仅缺少智利、秘鲁、新西兰和巴布亚新几内亚四个国家）2010~2017 年的投入-产出的基本数据，具有覆盖范围广、数据连续性强的特点，涵盖了本章所要研究的主要对象，所缺失的国家主要是经济体量较小、在全球分工中较为边缘的国家，所以数据整体具有较强的代表性。本章所使用的具体数据来自对外经贸大学全球价值链数据库。

三、贸易增加值网络的构建方法

由于贸易增加值网络具有典型的有向性网络的基本特征，即贸易增加值需要区分增加值的来源国家和地区以及增加值的流向国家和地区，本书在王直等（2015）的研究方法的基础上对 ADB-MRIO 展开基于增加值的相关分解，构建基于贸易增加值网络的有向图，具体如表 5-1 所示。

表 5-1　基于三个国家的基本投入-产出

		中间使用			最终使用			总产出
		S 国	R 国	T 国	S 国	R 国	T 国	
中间投入	S 国	Z^{ss}	Z^{sr}	Z^{st}	Y^{ss}	Y^{sr}	Y^{st}	Z^{ss}
	R 国	Z^{rs}	Z^{rr}	Z^{rt}	Y^{rs}	Y^{rr}	Y^{rt}	Z^{ss}
	T 国	Z^{ts}	Z^{tr}	Z^{tt}	Y^{ts}	Y^{tr}	Y^{tt}	Z^{ss}
增加值		VA^s	VA^r	VA^t				
总投入		$(X^s)'$	$(X^r)'$	$(X^t)'$				

表 5-1 中，上标 s、r 和 t 分别代表 S 国、R 国和 T 国。Z^{sr} 和 Y^{sr} 分别代表 S 国产品被 R 国用作中间投入品和最终使用品的部分，VA^s 和 X^s 分别代表 S 国的增加值和产出，以此类推。假设各部门数量统一为 n 个，那么上表中 Z 为 $n×n$ 的矩阵，X 和 Y 为 $n×1$ 的列向量，V 为 $1×n$ 的行向量。

基于行的方向表示增加值的使用方向，从行的方向观察存在以下平衡式：

$$\begin{vmatrix} Z^{ss}+Z^{sr}+Z^{st} \\ Z^{rs}+Z^{rr}+Z^{rt} \\ Z^{ts}+Z^{tr}+Z^{tt} \end{vmatrix} + \begin{vmatrix} Y^{ss}+Y^{sr}+Y^{st} \\ Y^{rs}+Y^{rr}+Y^{rt} \\ Y^{ts}+Y^{tr}+Y^{tt} \end{vmatrix} = \begin{vmatrix} X^s \\ X^r \\ X^t \end{vmatrix}$$

定义投入系数 $A^{sr}=Z^{sr}(\hat{X}^r)^{-1}$ 或者 $A=Z(X)^{-1}$，则有：

$$\begin{vmatrix} A^{ss}+A^{sr}+A^{st} \\ A^{rs}+A^{rr}+A^{rt} \\ A^{ts}+A^{tr}+A^{tt} \end{vmatrix} \begin{vmatrix} X^s \\ X^r \\ X^t \end{vmatrix} + \begin{vmatrix} Y^{ss}+Y^{sr}+Y^{st} \\ Y^{rs}+Y^{rr}+Y^{rt} \\ Y^{ts}+Y^{tr}+Y^{tt} \end{vmatrix} = \begin{vmatrix} X^s \\ X^r \\ X^t \end{vmatrix}$$

移项可得：

$$\begin{vmatrix} X^s \\ X^r \\ X^t \end{vmatrix} = \begin{vmatrix} B^{ss} & B^{sr} & B^{st} \\ B^{rs} & B^{rr} & B^{rt} \\ B^{ts} & B^{tr} & B^{tt} \end{vmatrix} \begin{vmatrix} Y^{ss}+Y^{sr}+Y^{st} \\ Y^{rs}+Y^{rr}+Y^{rt} \\ Y^{ts}+Y^{tr}+Y^{tt} \end{vmatrix}$$

其中，列昂惕夫逆矩阵 $\begin{vmatrix} B^{ss} & B^{sr} & B^{st} \\ B^{rs} & B^{rr} & B^{rt} \\ B^{ts} & B^{tr} & B^{tt} \end{vmatrix} = \begin{vmatrix} 1-A^{ss} & -A^{sr} & A^{st} \\ -A^{rs} & 1-A^{rr} & A^{rt} \\ -A^{ts} & -A^{tr} & 1-A^{tt} \end{vmatrix}^{-1}$。

总产出 X 可以表示为不同最终品所拉动的产出：

$$X^t = B^{rs}Y^{ss}+B^{rs}Y^{rs}+B^{rs}Y^{st}+B^{rr}Y^{rs}+B^{rr}Y^{rr}+B^{rr}Y^{rt}+B^{rt}Y^{ts}+B^{rt}Y^{tr}+B^{rt}Y^{tt}$$

因此，S 国向 R 国的出口可以分解为以下 9 个部分：

$$Z^{sr} = A^{sr}X^r = A^{sr}B^{rs}Y^{ss}+A^{sr}B^{rs}Y^{sr}+A^{sr}B^{rs}Y^{st}+A^{sr}B^{rr}Y^{rs}+A^{sr}B^{rr}Y^{rr}+A^{sr}B^{rr}Y^{rt}+A^{sr}B^{rt}Y^{ts}+A^{sr}B^{rt}Y^{tr}+A^{sr}B^{rt}Y^{tt}$$

上述等式右端为按照这一中间出口的最终吸收地及吸收渠道，完全分解后的 9 个部分。

基于中间出口的分解，我们可以将总出口完全分解为不同来源增加值和最终吸收地的不同部分。首先定义增加值系数 $V^s = VA^s\ (X^s)^{-1}$，V^s 和 V^t 类似，完全增加值系数为：

$$VB = \begin{vmatrix} V^s & V^r & V^t \end{vmatrix} \begin{vmatrix} B^{ss} & B^{sr} & B^{st} \\ B^{rs} & B^{rr} & B^{rt} \\ B^{ts} & B^{tr} & B^{tt} \end{vmatrix}$$

$$= \begin{vmatrix} V^sB^{ss}+V^sB^{rs}+V^sB^{ts} & V^rB^{sr}+V^rB^{rr}+V^rB^{tr} & V^tB^{st}+V^tB^{rt}+V^sB^{tt} \end{vmatrix}$$

上式的结果向量中，每一个元素都等于 1，即任一单位的最终品产出都可以被完整地分解为所有国家（地区）和所有部门的增加值，这也是按价值来源方向并根据产业间后向联系分解最终品的方法。对于 S 国来说，则有：

$$V^sB^{ss}+V^rB^{rs}+V^tB^{ts} = u, \quad u = (1, 2, \cdots, N)$$

以 E^{sr} 表示 S 国向 R 国的出口，包括最终出口和中间出口两部分，$E^{sr}=A^{sr}X^r+Y^{sr}$。S 国的总出口可以表示为 $E^s = E^{sr}+E^{st} = A^{sr}X^r+A^{st}X^t+Y^{sr}+Y^{st}$。R 国和 T 国的总出口 E^r 和 E^t 也可以此类推。因此，上述总产出公式可以表示为：

$$\begin{vmatrix} A^{ss} & 0 & 0 \\ 0 & A^{rr} & 0 \\ 0 & 0 & A^{tt} \end{vmatrix} \begin{vmatrix} X^s \\ X^r \\ X^t \end{vmatrix} + \begin{vmatrix} Y^{ss}+E^s \\ Y^{rr}+E^r \\ Y^{tt}+E^t \end{vmatrix} = \begin{vmatrix} X^s \\ X^r \\ X^t \end{vmatrix}$$

调整可得列昂惕夫经典公式：

$$\begin{vmatrix} X^s \\ X^r \\ X^t \end{vmatrix} = \begin{vmatrix} L^{ss}Y^{ss}+L^{ss}E^s \\ L^{rr}Y^{rr}+L^{rr}E^r \\ L^{tt}Y^{tt}+L^{tt}E^t \end{vmatrix}$$

其中，$L^{ss} = (I-A^{ss})^{-1}$ 等表示 S 国的国内列昂惕夫逆矩阵，S 国向 R 国的中间出口可以表示为：

$$Z^{sr} = A^{sr}X^r = A^{sr}L^{rr}Y^{rr}+A^{sr}L^{rr}E^r$$

综合上述公式，S 国向 R 国出口 E^{sr} 可以分解为：

$$\begin{aligned} Z^{sr} &= A^{sr}X^r+Y^{sr} = (V^sB^{ss})'\#Y^{sr} + (V^rB^{rs})'\#Y^{sr} + (V^tB^{ts})'\#Y^{sr} + (V^sB^{ss})'\# \\ &\quad (A^{sr}X^r) + (V^rB^{rs})'\# (A^{sr}X^r) + (V^tB^{ts})'\#\# (A^{sr}X^r) \\ &= (V^sB^{ss})'\#Y^{sr} + (V^sL^{ss})'\# (A^{sr}B^{rr}Y^{rr}) + (V^sL^{ss})'\# (A^{sr}B^{rt}Y^{tt}) + \\ &\quad (V^sL^{ss})'\# (A^{sr}B^{rt}Y^{tt}) + (V^sL^{ss})'\# (A^{sr}B^{rt}Y^{tr}) + (V^sL^{ss})'\# \\ &\quad (A^{sr}B^{rr}Y^{rs}) + (V^sL^{ss})'\# (A^{sr}B^{rt}Y^{rs}) + (V^sL^{ss})'\# (A^{sr}B^{rt}Y^{ts}) + \\ &\quad (V^sL^{ss})'\# (A^{sr}B^{rs}Y^{ss}) + (V^sL^{ss})'\# [A^{sr}B^{rs}(Y^{sr}+Y^{st})] + \\ &\quad (V^sB^{ss}-V^sL^{ss})'\# (A^{sr}X^r) + (V^rB^{rs})'\#Y^{sr} + (V^rB^{rs})'\# \\ &\quad (A^{sr}L^{rr}Y^{rr}) + (V^rB^{rs})'\# (A^{sr}L^{rr}E^r) + (V^tB^{ts})'\#Y^{sr} + \\ &\quad (V^tB^{ts})'\# (A^{sr}L^{rr}Y^{rr}) + (V^tB^{ts})'\# (A^{sr}L^{rr}E^r) \end{aligned}$$

其中，"#"表示矩阵中的每个元素相乘。因此，在将中间贸易品流量完全分解的基础上，代入增加值系数，根据出口品的价值来源和最终吸收地，可以将双边总出口分解为 16 个增加值和重复计算部分。在计算过程中排除了重复计算部分，通过计算就可以得到不包含重复计算部分的增加值。

第二节 APEC 成员开展全球价值链合作的贸易网络关系的网络密度分析

网络密度作为社会网络分析的基础指标之一，反映了不同国家之间贸易增加值（全球价值链贸易）的紧密程度。基于本书数据来源和主要研究内容，通过将 APEC 成员的全球价值链贸易网络作为有向图识别，并以边作为权重，计算网络的整体密度。鉴于 APEC 成员之间以及部门之间高度相互关联的特性，如果对所有的贸易增加值关系都予以保留会使得成员间贸易网络的网络密度为 1，部门间增加值网络的密度接近于 1，因此有必要对贸易增加值网络的边进行过滤。本书将部门间的贸易关系阈值设定为 100 万美元，将成员间贸易网络关系设定为 3500 万美元①，参考有向图的网络密度计算方法，计算出 APEC 成员的全球价值链贸易网络的网络密度。

一、国家网络密度分析

表 5-2 报告了基于成员间贸易网络（G * G）的网络密度。

表 5-2 APEC 成员的全球价值链贸易网络密度

	2010 年	2014 年	2017 年
网络密度	0.9596	0.9890	0.9779

从表 5-2 中不难发现，APEC 成员的贸易网络是一个高密度的增加值网络，在对贸易关系给予必要的过滤以后在本书的考察期内仍然保留有 0.95 以上的网络密度，其中，2010 年的整体网络密度为 0.9596，2014 年增加到 0.9890，2017 年略有滑落，但也保持 0.9779 的网络密度，这表明成员间增加值贸易网络关系十分密切。APEC 成员囊括了除欧洲之外全球经济最具活力的亚洲与太平洋地区的主要国家和地区，其中，中国、美国、日本、韩国等的经济总量之和更是占到了全球经济的半数以上，其同样也是国际贸易和分工体系最主要的参与者与受益者。地理上的邻近性、经济体量的吸引力以及对于贸易的依赖共同导致了 APEC 成员内部高度关联的贸易网络。从产业顺序的关联性来看，APEC 成员内部形成了全球价值链地位与产业结构上的互补性。作为全球价值链分工的上游设计分工区域，美国、日本等发达经济体等占据了全球价值链中绝对的中高端地位，而作为全球制造业，特别是以组装为核心产业代表的中国和东南亚地区，承担了加工、组装的主要业务。价值链生产序列上天然的自上游至中游乃至下游的分工体系，强化了因"引力作用"所形成的贸易关联的内在稳定性。在价值链分工模式下，APEC 成员更多地表现为合作而非竞争的关系，这种高度关联的贸易关系

---

① 由于 ADB-WIOD 数据库中共有 61 个经济体，35 个行业，基于部门间贸易增加值的阈值，本书设定成员间贸易的阈值为 3500 万美元。

本身难以撼动。

此外，APEC 成员的贸易网络随着时间的推移，网络密度呈现先上升而后略有下降的态势。其具体原因在于 2008 年金融危机以后世界经济整体增长乏力，贸易作为全球经济增长的主要推力之一不可避免地受到经济周期波动的影响，增长放缓属于顺应全球经济周期的正常波动，全球价值链作为新兴的贸易方式自然也会受到其负面影响，进而导致了近年来全球价值链贸易增速放缓。在本书的核心考察期内，全球价值链贸易增速本身已经处于放缓的阶段，APEC 成员的贸易网络的网络密度本身就有下降的趋势。从现实因素来看，2008 年以后，尽管全球经济逐步走出整体性衰退的阴霾，但是必须正视的事实是 2008 年金融危机以后信息革命带来的红利逐渐消失，世界经济亟待寻找新的增长引擎，而主要发达经济体由于全球化利益分配的不均导致内部关于单边主义和各种形式的贸易保护主义逐步抬头，使全球价值链贸易面临着 20 世纪从未有过的阻碍。随着美国退出 TPP 谈判，要求重新审视北美自贸协定等政策加剧了全球贸易的不确定性。上述因素共同阻碍了全球价值链贸易和合作向更深层次推进。

但全球价值链贸易网络密度的降低并不意味着全球价值链合作的乏力。事实上，全球价值链贸易网络的稀疏在很大程度上反映的是价值链体系分工的内部化。分工作为推动全球价值链发展的主要动力，经历了 20 世纪 70 年代开始的产业转移以及信息化革命以后带来的贸易成本下降，使世界主要经济区域内职责体系划分日益明确，产业格局日趋确定。分工体系一方面为发展中经济体提供了机会，另一方面强化了不同国家和地区之间的比较优势，使以加工制造业为代表的配套体系日趋完善，同时进一步强化了当地的比较优势，使更多上下游配套产业落户特定的国家，因此以中间品多次贸易为代表的复杂性全球价值链生产模式的重要性不断下降，以单一产品技术复杂度提升为代表的价值链体系内部化区域日趋明显。根据现有的学术研究，这才是导致目前全球价值链贸易下降的主要原因。上述现象的出现也为 APEC 成员开展全球价值链合作提出了新的要求：既要重视跨价值链产业的合作的重要性，又要注重不同地区间全球价值链分工固化与内部的竞争问题，这一现象可能长期存在并成为未来世界分工体系中不可逆转的趋势。

二、行业网络密度分析

表 5-3 报告了基于不同成员与行业之间网络密度的演进趋势，值得注意的

是，基于行业网络密度表现出了不同于成员间网络密度的特点：第一，相较于基于成员间网络密度，基于行业网络密度更小，2010年仅为0.1531，2014年呈增长态势，达到0.1704，2017年略有增加，为0.1706。造成这一现象的原因在于不同成员间贸易开放程度的差异、行业间的特性与全球价值链分工的差异。从成员间开放差异来看，发展中成员在境内高端制造、事关国家安全的行业等有着更为严格的管制，使部分行业的开放程度天然会受到限制。同时部分成员自身开放水平本身较低，进一步限制了发展中成员进一步融入全球分工体系。对于发达成员而言，如美国、日本和韩国，同样在国家内部对于某些行业的全球价值链参与有着必要的限制，甚至更为严格。而发达成员对于自身农产品的保护政策也为增加值贸易添加了新的限制。第二，与成员间网络密度不同，行业间贸易网络则呈现上升趋势。出现上述现象的原因在于上一节提到的全球价值链发展的降速主要是由于全球价值链出现新的演进方向，但是也客观地表现出增加值贸易从传统的优势产业逐步向更深层次开放的趋势。

表5-3　APEC成员与行业全球价值链贸易网络密度

	2010年	2014年	2017年
网络密度	0.1531	0.1704	0.1706

通过对网络密度的分析不难看出，要想开展深层次的分工合作，或者说提升当地全球价值链开放水平的基础性条件仍然是要从根本上提升开放的水平和层次。开展一定的产能合作、建设更多的基础设施、建立顶层的制度设计等都不失为拓展全球价值链合作的主要措施。同时行业本身的特性也是影响行业间贸易网络密度的重要原因之一。在制造业发展良好的国家和地区，其制造业必然与本区域内行业与全球的联系更为紧密，农业和服务业亦是如此，尽管我们用全球价值链的概念来表征当前全球分工不断细化的趋势，但是目前产业分工仍优先发生在特定国家和地区的内部，参与全球价值链分工和贸易强化了本地的竞争优势的同时也削弱了劣势产业的国际竞争力。世界各国和地区均通过不同的手段保护自身的劣势产业使其免受国际冲击，但是从长期来看，分工的细化从成员间向行业间拓展的基本态势是未来长期的发展趋势。APEC成员的增加值网络的高度关联性使全球化的进程不会停滞，全球价值链分工体系的嵌入必然是以优势产业作为突破点优先嵌入，对于劣势产业逐步开放甚至短时期有所限制的过程。因此，要想

深入推进全球价值链分工体系需要解决好两个原则性问题：第一，优势产业如何在国际竞争中保持甚至扩大优势；第二，非优势产业如何在开放条件下避免竞争劣势或者其至少不会导致整个国家和地区的贸易条件恶化，上述问题也是不同国家和地区开放所必须要考虑的问题。

第三节　APEC 成员开展全球价值链合作的贸易网络关系的中心度分析

网络中心度作为衡量网络不同节点重要性的核心指标之一，可以用来衡量全球价值链网络对 APEC 不同成员或者行业的相对重要性，网络中心度常用的指标有度中心度、中介中心度和接近中心度、特征向量中心度等。PageRank 指数认为一个节点的重要性不仅取决于本身的度，也取决于其相邻节点的重要性。该方法作为特征向量中心度的延伸，解决了特征向量中心度在计算的过程中可能存在中心性传递的问题，即高中心性网络节点可能会将其中心性传递至连接的节点，因而可以更加准确地反映节点在网络中的重要性。PageRank 指数的具体计算公式为：

$$PR(i) = c \sum_{i \in B_i} \frac{PR(j)}{N_j}$$

其中，PR（i）表示节点 i 的 PageRank 指数，PR（j）表示节点 j 的 PageRank 指数，B_i 表示节点的集合，N_j 表示节点 j 的出度，c 表示初始每个节点的初始权重。本书对其取平均值，具体结果由幂迭代算法计算所得。

一、成员间贸易网络分析

表 5-4 报告了基于 APEC 成员间贸易网络分析下不同经济体的中心度。从中不难发现：

表 5-4　APEC 成员间贸易网络的 PageRank 指数

成员	2010 年	排名	2014 年	排名	2017 年	排名
中国	0.1372	1	0.1255	1	0.1124	1
新加坡	0.0717	4	0.0722	4	0.0792	2

成员	2010 年	排名	2014 年	排名	2017 年	排名
美国	0.0758	3	0.0803	3	0.0780	3
韩国	0.0768	2	0.0814	2	0.0728	4
日本	0.0673	5	0.0695	5	0.0685	5
墨西哥	0.0656	6	0.0623	6	0.0683	6
加拿大	0.0610	7	0.0610	7	0.0608	7
越南	0.0480	11	0.0522	11	0.0584	8
中国香港	0.0543	9	0.0531	9	0.0578	9
泰国	0.0492	10	0.0525	10	0.0556	10
中国台湾	0.0564	8	0.0564	8	0.0534	11
俄罗斯	0.0433	13	0.0433	13	0.0434	12
马来西亚	0.0470	12	0.0442	12	0.0427	13
印度尼西亚	0.0395	15	0.0392	15	0.0416	14
澳大利亚	0.0399	14	0.0413	14	0.0401	15
菲律宾	0.0365	16	0.0374	16	0.0389	16
文莱	0.0303	17	0.0284	17	0.0282	17

第一，作为全球最大的制造业国家和货物贸易，中国在 APEC 成员的贸易网络中的 PageRank 指数最高，且在本书的考察期内长期保持首位。2010 年，中国的 PageRank 指数为 0.1372，2014 年下降到 0.1255，2017 年则进一步下降到 0.1124。中国作为 APEC 主要的倡导者和参与者之一，地理关系的邻近性和双边长期传统的贸易往来使中国与周边国家和地区之间的关系较为密切。同时，由于中国在 20 世纪末大力加大开放水平，积极融入全球分工体系，使中国得以以低廉的劳动力和潜在的巨大市场在全球价值链当中赢得一席之地。从产业结构来看，中国承接了美国、日本、欧洲以及亚洲其他地区的经济转移，加上中国自身长期的研发投入和"干中学"效应，中国本土的制造业实力显著增强，部分产业已经在全球分工当中占有领先地位。经济实力的增强是中国得以融入全球价值链的最主要的原因。同时，中国在 APEC 成员贸易增加值网络中的 PageRank 指数有所下降，其潜在的原因在于 APEC 成员作为中国长期的贸易伙伴，特别是中国作为"世界工厂"，对于美国、日本、欧洲等国家和地区的进口中间产品依赖度较高，中国贸易市场也以美国、欧洲等国家和地区为主。但是随着中国嵌入全

球价值链的程度逐步提高，为了摆脱"低端锁定"的困局，中国大力发展进口替代性的产品生产，对进口中间产品的依赖性稳步下降。同时，2013 年中国正式提出"一带一路"倡议，事实上，中国与其他共建"一带一路"国家（地区）的双边贸易依存度逐步上升，贸易重心的相对转移可能也是造成中国 PageRank 指数下降的原因。

第二，APEC 成员的贸易增加值网络中美国、日本和韩国作为全球经济实力较为发达的国家，在全球价值链贸易网络当中仍然是重要的节点之一。占据着重要的地位。美国作为世界上最大的经济体常年保持着强大的影响力，结合前文的研究来看，以高端制造业、服务业等全球价值链中高端作为优势产业的美国，虽然经历了制造业外流、单边主义以及其他制造业强国的冲击，但是其在高端制造业和服务业的优势地位没有被从根本上动摇，仍然垄断着多个行业的核心生产技术，可以预见在未来相当长的时间内全球价值链分工体系的深化仍然离不开美国的推动，因此 APEC 成员开展全球价值链合作并不能够脱离美国。随着中国经济实力的增强，在中低端制造业领域中、美两国存在显著的互补关系，而在高端制造业领域，二者存在竞争关系。日本是 APEC 成员中经济总量第三的国家，但是其 PageRank 指数长期处在 APEC 成员中的第五位，2010 年、2014 年、2017 年的 PageRank 指数分别为 0.0673、0.0695、0.0685。这可能是由于日本的经济结构与外贸结构在亚洲地区的互补性较差。同时，韩国和新加坡的 PageRank 指数同样较高，2017 年分别为 0.0728 与 0.0792。作为区域性的强国，与日本不同的是韩国与新加坡的产业互补性较强，与 APEC 成员的关系更稳固。

第三，APEC 成员中，加拿大和澳大利亚作为发达成员在 APEC 贸易网络中的相对地位出现下降。加拿大在 2010 年、2014 年和 2017 年的 PageRank 指数分别为 0.0610、0.0610 和 0.0608，澳大利亚的 PageRank 指数分别为 0.0399、0.0413 和 0.0401。这一点与上述发达成员经济活力下降、经济增长速度放缓以及政策性导向有着重要关联。经济发展到一定程度后经济增长速度放缓是不可避免的现象，同时地理因素和文化亲缘性对于贸易导向的影响同样是造成部分发达成员逐步在 APEC 中丧失主导权的重要原因。以加拿大和澳大利亚为代表的国家，北美地区作为其最大的传统贸易对象，惯性使它们对于以亚洲地区为代表的新兴经济体的重视程度并不高。另外，产业优势的不断转化使亚洲地区对于上述国家和地区的经济依赖性降低，本国对于上述国家进口的产品也有了部分替代的趋势。面对自身竞争能力的下降以及贸易份额占本国贸易份额的减少，进一步恶化了 APEC 中发达成员对于亚太地区的重视程度, 不良的循环体系导致了其相对重要性的下降。这一点也表明, 全球经济格局的形成与国家和地区发展实力及政策导向有着密切的关联, APEC 成员开展全球价值链合作应当在一定程度上注重合作的导向性, 这是扩大合作和更有成效的重要前提。

第四, APEC 成员中发展中成员的相对地位出现了明显的固化趋势。越南 2010 年 PageRank 指数为 0.0480, 居本书选择的 17 个 APEC 成员中的第 11 位, 2017 年上升到第 8 位。泰国尽管 PageRank 指数从 2010 年 0.0492 上升到 2017 年的 0.0556, 但是仍然在第十位。俄罗斯、马来西亚、印度尼西亚、菲律宾、文莱等成员基本排名也没有发生明显变化。以越南、泰国、马来西亚、印度尼西亚等为代表的 APEC 成员在全球分工体系下面临着固化的趋势, 结合其嵌入的位置来看, 部分成员在全球价值链嵌入的过程中长期面临着"低端锁定"的困局。

第五, 中国香港地区随着其制造业向中国内地的转移以及本身港口同中国内地其他港口的竞争, 中国香港地区经济结构发生了偏转, 以金融业和服务业为代表的高端服务业体系同批发行业一起成为中国香港地区经济的支柱。但是由于金融业和服务业的本土化程度很高, 并不需要较深地嵌入全球制造业分工体系。因此中国香港地区在自身经济增长与人均 GDP 已经迈入高收入群体的同时, 在 APEC 成员的全球价值链合作网络中的重要性反而提升不高。中国台北则是其传统优势地位的不断丧失和自身竞争能力在 APEC 中的下降造成了其影响力的下降。

二、跨境行业间贸易网络分析

跨境行业间贸易网络分析更深入地揭示了 APEC 成员开展全球价值链合作的基本特征。表 5-5 报告了相关结果。

表 5-5　APEC 成员与部分行业的 PageRank 指数

	2010 年		2014 年		2017 年	
	PageRank	排名	PageRank	排名	PageRank	排名
CHN. c14	0.0569	1	0.0515	1	0.0453	1
MEX. c14	0.0283	2	0.0241	2	0.0243	2
KOR. c15	0.0216	3	0.0207	3	0.0243	3
KOR. c14	0.0208	4	0.0192	4	0.0212	4

续表

	2010 年		2014 年		2017 年	
	PageRank	排名	PageRank	排名	PageRank	排名
JPN. c15	0.0208	5	0.0186	5	0.0192	5
TAP. c14	0.0172	6	0.0185	6	0.0182	6
HKG. c20	0.0163	7	0.0182	7	0.0175	7
USA. c15	0.0150	8	0.0148	8	0.0172	8
CHN. c4	0.0143	9	0.0147	9	0.0143	9
CAN. c15	0.0134	10	0.0133	10	0.0133	10
SIN. c14	0.0130	11	0.0128	11	0.0123	11
MEX. c15	0.0121	12	0.0122	12	0.0116	12
JPN. c14	0.0119	13	0.0114	13	0.0111	13
RUS. c2	0.0110	14	0.0113	14	0.0110	14
SIN. c20	0.0105	15	0.0108	15	0.0108	15
CHN. c13	0.0103	16	0.0104	16	0.0104	16
AUS. c2	0.0102	17	0.0103	17	0.0103	17
BRN. c8	0.0093	18	0.0101	18	0.0096	18
VIE. c3	0.0087	19	0.0095	19	0.0093	19
MAL. c14	0.0086	20	0.0093	20	0.0091	20
SIN. c8	0.0083	21	0.0086	21	0.0083	21
THA. c12	0.0082	22	0.0079	22	0.0080	22
USA. c13	0.0076	23	0.0075	23	0.0077	23
CHN. c15	0.0072	24	0.0075	24	0.0076	24
THA. c15	0.0068	25	0.0074	25	0.0074	25
VIE. c5	0.0065	26	0.0070	26	0.0072	26
MAL. c3	0.0064	27	0.0066	27	0.0070	27
RUS. c23	0.0063	28	0.0065	28	0.0066	28
JPN. c13	0.0061	29	0.0062	29	0.0066	29
BRN. c2	0.0058	30	0.0062	30	0.0065	30
AUS. c12	0.0054	31	0.0058	31	0.0062	31
PHI. c14	0.0053	32	0.0057	32	0.0059	32
MAL. c15	0.0053	33	0.0055	33	0.0058	33
THA. c3	0.0052	34	0.0052	34	0.0056	34
SIN. c24	0.0052	35	0.0052	35	0.0054	35

	2010 年		2014 年		2017 年	
	PageRank	排名	PageRank	排名	PageRank	排名
CHN. c16	0.0051	36	0.0052	36	0.0052	36
VIE. c4	0.0051	37	0.0051	37	0.0051	37
PHI. c30	0.0051	38	0.0051	38	0.0051	38
IDN. c4	0.0047	39	0.0050	39	0.0051	39
AUS. c3	0.0047	40	0.0048	40	0.0050	40
TAP. c13	0.0047	41	0.0046	41	0.0049	41
MEX. c13	0.0047	42	0.0045	42	0.0046	42
RUS. c20	0.0045	43	0.0045	43	0.0046	43
USA. c3	0.0045	44	0.0044	44	0.0044	44
IDN. c14	0.0043	45	0.0044	45	0.0043	45
PHI. c22	0.0043	46	0.0043	46	0.0043	46
VIE. c22	0.0042	47	0.0043	47	0.0043	47
USA. c9	0.0042	48	0.0043	48	0.0043	48
JPN. c12	0.0042	49	0.0041	49	0.0043	49
CHN. c5	0.0042	50	0.0041	50	0.0041	50
CAN. c2	0.0040	51	0.0041	51	0.0040	51
USA. c14	0.0040	52	0.0039	52	0.0039	52
JPN. c24	0.0039	53	0.0038	53	0.0039	53
KOR. c24	0.0039	54	0.0038	54	0.0039	54
CAN. c14	0.0038	55	0.0037	55	0.0038	55
KOR. c13	0.0038	56	0.0037	56	0.0036	56
IDN. c3	0.0037	57	0.0036	57	0.0035	57
SIN. c15	0.0037	58	0.0035	58	0.0034	58
VIE. c14	0.0037	59	0.0035	59	0.0034	59
RUS. c12	0.0036	60	0.0034	60	0.0034	60

首先，从行业特征来看，贸易增加值中制造业仍然是 APEC 成员开展全球价值链合作的主要行业。表 5-5 报告了跨境和行业的 PageRank 指数分析，在 PageRank 指数排名前 20 的行业当中除中国香港和新加坡的批发贸易及佣金贸易、机动车辆及摩托车（HKG. c20、SIN. c20）外，排名前 20 的行业均被制造业行业

占据。在本书的主要考察期内 PageRank 指数的前 20 位当中有半数以上均来自制造业，其中以电气和光学设备制造业（c14）、交通运输设备制造业（c15）、机械设备制造业（c13）出现的频率最高。中国、墨西哥、韩国、中国台北、新加坡和日本的电气和光学设备制造业以及韩国、日本、美国、墨西哥和加拿大的汽车设备制造业最为明显。在全球价值链视角下 APEC 成员的增加值网络并非各个行业均衡发展的网络，而是以少数行业为核心、跨境连接的网络。除前文已经提及的制造业外，中国的纺织制品行业（c4）也有较高的 PageRank 指数，但是这主要是国家优势行业在世界竞争中取得优势的结果。

制造业作为推动全球价值链生产模式开展的初始行业，本身具备了开展碎片化和分工生产的基本特征，因此制造业是全球价值链分工体系开展最早、分工最为完善的行业之一，其产品也具有易于运输和分割的基本特点。如今，制造业已成为全球价值链分工体系中最为重要的行业。与制造业相比，服务业、农业、建筑业等行业的影响力在 APEC 内部十分有限。服务业的产品得以展开跨境贸易的范围十分有限，因此服务业在贸易增加值体系中的中心度并不显著。在本书的统计中，仅有中国香港和新加坡的批发贸易及佣金贸易、机动车辆及摩托车（HKG. c20、SIN. c20）能够位列行业影响力的前二十。

其次，从不同地域的特征来看，基于行业的全球价值链网络并不是完全均等的，而是存在明显的地域差异：全球价值链参与主要是通过当地优势产业实现，同时基于行业的全球价值链参与在不同国家和地区之间存在明显的偏向性，即不同国家和地区间的全球价值链行业参与即使是在国家和地区内部也并非完全均等的，而是仅仅通过当地必要的优势性产业嵌入，而当地行业相对竞争力较弱的行业在全球价值链中所占的份额相对较小，这种相对较弱的关系同时也反映在不同的行业中。例如，中国、日本、韩国、美国等经济实力和技术实力较强的国家在电气和光学设备制造业、交通运输设备制造业、机械制造业等行业占据优势，同时中国在纺织品及其制造业中占有优势；相比较之下，作为亚太地区重要的贸易港口——中国香港和新加坡则在批发贸易及租赁贸易两个行业里占有优势；澳大利亚和俄罗斯的采矿业拥有较高的核心度。因此总的来看，全球价值链参与本质上是优势产业的竞争，但是随着国家（地区）和行业开放程度的整体提高，弱势产业或者面临着全球价值链中更为激烈的竞争，或者通过各种形式的贸易保护、政策保护来避免面对全球范围内的竞争。行业发展的内部不均衡性和不对等性以及行业发展的差异导致了全球价值链参与的不对等性。推进全球价值链合作既要增强本地产业的竞争力，同时也要促进非优势产业的发展。

再次，全球价值链的行业参与表现出了较强的内部参与特征。这种内部参与特征集中表现在两个方面：一是国内产业间关联的紧密性远远大于国际产业关联的紧密性；二是区域性质的全球价值链参与远大于国际层面的全球价值链参与。从国内产业关联的角度来看，尽管随着近年来跨境贸易成本的下降，但是不同的产业关联性质表明，国内产业分工作为国际产业分工的基础在很大程度上影响了国际产业分工体系，换言之，全球价值链的参与离不开国内价值链体系的有效支持。国内产业关联的紧密程度要远远高于国际关联的紧密程度，因此国内产业关联的部分必然显得更为重要。而从区域贸易关联的角度来看，基于区域贸易产业关联的角度在当前的全球价值链发展贸易当中显得更为重要，这一点在下一节的分析当中会有更加明显的展示。

最后，不同国家和地区的产业关联的重要性存在明显的分化趋势。从全球价值链产业重要性来看，中国作为世界上最大的制造业国家在制造业领域已经占据了显著的重要地位，表现为在全球价值链网络中地位的显著上升；同时，中国的服务行业在全球价值链网络中的重要性也有了一定程度的提高，但是仍然与目前的美国、日本、加拿大等发达经济体存在显著的差距。这些表现出了中国在制造业行业已经有显著的优势，但是在服务业行业领域，特别是中高端服务行业领域仍然有待追赶的基本格局。同时，值得注意的是，须关注 APEC 网络中趋于重要的行业，在排除了大部分发达成员以后，仍然有相当大的比例是基于制造业推动的成员，反映出 APEC 成员以制造业为主。

第四节　APEC 成员开展全球价值链合作的贸易网络关系的核心-边缘分析

核心-边缘分析同样是社会网络分析中的重要方法，本节结合社团发现算法重点阐述社会网络分析的重要内容。

一、基于社团发现的结果

结果如表 5-6 所示。

表 5-6 APEC 成员基于社团发现的结果

	子团	子团成员
2010 年	子团 1	文莱
	子团 2	中国、中国台湾、中国香港、澳大利亚、印度尼西亚、日本、韩国、俄罗斯、马来西亚、菲律宾、泰国、越南、新加坡
	子团 3	加拿大、墨西哥、美国
2014 年	子团 1	中国、中国台湾、中国香港、澳大利亚、印度尼西亚、日本、韩国、俄罗斯、马来西亚、菲律宾、泰国、越南、新加坡、文莱
	子团 2	加拿大、墨西哥、美国
2017 年	子团 1	中国、中国台湾、中国香港、澳大利亚、印度尼西亚、日本、韩国、俄罗斯、马来西亚、菲律宾、泰国、越南、新加坡、文莱
	子团 2	加拿大、墨西哥、美国

如果将 APEC 成员全球价值链合作贸易网络视为封闭的网络，社团发现的结果则表明整体上可以将 APEC 成员分为两个重要的子团，根据其主要参与的成员与地理分布可以概括为北美贸易子团与东亚和东南亚贸易子团。其中，北美贸易子团主要包括美国、加拿大和墨西哥三个国家，上述国家主要位于北美大陆，相对隔绝的地理环境为成员间的关系提供了天然的地理环境和条件，北美自由贸易协定的签订为这种天然的地理邻近关联提供了良好的贸易条件保证。作为世界上最早签署的全面自由贸易协定之一，北美自由贸易协定业已成为相关自由贸易协定的标志性成果。在该贸易子团内部，美国作为全球最大的经济体与全球最大的消费市场之一，拥有世界上最为发达的经济和全面领先的产业优势；依附于美国经济存在的加拿大和墨西哥被美国经济牢牢绑定在北美贸易子团内。在本书的考察期内该子团的主要参与成员保持了高度的一致性。

APEC 成员全球价值链合作贸易网络内的另一个贸易子团是以东亚和东南亚成员为主要参与者的子团，其参与成员包括澳大利亚、中国、印度、印度尼西亚、日本、韩国、俄罗斯、泰国、马来西亚、菲律宾、越南、新加坡以及中国香港在内的 APEC 成员中非北美自由贸易区内的成员，该子团内的主要成员在本书的考察期内同样保持了相对的高度稳定。该贸易子团的形成一方面是北美贸易子团与东亚和东南亚成员之间经济关联的相对疏远，地理因素削弱了美国对于该地区的经济引力。另一方面，东亚和东南亚地区成员之间地理邻近和贸易关联的稳定性也是促成该地区形成大规模贸易子团的主要原因。由于东亚地区的经济实力较强的成员众多，东亚和东南亚贸易子团中既有中国这样的世界上第二大经济体对于贸易子团内部的吸引，也有日本、韩国、新加坡等区域性甚至是全球性的经济大国对于贸易子团内其他成员的吸引。同时，与北美贸易子团类似，东亚和东南亚贸易子团内部也存在明显的产业结构互补效应。澳大利亚和俄罗斯等成员为该贸易子团内如中国、日本、韩国等其他成员提供大量的原材料，经过中国、日本和韩国等成员的加工出口到区域内其他成员，形成了相对完整的价值链闭环。而区域性自由贸易协定的签署和基础设置的互联互通则为该地区成员间的相互关联提供了更深层次的保障。此外也应该看到，东亚和东南亚贸易子团的内部关联远不如北美贸易子团的内部关联紧密，仍然可以进一步分为东亚、东南亚、南亚以及俄罗斯等更具区域性的贸易子团。这种区域性的小规模关联和整体联系共同构成了东亚和东南亚贸易子团的基本结构。

贸易子团的关系并非一成不变的，少数即使是核心贸易子团也会存在变动，如文莱在 2010 年与所有子团的关联都不明显，但是在 2014 年和 2017 年以后加入了东亚和东南亚贸易子团。

总的来看，贸易子团的组成、变动对于 APEC 成员开展全球价值链合作具有重要的启发性意义：第一，地理的邻近性意味着更低的贸易成本、更长的历史关联与更便利的贸易条件，地理邻近性是区域性贸易子团形成的必要外在条件。第二，区域性乃至世界级的大国是贸易子团内部形成稳定结构的必要条件，现有的贸易子团基本围绕着区域性贸易核心国家（地区）形成或变化，当区域性贸易子团内部的核心国家（地区）实力有所增强，该贸易子团的结构也能够得到强化和稳定；反之该贸易子团则会因主导国家（地区）实力衰落而消失、分散或被周边更加强大的国家（地区）的贸易子团吸收。第三，贸易子团的内部存在产业互补是组成贸易子团内部稳定的必要条件。在每个贸易子团内部都存在明显产业链条的序贯分布模式，其中的主要成员都处在价值链条上中部偏向前向的位置，而该位置恰好是中高端制造业所在的地位，因此主导成员的主要吸引力在于拥有区域内甚至是在全球占有优势的区域性制造业结构。

二、基于核心-边缘分析的结果

结果如表 5-7 所示。

表 5-7 APEC 成员基于核心-边缘分析的结果

	分类	国家
2010 年	核心成员	中国、日本、韩国、美国
	边缘成员	澳大利亚、加拿大、印度尼西亚、墨西哥、俄罗斯、中国台湾、中国香港、马来西亚、菲律宾、越南、新加坡、文莱
2014 年	核心成员	中国、日本、韩国、美国
	边缘成员	澳大利亚、加拿大、印度尼西亚、墨西哥、俄罗斯、中国台湾、中国香港、马来西亚、菲律宾、越南、新加坡、文莱
2017 年	核心成员	中国、日本、韩国、美国
	边缘成员	澳大利亚、加拿大、印度尼西亚、墨西哥、俄罗斯、中国台湾、中国香港、马来西亚、菲律宾、越南、新加坡、文莱

表 5-7 呈现了 APEC 成员在核心-边缘分析中的结果。从中发现，中国、日本、韩国和美国等成员长期作为社会网络分析当中的核心成员，其基本地位在 APEC 成员中十分明确，在本书的考察期内保持了高度的稳定。作为 APEC 增加值贸易网络内的核心成员，经济体量和全面的工业优势是这些成员的共同特征。其中，中国、美国和日本作为全球经济体量位列前三的国家拥有难以撼动的经济优势，韩国作为东亚地区的经济强国本身在产业结构和经济结构上也拥有较大的优势。澳大利亚、加拿大、印度尼西亚等成员作为该区域内的边缘成员都表现出专业化分工的趋势，如澳大利亚在矿产品、印度尼西亚和墨西哥在低端制造业等专业分工较强的领域内占有一定的地位。在全球范围内专业化分工保证了当地在嵌入全球价值链的过程中拥有较大的比较优势，但是专业化的嵌入也在一定程度上限制了上述成员向核心成员的上升。相比之下作为核心成员的中国、日本、美国、韩国成员则是在全球分工领域中大部分领域内占有优势地位。整体来看，全球范围内的贸易网络格局日趋固化，少数国家牢牢攫取了全球分工中的核心位置，如在本书中居于核心地位的四个成员。非核心成员只能通过实现与上述成员的产业互补以及提供基本的原材料来融入全球分工体系。进一步结合基于社团发现的分析结果来看，核心成员成为贸易子团的核心吸引力，非核心成员被核心成员所吸引组成小的贸易子团。在核心成员之间存在明显的产业同位竞争和细分行

业的互补关系，核心成员与非核心成员之间无论是基于较为宏观的视角考察的行业，还是从细分行业来看，都表现出明显的合作关系。非核心成员之间则依据其在全球价值链中的分工位置可分为同位置的竞争与非同位置的互补关系。这种复杂的贸易子团和关联关系决定了不同的贸易子团之间核心成员的合作更多地依靠细分行业的互补实现，它们可以与非核心成员实现全面的互补。非核心成员的吸引力与核心成员实力表现出此消彼长的关系，即基本的依附。

第五节　APEC 成员开展全球价值链合作的 跨部门网络关系

本节基于王直等（2015）所提出的全球价值链前向和后向网络参与关系，构建了 APEC 中主要成员重要的部门间经济联系网络。按照王直等（2015）关于前向参与度的定义，前向参与度反映了特定国家和地区所创造的增加值最终为哪些国家和地区或者部门所使用，反映了该地增加值向其他国家流动的方向和大小。后向参与度反映了特定国家和地区在生产过程中使用的境外增加值的来源，也就是该地在生产过程中使用了来自哪些国家和地区的增加值。通过分析特定国家和地区密切关联的前向和后向联系，可以对该地如何嵌入全球分工体系和其分工有更加深入的认识。由于篇幅限制，本书在描述跨部门网络关系时选择了四个核心成员（即中国、美国、日本、韩国），四个边缘成员（即澳大利亚、俄罗斯、印度尼西亚以及墨西哥）。出于平衡不同成员在全球价值链分工地位的出发点，澳大利亚和俄罗斯处在全球分工的上游环节，以提供能源和基础矿产品为主，印度尼西亚和墨西哥以从事中低端制造业和提供初级农产品为主，处在全球分工体系的下游环节。由于涉及的成员和行业众多，本书最终选择在该地生产过程中吸收或者出口被吸收的增加值大于 2% 作为阈值。图 5-1 中，中间的圆圈内表示成员，左右两侧的圆圈代表生产过程中吸收或者出口被吸收的增加值的多寡。成员代码的左边表示生产过程中吸收的增加值，右边表示出口被吸收的增加值。

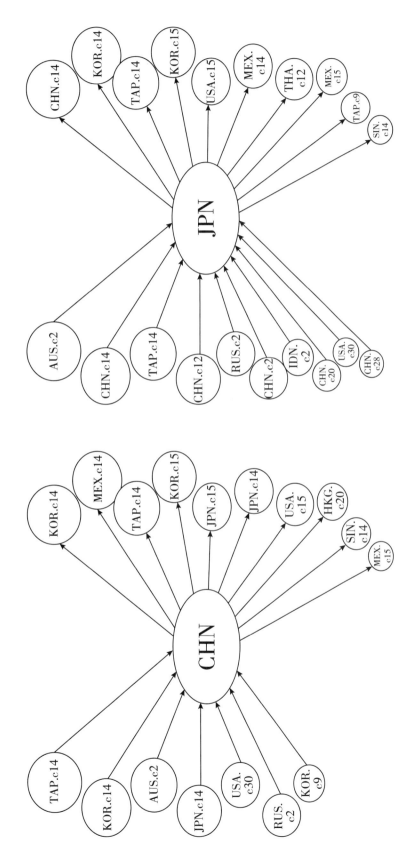

图 5-1　APEC 成员开展全球价值链合作的跨部门网络关系

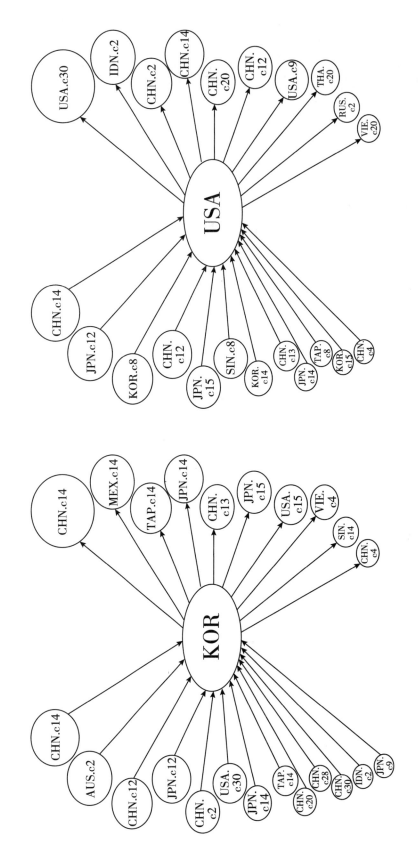

图 5-1　APEC 成员开展全球价值链合作的跨部门网络关系（续图）

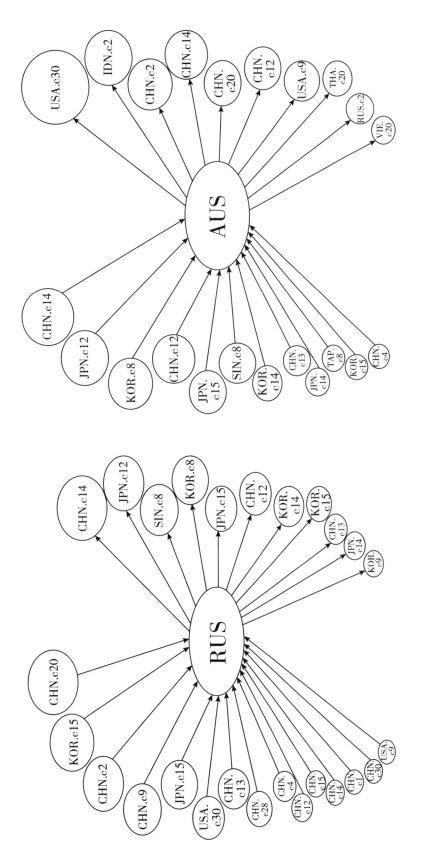

图 5-1　APEC 成员开展全球价值链合作的跨部门网络关系（续图）

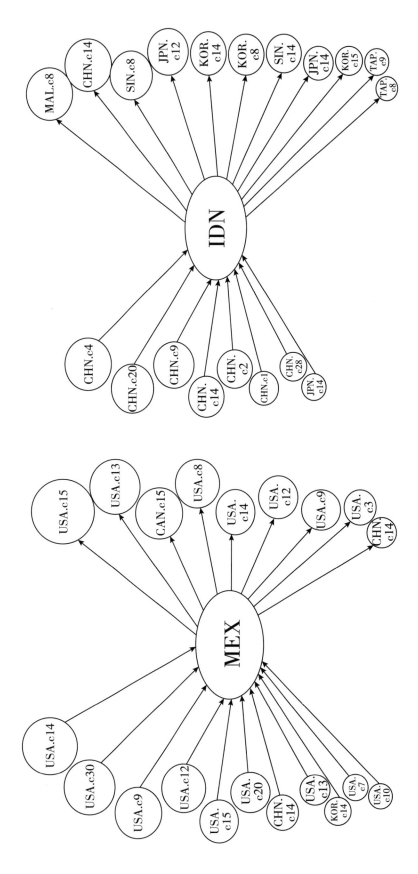

图 5-1 APEC 成员开展全球价值链合作的跨部门网络关系（续图）

从中不难看出，作为核心成员的中国、日本、韩国和美国在本书选择的主要样本成员中出现最为频繁，无论是从前向参与还是从后向参与的角度来看，核心成员都是 APEC 成员贸易增加值网络中增加值流动量最大也是最为频繁的成员。例如，中国国内生产所使用的境外增加值主要来自日本、韩国和美国等国家和地区，增加值出口也主要是韩国、美国、日本等国家和地区；日本、韩国、美国等国家和地区也表现出核心成员之间较为紧密的经贸往来。区域内的核心成员不仅是整个贸易网络中的连通器，同时也是整个贸易网络中主要的中间产品和技术的提供者以及市场。核心成员的一个特点是产业内贸易占比远高于产业间贸易。例如，中国在从日本进口金属（c12），从日本、韩国和美国进口电子和光学装备（c14）的同时也从上述国家出口相对应的产品；日本在从中国和韩国进口机械设备（c13）、电子和光学设备（c14），从美国进口运输设备（c15）的同时也向其出口运输设备。作为全球分工体系下的成果，目前不同成员之间的分工日趋细化，产业内部分工则进一步推动了不同国家和地区就同一行业领域利益分配的差异化，同一行业内部的价值分配基本遵循"微笑曲线"的分配模式，核心成员的产业贸易则表现为同一行业内部的产业结构互补以及潜在的激烈竞争。核心成员另一个值得注意的特点是，原材料产业供应的邻近性，这也是在后向参与过程中少数非核心成员贡献的增加值超过 1% 的领域，如中国、日本、韩国从澳大利亚、俄罗斯进口的采矿产业（c2），美国从加拿大、墨西哥进口的采矿产业（c2）。这一方面反映了非核心成员在嵌入全球价值链的"中低端锁定"和原材料供应以及作为产品市场的基本定位，资源出口仍然是当地经济发展的重要依托之一；另一方面也反映了当地在产业结构向上突破时所遇到的困局，由于高端制造业和高利润行业已被少数国家和地区所垄断，非核心成员难以在上述领域实现突破。

对于非核心成员而言，其后向参与度同样表现为对于核心成员的高度依赖性，但是不同于核心成员，非核心成员的主要后向参与国家和地区主要来自核心成员，非核心成员在后向参与程度中占比大幅度下降。如俄罗斯后向参与主要国家和地区及行业均来自中国、韩国、日本和美国，墨西哥的主要后向国家和地区及行业也均来自美国、中国、韩国。同时，核心成员相较于非核心成员的前向参与国家和地区及行业也更为单一，对于特定市场更为依赖。例如，中国的前向参与国家和地区及行业包括了加拿大、日本、韩国、墨西哥、中国台湾、马来西亚、泰国、新加坡等在内的 10 个国家和地区涵盖 10 个不同的行业（c15、c12、 c13、c9、c14、c3、c4、c8、c20、c24），日本的前向参与国家和地区及行业同样包括 10 个国家和地区（加拿大、中国、韩国、墨西哥、中国台湾、美国、马来西亚、泰国、新加坡、中国香港）、10 个不同的行业（c15、c12、c13、c9、c14、c3、c4、c8、c20、c24）；韩国则涵盖了 9 个不同的国家和地区、9 个不同的行业；美国的后向参与度较为集中，但是也涵盖了 8 个国家和地区、11 个不同的行业；澳大利亚、俄罗斯、墨西哥、印度尼西亚等国家的前向参与度则涵盖了更多的国家和地区及行业，其后向参与涵盖了 27 个国家和地区及行业；俄罗斯的后向参与覆盖了 25 个不同的国家和地区及行业；印度尼西亚的后向参与覆盖了 30 个国家和地区及行业。

从行业特征来看，以制造业为核心的产业仍然是全球价值链贸易的主要行业，如化学以及化学制品行业（c9）、基础金属（c12）、机械设备制造（c13）、电气和光学设备制造（c14）、交通运输设备制造（c15）是增加值贸易中占比最大的行业，而这些行业又为核心成员所垄断，非核心成员除矿物开采（c2）等行业外其他行业在增加值贸易中占比较小，反映出全球价值链分工体系中不同国家和地区的分工不平衡和不对等的问题。无论非核心成员的经济体量或市场地位如何，高端制造业为少数国家和地区垄断已经成为既定事实，非核心成员在全球价值链分工体系下的预势扩大的趋势越发明显。服务业和农产品贸易在价值链分工体系下地位仍然有待提升，在价值链创造的环节中除金融服务业（c28）及批发和租赁行业（c30）行业外，其他服务业的跨境流动在整个增加值中的占比仍然较小。

第六节　小结

借助社会网络分析和对外经贸大学的全球价值链数据库，本章构建了 APEC 成员的贸易增加值（或者称之为全球价值链）网络，并对其主要的网络特征与经济学意义展开分析，结果表明：第一，APEC 主要成员是全球经济中最具活力和实力的经济体，APEC 成员的全球价值链网络本身是一个高度连接的网络，成员间的经贸关系日趋紧密，在全球分工体系中既有合作也有竞争。但是应当注意到的是，尽管贸易成本的下降和信息技术的发展极大地降低了全球范围内最终产品和中间产品的成本，但是 APEC 成员的贸易增加值网络仍然是优势产业参与的网络，更明确地说，是基于比较优势的行业参与，具备比较劣势的行业参与程度并不高。第二，APEC 成员的全球价值链网络中不同成员的地位存在显著的差异，以美国、中国、日本等为代表的经济强国在网络中的影响力更大，传统发达经济体的地位有所衰落，新兴经济体在 APEC 成员贸易网络中的地位有所上升。制造业仍然是 APEC 成员开展全球价值链网络合作的核心。第三，APEC 成员的贸易网络可以进一步分为两个较为独立的贸易子团，不同贸易子团由核心成员、边缘成员构成；核心成员是贸易子团的核心，边缘成员在参与不同的贸易子团之间具有较强的游离性。核心成员增强自身实力是区域性价值链合作得以推进的关键。

第六章 共建"一带一路"国家（地区）参与全球价值链合作的贸易网络关系特征分析

前文对中国与其他共建"一带一路"国家（地区）参与全球价值链合作过程中的基础、现状以及主要内容展开了陈述与分析，具体阐述了中国与其他共建"一带一路"国家（地区）之间的贸易合作。本章基于社会网络分析法（SNA），分析中国与部分共建"一带一路"国家之间的全球价值链贸易网络关系、网络特征的演进过程，从网络的视角更加直观地呈现共建国家（地区）之间的全球价值链分工网络格局。

"社会网络"最早出现在 20 世纪 30 年代，被定义为一群行动者及其联系，包括节点和行动者两个基本组成部分。其中，节点表示社会网络中的行动主体，它可以是不同的社会组织；社会网络分析的核心是从关系的视角研究社会现象与社会结构，受到社会学家的启发，该方法在经济学领域受到了广泛的应用。经济系统拥有社会网络的基本特征，整个经济系统借助交换信息和协调信息不断地实现自我适应。社会网络方法在关注双边贸易流量的同时注重从全局的角度分析网络的结构特征，以及个体与网络整体的关系，能够更加全面地刻画网络参与者之间的关联程度。本章所使用的方法同第五章类似，因此不再赘述。

基于数据的可得性和覆盖范围，本书所选择的基础数据来源于亚洲开发银行所开发的 ADB-WIOD 数据库。该数据库覆盖了 34 个共建"一带一路"国家。具体数据来源于对外经贸大学全球价值链数据库。

第一节 共建"一带一路"国家(地区)参与全球价值链合作的贸易网络关系的网络密度分析

一、国家间网络密度分析

具体分析结果如表 6-1 所示。

表 6-1 2010 年、2014 年和 2017 年共建"一带一路"国家(地区)全球价值链贸易网络密度

	2010 年	2014 年	2017 年
网络密度	0.224	0.229	0.236

表 6-1 报告了共建"一带一路"国家(地区)全球价值链贸易网络密度的变化趋势。从表 6-1 中的网络密度的时间变化趋势可以看出:自 2010 年以来,共建"一带一路"国家(地区)全球价值链贸易网络的网络密度在总体上呈现上升趋势,网络中每个国家之间的全球价值链贸易日趋紧密。共建"一带一路"国家(地区)涵盖亚洲、欧洲,连接了包括东亚经济圈、中亚经济圈、欧洲经济圈、西亚产油国等在内的一系列国家或地区,特别是"一带一路"倡议连接和沟通了东亚和欧洲两地区之间的广大空白地带。经济总量约占全球的 29%,人口总量约占世界人口的 63%,整体而言有着广阔的发展空间和增长潜力。但是,共建"一带一路"国家(地区)大多数属于发展中国家和新兴经济体,参与全球生产分工网络,处于"微笑曲线"附加值比较低的中低端,凭借廉价的劳动力获取低廉的收益。自"一带一路"倡议提出以来,中国积极倡导和引领共建"一带一路"国家(地区)积极地融入"一带一路"区域性价值链网络中,构建"一带一路"经济体之间的合作关系,推动了经济体间全球价值链贸易网络密度的提升。

二、行业网络密度分析

具体分析结果如表 6-2 所示。

表 6-2　2010 年、2014 年和 2017 年共建"一带一路"国家（地区）与
行业全球价值链贸易网络密度

	2010 年	2014 年	2017 年
网络密度	0.085	0.082	0.084

表 6-2 报告了基于共建"一带一路"国家（地区）间不同行业的网络密度变化趋势，从所呈现的结果可以看出，相较于国家间网络密度，行业间的网络密度具备以下几个特点：第一，行业间的网络密度整体上比国家间的网络密度要小。可能的原因在于，不同的经济体根据各自的比较优势参与全球生产分工网络，贸易开放程度以及差异化是其影响行业密度的重要因素。例如，发展中经济体凭借资源、人口红利优势参与全球生产网络，相对于劳动力密集的行业、资源禀赋密集的行业，发展中经济体嵌入全球生产分工网络更深，而相对于"微笑曲线"中高端的研发、设计等技术密集的行业，发展中经济体参与的生产分工网络较少，导致发展中经济体不同行业之间参与全球生产网络的行业密度差距较小。相较于发展中经济体，发达经济体受到自身安全因素的限制，在不同的行业参与全球生产网络的差异化也较明显。受到技术溢出的限制以及国家安全的限制，某些行业有严格的规章制度，禁止其参与全球生产分工网络，如核心技术的研发、农产品的贸易保护政策等，这些都限制了发达经济体参与全球生产分工网络，影响行业间整体的网络密度值。第二，与国家间的网络密度变换趋势不同，行业间的网络密度呈现先下降后上升的变化趋势。可能的原因在于，2008 年爆发的金融危机导致了全球经济疲软，经济复苏比较缓慢，不同的行业参与全球生产分工受到限制。大多数共建"一带一路"国家（地区）属于发展中经济体，行业间的比较优势具有较高的相似度，在一定程度上影响了其参与"一带一路"全球生产分工网络。全球价值链贸易作为传统贸易的一种新的发展模式，具有传统贸易流通的基本特征，其参与模式必然会受到各种各样外在因素的制约，进而影响其整体的参与程度。

通过分析国家间和行业间的网络密度变换趋势可以看出，共建"一带一路"国家（地区）的合作越来越密切，因此，中国应该借助"一带一路"倡议来引领共建国家（地区）展开深层次的产业分工合作，在贸易保护主义抬头以及逆全球化的趋势下，继续"走出去"，加强国家（地区）间的交流、合作。首先，加强基础设施建设，加速产能合作。共建"一带一路"国家（地区）处于全球价

值链的中低端，城镇化速度正在加快，对基础设施与装备制造的需求较多；大多数发展中国家的基础设施比较老化，基础设施连通性较差，可以通过改善基础设施质量拉动投资进而促进经济增长。汇聚共建"一带一路"国家（地区）的比较优势，促进"一带一路"区域经济一体化的建设，形成新的生产分工网络。其次，继续发挥优势产业参与国际生产分工的能力。全球价值链的产生导致了产品内分工从国家和地区间分工到产业间分工再到产业内分工，各个国家和地区通过自己的优势产业参与全球生产分工，提高了各自在全球产业链中的竞争优势，同时也削弱了本地的劣势产业的国际竞争力，保护其免受国际经济形势波动的冲击。从国家和地区间、行业间的分工趋势可以看出，共建"一带一路"国家（地区）的产品内分工形式都有上升趋势，国家和地区之间的分工合作趋势明显。因此，中国和其他共建"一带一路"国家（地区）应借助"一带一路"发展的契机，保持中国及其他共建国家（地区）优势产业在国际竞争中的地位，降低非优势产业的竞争劣势，使其免受国际竞争的打压。

第二节 共建"一带一路"国家（地区）参与全球价值链合作的贸易网络关系的中心度分析

一、国家间贸易网络中心度分析

具体分析结果如表 6-3 所示。

表 6-3 2010 年、2014 年和 2017 年部分共建"一带一路"
国家间贸易网络的 PageRank 指数

国家	2010 年	排名	2014 年	排名	2017 年	排名
中国	0.2512	2	0.4063	1	0.4938	1
保加利亚	0.0010	23	0.0017	20	0.0018	20
文莱	0.0071	13	0.0058	13	0.0026	17
不丹	0.0001	34	0.0001	34	0.0001	34
柬埔寨	0.0001	32	0.0002	31	0.0002	31

续表

国家	2010 年	排名	2014 年	排名	2017 年	排名
塞浦路斯	0.0008	25	0.0008	26	0.0006	29
捷克	0.0054	14	0.0051	14	0.0043	15
爱沙尼亚	0.0007	28	0.0007	28	0.0006	28
希腊	0.0049	16	0.0044	16	0.0038	16
克罗地亚	0.0013	21	0.0013	23	0.0011	25
匈牙利	0.0021	19	0.0022	19	0.0020	18
印度尼西亚	0.0539	5	0.0374	5	0.0503	4
印度	0.0725	3	0.0485	4	0.0630	3
哈萨克斯坦	0.0594	4	0.0651	3	0.0357	5
吉尔吉斯斯坦	0.0001	30	0.0002	30	0.0002	30
老挝	0.0003	29	0.0007	29	0.0013	24
拉脱维亚	0.0010	22	0.0015	21	0.0014	22
立陶宛	0.0008	26	0.0010	25	0.0009	26
马来西亚	0.0195	7	0.0174	6	0.0164	7
马尔代夫	0.0001	33	0.0001	33	0.0001	33
蒙古国	0.0009	24	0.0012	24	0.0017	21
尼泊尔	0.0001	31	0.0001	32	0.0001	32
巴基斯坦	0.0086	11	0.0088	10	0.0086	10
菲律宾	0.0101	10	0.0077	11	0.0081	11
波兰	0.0136	9	0.0150	9	0.0124	9
罗马尼亚	0.0051	15	0.0050	15	0.0050	13
俄罗斯	0.4299	1	0.3145	2	0.2308	2
新加坡	0.0085	12	0.0070	12	0.0080	12
斯里兰卡	0.0007	27	0.0008	27	0.0008	27
斯洛伐克	0.0025	17	0.0023	18	0.0019	19
斯洛文尼亚	0.0013	20	0.0014	22	0.0013	23
泰国	0.0141	8	0.0164	7	0.0231	6
土耳其	0.0200	6	0.0159	8	0.0140	8
越南	0.0024	18	0.0038	17	0.0044	14

从测算的结果可以看出以下四点：

第一，中国作为全球最大的制造业和货物贸易出口国，在全球价值链贸易网络中的 PageRank 指数一直居于较高地位：2010 年的 PageRank 指数为 0.2512，处于第二名的位置；2014 年的 PageRank 指数为 0.4063，2017 年的 PageRank 指数为 0.4938，2014 年和 2017 年均处于第一的位置，且该指数呈现逐渐上升的趋势，说明中国在全球价值链网络中的重要性逐渐上升。中国作为"一带一路"主要的倡导者和引领者，与其他共建"一带一路"国家（地区）的贸易往来日益密切。改革开放以来，中国以出口导向型和积极引入外资的方式，凭借低廉的劳动力优势和丰富的资源禀赋优势，积极地参与全球生产分工网络，在全球经济体的竞争中崭露头角。从产业结构来看，中国承接了美国、日本、欧洲以及亚洲其他地区的产业转移，同时加之中国自身长期的研发投入和"干中学"效应，中国本土制造业的实力显著增强，部分产业已经在全球分工当中拥有领先地位。经济实力的增强是中国得以融入全球价值链的最主要的原因。自 2013 年中国正式提出"一带一路"倡议以来，中国积极加强与其他共建"一带一路"国家（地区）的双边合作，从基础设施建设、产能合作等视角展开了大规模的合作，对其他共建国家（地区）的投资也在逐渐加强，促进了中国在"一带一路"全球价值链贸易网络中 PageRank 指数的提升。

第二，从 PageRank 指数的排名来看，仅次于中国的是俄罗斯。俄罗斯曾经是世界经济体中的超级大国，虽然目前的经济实力没有以前强大，但是在共建"一带一路"国家（地区）中仍居于比较靠前的位置，据最新的新兴经济体排名统计，俄罗斯首次超越中国成为新兴经济体中的优势大国，在"一带一路"全球价值链贸易中占据比较重要的地位。俄罗斯 2010 年的 PageRank 指数为 0.4299，2014 年的 PageRank 指数为 0.3145，2017 年的 PageRank 指数为 0.2308。从俄罗斯 PageRank 指数的变换趋势可以看出，虽然其 PageRank 指数保持着第二名的地位，但是其数值却呈下降趋势，而且与中国的 PageRank 指数的差距正在逐渐拉大。主要原因是，俄罗斯自 2014 年开始经济进入艰难时期，自身经济结构的不合理、油价下跌以及西方国家对其制裁，导致俄罗斯经济呈现负增长。虽然，俄罗斯 PageRank 指数在逐渐下降，但是其在"一带一路"全球价值链网络中的优势地位没有变化，而且其经济从 2016 年复苏，呈现正向增长的趋势。从前文的分析也知，中国与俄罗斯属于深度合作，说明俄罗斯在全球价值链网络中处于重要的位置。

第三，在共建"一带一路"国家（地区）的全球价值链贸易网络中，排名靠前的，除了中国和俄罗斯以外，还有哈萨克斯坦、印度和印度尼西亚。哈萨克斯坦 2010 年的 PageRank 指数为 0.0594，2014 年的 PageRank 指数为 0.0651，2017 年的 PageRank 指数为 0.0357，在波动中有下降的趋势。哈萨克斯坦自然资源具有比较优势，是世界上主要的粮食出口国，石油天然气、采矿、煤炭和农牧业是其经济发展的主要动力；其加工业和轻工业比较落后。哈萨克斯坦与中国接壤，与中国经济属于深度合作型。印度尼西亚 2010 年的 PageRank 指数为 0.0539，2014 年的 PageRank 指数为 0.0374，2017 年的 PageRank 指数为 0.0503，在波动中有下降的趋势。印度尼西亚的自然资源比较丰富，石油、锡等矿物质资源在世界上占据比较重要的位置；农产品也具有发展特色，是促进其经济发展的主要动力。与中国的经济联系也比较紧密，属于快速推进型。印度 2010 年的 PageRank 指数为 0.0725，2014 年的 PageRank 指数为 0.0485，2017 年的 PageRank 指数为 0.0630，在波动中有上升的趋势。印度经济增长的韧性和经济增长的质量较好，经济平稳性的周期较长，与中国经济合作属于逐步拓展型。对比分析这三个国家的 PageRank 指数值以及排名发现，这三个国家的 PageRank 指数值变化不是很大，而且这三个国家的排名在第三、第四、第五之间转换，说明这几个国家在共建"一带一路"国家（地区）的重要性比较稳定。这三个国家与中国的合作关系比较密切。

第四，在表 6-3 中，排在最后几位的有吉尔吉斯斯坦、尼泊尔、柬埔寨、马尔代夫和不丹。吉尔吉斯斯坦 2010 年的 PageRank 指数为 0.0001，2014 年的 PageRank 指数为 0.0002，2017 年的 PageRank 指数为 0.0002；尼泊尔 2010 年的 PageRank 指数为 0.0001，2014 年的 PageRank 指数为 0.0001，2017 年的 PageRank 指数为 0.0001；柬埔寨 2010 年的 PageRank 指数为 0.0001，2014 年的 PageRank 指数为 0.0002，2017 年的 PageRank 指数为 0.0002；马尔代夫 2010 年的 PageRank 指数为 0.0001，2014 年的 PageRank 指数为 0.0001，2017 年的 PageRank 指数为 0.0001；不丹 2010 年的 PageRank 指数为 0.0001，2014 年的 PageRank 指数为 0.0001，2017 年的 PageRank 指数为 0.0001。通过对这五个国家的 PageRank 指数的测算可以发现，这几个国家的 PageRank 指数非常小，说明这几个国家在全球价值链合作网络中的地位比较低，重要性不强，经济发展水平相对滞后，长期面临"低端锁定"的局面。

二、跨行业贸易网络分析

具体分析结果如表 6-4 所示。

表6-4 2010年、2014年和2017年部分共建"一带一路"国家（地区）与
行业的 PageRank 指数

排名	2010 年		2014 年		2017 年	
1	CHN. c14	0.1218	CHN. c14	0.1154	CHN. c14	0.1008
2	CHN. c13	0.0538	CHN. c13	0.0516	CHN. c13	0.0441
3	CHN. c15	0.0356	CHN. c15	0.0297	CZE. c15	0.0304
4	CHN. c4	0.0334	CHN. c12	0.0284	CHN. c15	0.0261
5	CHN. c12	0.0242	CHN. c4	0.0284	CHN. c12	0.0255
6	SIN. c14	0.0224	CZE. c15	0.0202	CHN. c4	0.0255
7	CHN. c30	0.0202	SIN. c14	0.0199	SVK. c15	0.0249
8	HUN. c14	0.0196	SVK. c15	0.0169	SIN. c14	0.0191
9	CZE. c15	0.0190	CHN. c30	0.0159	SIN. c20	0.0158
10	CHN. c9	0.0152	CHN. c16	0.0157	HUN. c15	0.0154
11	CZE. c14	0.0148	CHN. c9	0.0153	CZE. c14	0.0145
12	SVK. c15	0.0147	SIN. c20	0.0151	CHN. c30	0.0139
13	CHN. c20	0.0141	MAL. c14	0.0128	CHN. c16	0.0139
14	CHN. c16	0.0123	CHN. c20	0.0126	CHN. c9	0.0138
15	POL. c15	0.0120	HUN. c15	0.0122	POL. c15	0.0129
16	CHN. c5	0.0115	CZE. c14	0.0119	RUS. c2	0.0113
17	POL. c14	0.0114	RUS. c2	0.0114	CHN. c20	0.0104
18	SIN. c20	0.0114	CHN. c10	0.0102	POL. c14	0.0100
19	SVK. c14	0.0111	CHN. c5	0.0101	MAL. c14	0.0098
20	MAL. c14	0.0103	POL. c15	0.0100	CHN. c5	0.0096
21	CHN. c10	0.0102	POL. c14	0.0088	SIN. c8	0.0094
22	HUN. c15	0.0098	SIN. c8	0.0085	CHN. c10	0.0091
23	RUS. c2	0.0093	RUS. c23	0.0080	RUS. c23	0.0090
24	TUR. c15	0.0088	SIN. c24	0.0078	SIN. c24	0.0087
25	RUS. c23	0.0075	TUR. c15	0.0075	TUR. c15	0.0085
26	SIN. c8	0.0075	HUN. c14	0.0074	HUN. c14	0.0079
27	CHN. c25	0.0065	CHN. c11	0.0072	VIE. c3	0.0074
28	CHN. c24	0.0064	TUR. c4	0.0065	POL. c3	0.0070
29	CZE. c13	0.0060	RUS. c8	0.0065	CHN. c11	0.0066
30	TUR. c4	0.0059	SVK. c14	0.0064	THA. c12	0.0065

排名	2010 年		2014 年		2017 年	
31	CHN. c11	0.0056	SIN. c15	0.0062	SIN. c15	0.0065
32	THA. c12	0.0056	VIE. c3	0.0062	TUR. c4	0.0065
33	MAL. c15	0.0054	POL. c3	0.0062	CZE. c13	0.0060
34	SIN. c24	0.0053	THA. c12	0.0057	SIN. c30	0.0058
35	TUR. c12	0.0050	IND. c15	0.0054	THA. c22	0.0055
36	RUS. c20	0.0048	CZE. c13	0.0053	RUS. c8	0.0054
37	POL. c3	0.0046	RUS. c20	0.0051	SVK. c14	0.0054
38	CZE. c12	0.0045	RUS. c12	0.0049	VIE. c4	0.0053
39	POL. c13	0.0044	POL. c12	0.0044	VIE. c5	0.0052
40	RUS. c12	0.0044	CHN. c25	0.0044	IND. c15	0.0052
41	POL. c12	0.0044	SIN. c30	0.0043	POL. c12	0.0049
42	CHN. c3	0.0043	TUR. c16	0.0043	POL. c13	0.0046
43	RUS. c8	0.0042	POL. c13	0.0041	THA. c3	0.0044
44	SIN. c30	0.0041	TUR. c12	0.0041	TUR. c16	0.0044
45	VIE. c3	0.0041	THA. c3	0.0040	ROM. c15	0.0044
46	THA. c15	0.0039	CHN. c24	0.0040	RUS. c20	0.0044
47	IND. c30	0.0039	CHN. c3	0.0039	THA. c20	0.0043
48	POL. c20	0.0039	ROM. c15	0.0039	POL. c20	0.0042
49	CHN. c23	0.0039	ROM. c23	0.0039	TUR. c12	0.0042
50	IND. c15	0.0035	CZE. c12	0.0038	RUS. c12	0.0041
51	TUR. c13	0.0033	VIE. c4	0.0037	THA. c15	0.0041
52	MAL. c3	0.0032	IND. c4	0.0036	CHN. c25	0.0039
53	TUR. c14	0.0031	SIN. c25	0.0036	ROM. c23	0.0039
54	ROM. c15	0.0031	VIE. c5	0.0036	CZE. c12	0.0039
55	IDN. c14	0.0030	MAL. c3	0.0036	SIN. c25	0.0038
56	SIN. c25	0.0030	POL. c20	0.0036	POL. c16	0.0038
57	CHN. c21	0.0030	VIE. c1	0.0035	VIE. c14	0.0038
58	ROM. c23	0.0029	CHN. c23	0.0035	VIE. c1	0.0037
59	VIE. c4	0.0029	THA. c15	0.0034	CHN. c3	0.0037
60	POL. c16	0.0029	CHN. c8	0.0033	SIN. c9	0.0035

如表6-4所示，首先，从行业的 PageRank 指数排名可以看出，共建“一带一路”国家（地区）排名前20的行业除了房地产租赁行业、批发零售行业以及采矿采石业以外，其他的行业都属于制造业行业，服务业、农业、建筑业等行业的影响力十分有限。制造业作为推动全球价值链生产模式开展的初始行业，本身具备了开展碎片化和分工生产的基本特征，因此制造业是全球价值链分工体系开展最早、分工最为完善的行业之一，其产品也具有易于运输和分割的基本特点。因此，制造业成为全球价值链分工体系中最为重要的行业。

其次，服务业在全球价值链贸易网络中的地位在逐渐提升，服务业中生产性服务业的地位最高。生产性服务业是指为保持工业生产过程的连续性、促进工业技术进步和产业升级、提高生产效率而提供保障服务的行业。它是与制造业直接相关的配套服务业，是从制造业内部生产服务部门独立发展起来的新兴产业。相比较之下，由于服务业的重要性逐渐得到全球不同国家和地区的重视，同时服务业自身模块化程度不断提升，服务业同样成为全球价值链贸易的重要组成部分。

最后，从不同地域的特征来看，基于行业的全球价值链网络并不是均等的，而是存在明显的地域差异的。全球价值链贸易的参与者之间存在显著的地域差异，只有少数国家和地区的少数行业居于行业网络的中心地位，大多数国家和地区的行业参与率较低。全球价值链的本质上是靠各自的比较优势参与的，说明行业之间的关联性较弱，合作程度不高，行业间的合作主要发生在本国（地区）的内部。

第三节　共建“一带一路”国家（地区）参与全球价值链合作的贸易网络关系的核心-边缘分析

核心-边缘分析是社会网络分析中分析经济体核心关系重要性的算法，本节基于社会网络分析法将部分共建“一带一路”国家全球价值链合作贸易网络关系的核心关系反映出来，并结合社团分析算法，阐释社会网络分析的重要内容。

一、基于社团分析的结果

具体结果如表6-5所示。

表6-5 基于社团分析的结果

	子团	子团成员
2010年	子团1	保加利亚、土耳其、塞浦路斯、拉脱维亚、立陶宛、希腊、俄罗斯、哈萨克斯坦
	子团2	匈牙利、吉尔吉斯斯坦、爱沙尼亚、捷克、波兰、斯洛伐克、斯洛文尼亚、罗马尼亚、克罗地亚
	子团3	中国、印度尼西亚、菲律宾、马来西亚、印度、蒙古、巴基斯坦、文莱、泰国、老挝、柬埔寨、越南
	子团4	斯里兰卡、马尔代夫、新加坡、不丹、尼泊尔
2014年	子团1	保加利亚、土耳其、罗马尼亚、克罗地亚、波兰、捷克、斯洛文尼亚、匈牙利、斯洛伐克、塞浦路斯、立陶宛、吉尔吉斯斯坦、爱沙尼亚、拉脱维亚、哈萨克斯坦
	子团2	希腊、印度尼西亚、中国、马来西亚、菲律宾、泰国、印度、老挝、文莱、俄罗斯、巴基斯坦、蒙古国
	子团3	斯里兰卡、柬埔寨、越南、新加坡、不丹、尼泊尔、马尔代夫
2017年	子团1	保加利亚、土耳其、罗马尼亚、克罗地亚、波兰、捷克、斯洛文尼亚、匈牙利、斯洛伐克、塞浦路斯、立陶宛、吉尔吉斯斯坦、爱沙尼亚、拉脱维亚、哈萨克斯坦
	子团2	希腊、印度尼西亚、中国、马来西亚、菲律宾、泰国、印度、老挝、文莱、俄罗斯、巴基斯坦、蒙古国
	子团3	斯里兰卡、柬埔寨、越南、新加坡、不丹、尼泊尔、马尔代夫

如表6-5所示，如果将"一带一路"全球价值链网络视为封闭的网络，社团分析的结果表明，根据研究对象部分共建"一带一路"国家的地理位置分布，可以分为三个重要的子团：中东欧子团、东盟子团、南亚东盟子团。其中，中东欧子团主要包括15个国家，东盟子团主要有12个国家，南亚东盟子团有7个国家。中东欧子团的15个成员国分别是：保加利亚、土耳其、罗马尼亚、克罗地亚、波兰、捷克、斯洛文尼亚、匈牙利、斯洛伐克、塞浦路斯、立陶宛、吉尔吉斯斯坦、爱沙尼亚、拉脱维亚、哈萨克斯坦。东盟子团的12个成员国分别为：希腊、印度尼西亚、中国、马来西亚、菲律宾、泰国、印度、老挝、文莱、俄罗斯、巴基斯坦、蒙古国。南亚东盟子团的7个成员国分别为：斯里兰卡、柬埔寨、越南、新加坡、不丹、尼泊尔、马尔代夫。

总的来看，贸易子团的组成、变动对于共建"一带一路"国家（地区）参与全球价值链合作具有重要的启发性：第一，地理邻近性是共建"一带一路"国家（地区）全球价值链贸易子团形成的必要条件。地理距离近意味着更低的贸易成本、更便利的贸易条件，更容易促进经济体之间的贸易往来。第二，贸易子团内部成员之间的资源差异以及行业互补可以促进贸易子团成立，如东盟子团经济体的资源既比较丰裕又存在互补特性。例如，新加坡石油化工业比较发达，文莱的石油天然气比较丰富，越南的矿产资源比较丰富，老挝以农业发展为主，马来西亚以橡胶、棕榈、胡椒等闻名，等等。不同经济体之间的行业互补优势促进了双边经济体之间的全球价值链贸易的发展。

二、基于核心–边缘分析的结果

具体结果如表6-6所示。

表6-6　部分共建"一带一路"国家基于核心–边缘分析的结果

	分类	国家
2010 年	核心国家	中国、俄罗斯、新加坡
	边缘国家	保加利亚、塞浦路斯、捷克、爱沙尼亚、希腊、克罗地亚、匈牙利、印度尼西亚、印度、立陶宛、拉脱维亚、波兰、罗马尼亚、斯洛伐克、斯洛文尼亚、土耳其、马来西亚、菲律宾、泰国、越南、哈萨克斯坦、蒙古国、斯里兰卡、巴基斯坦、老挝、文莱、不丹、吉尔吉斯、柬埔寨、马尔代夫、尼泊尔
2014 年	核心国家	中国、俄罗斯、新加坡
	边缘国家	保加利亚、塞浦路斯、捷克、爱沙尼亚、希腊、克罗地亚、匈牙利、印度尼西亚、印度、立陶宛、拉脱维亚、波兰、罗马尼亚、斯洛伐克、斯洛文尼亚、土耳其、马来西亚、菲律宾、泰国、越南、哈萨克斯坦、蒙古国、斯里兰卡、巴基斯坦、老挝、文莱、不丹、吉尔吉斯、柬埔寨、马尔代夫、尼泊尔
2017 年	核心国家	中国
	边缘国家	俄罗斯、新加坡、保加利亚、塞浦路斯、捷克、爱沙尼亚、希腊、克罗地亚、匈牙利、印度尼西亚、印度、立陶宛、拉脱维亚、波兰、罗马尼亚、斯洛伐克、斯洛文尼亚、土耳其、马来西亚、菲律宾、泰国、越南、哈萨克斯坦、蒙古国、斯里兰卡、巴基斯坦、老挝、文莱、不丹、吉尔吉斯、柬埔寨、马尔代夫、尼泊尔

表6-6给出了部分共建"一带一路"国家在核心–边缘分析中的结果。从呈现的结果可以发现：首先，中国、俄罗斯和新加坡几乎一直是社会网络分析中的核心国家。作为"一带一路"增加值贸易网络内的核心国家，经济发展水平一

直处于共建"一带一路"国家（地区）中较高的地位。这三个国家自身的产业结构和经济结构都拥有较强的比较优势，在专业化分工领域内都占有较高的比较优势地位。核心国家成为全球价值链贸易子团的核心吸引力，在核心国家之间存在明显的产业同位竞争和细分行业的互补关系。其次，相对于核心国家，边缘国家的变动比较小，它们的经济发展水平比较落后，整个国家的经济体量和经济发展水平处于世界的一般水平。在参与全球生产分工网络中，由于自身的比较优势较差，且主要依靠自己的资源优势以及劳动力优势，提供原材料以及初级产品加工，容易陷入"低端锁定"的局面，难以向全球价值链中高端攀升。非核心国家仅仅能够通过与上述国家实现产业互补以及提供基本的原材料融入全球生产分工体系。最后，从共建"一带一路"国家（地区）区域性贸易网络的发展趋势可以看出，共建"一带一路"国家（地区）全球价值链网络正在日趋固化，少数国家牢牢占领着全球生产分工网络的核心地位，如中国、新加坡等经济发展水平相对较高的经济体。其他国家通过加强与这些国家的经贸合作关系，参与全球价值链分工，促进本国经济的发展。

第四节　小结

运用社会网络分析和亚洲开发银行构建的 ADB－WIOD 数据库，本章针对共建"一带一路"国家（地区）参与全球价值链的贸易网络，从网络密度、网络中心性以及网络的核心-边缘结构等几个方面进行了分析。研究结果表明：首先，共建"一带一路"国家（地区）全球价值链网络的联系强度并不是很高，但是经济体之间的产品内联系正在逐渐加强。其次，选取部分共建"一带一路"国家，将其分为三个重要的子团，即中东欧子团、东盟子团、南亚东盟子团，这些子团由不同的经济体组成，各个经济体之间具有不同的比较优势，在自身所处的小社团内促进了经济体的发展。最后，共建"一带一路"国家（地区）全球价值链网络中的核心-边缘结构逐渐固化，形成以中国等为核心、以其他参与国为半边缘和边缘的格局。因此，中国应该继续引领"一带一路"倡议，同其他共建国家（地区）一同建设和促进经济发展。

第七章　APEC 成员开展全球价值链合作的重点方向和路径研究

第一节　APEC 成员开展全球价值链合作的路径分析

一、APEC 成员开展全球价值链合作的潜在实现途径分析

前文已就 APEC 成员开展全球价值链合作的基础、现状以及 APEC 成员参与全球价值链合作的基本方式和网络格局展开了相应的分析。从中不难发现，APEC 成员参与全球价值链的基本方式主要是被动式的融入，即在全球分工格局已经形成且格局基本稳定的情况下世界各国和地区按照比较优势或主动或被动地降低各种贸易壁垒、投资壁垒以融入全球分工体系的基本过程，对外贸易、投资或者自由贸易协定的签署都是实现嵌入全球价值链的具体方式，尚无任何一个国家和地区得以独立于世界分工体系而存在。各国家和地区的相对比较优势决定了特定国家和地区或者行业得以嵌入全球价值链的相对位置及其获利能力，在市场力量对经济资源分配起决定性作用的市场机制下，世界各国和地区在全球价值链分工体系下的合作主要是通过调整其国内政策进而影响其比较优势实现的。尽管存在无偿国际援助、项目援建、国家和地区间技术合作、国家和地区主导的国际资本流动等由国家和地区主导的全球价值链合作的主动形式，但是无论从数量上还是质量上来看，市场力量主导下的国际分工仍然是各国和地区实现比较优势互补进而实现在全球分工体系下合作的主要形式。

作为目前国际贸易和分工领域最具代表性的成果，各国和地区想要影响全球价值链的政策选择可以通过以下路径加以实现：其一，通过产业政策影响本国和

地区的产业结构和比较优势，进而改变本国和地区嵌入全球价值链的方式和能力，这种单一国家和地区或者行业的改变借全球分工网络传递至分工体系中的其他环节，其典型代表是中国的电子和光学设备制造业，中国凭借人口红利和广阔的市场实现对于代工产业的中低端嵌入。凭借外国企业对中国企业的技术溢出、示范和模仿效应以及中国政府的大力扶持，中国逐步将电子和光学设备制造业的代工部门吸收进来，直接导致了日本、韩国、墨西哥等国家在这一行业比较优势的下降；而中国的技术进步和产业升级则逐步培养起中国在该产业的优势，直观地表现为本国生产的产品增加值的提升、生产规模的扩张和技术的进步。但是该方法也存在缺点，如政策的结果不确定以及生效周期较长、容易受到政治格局的影响等。其二，通过区域性的自由贸易协定实现对区域全球价值链的重构。在多哈回合贸易谈判后全球性贸易自由化陷入僵局，从 20 世纪末期直到今日都未曾取得过任何大的进展，复杂的利益诉求是延缓全球范围内贸易自由化的主要原因。取而代之的是区域范围内的贸易自由化进程，由少数国家和地区参与的区域性贸易自由协定取代全球性质的贸易自由化进程成为政策选择的主流。其中典型的成功代表是北美自由贸易协定，北美自由贸易协定仅有美国、加拿大、墨西哥三国，北美自由贸易协定使北美地区的大部分商品的关税直接降为零，使加拿大和墨西哥承接了部分美国制造业的转移，有效地带动了当地经济的发展，而加拿大和墨西哥丰富的自然资源也为美国经济的发展提供了强大的政策保障。同时，北美自由协定使墨西哥廉价劳动力的优势得以发挥，美国传统制造业不断迁往墨西哥，加速了墨西哥的工业化进程。总的来看，北美自由贸易协定有效地强化了美国、加拿大、墨西哥三国的比较优势，使三国形成了以美国为核心的区域性全球价值链闭环，上、中、下游形成了完整的产业链条，各国和地区经济优势得以强化并转化为现实的经济增长。尽管北美自贸区的利益分配和美国的"强制捆绑"使该方案仍然饱受争议，中国的制造业崛起也松动了北美的价值链闭环，但是贸易自由化协定作为目前能够有效通过市场机制发挥比较优势的基本方法却具备了良好的现实性和实现性。

结合前文的研究，本章遵循从合作方式到合作区域再到合作重点领域的基本思路，通过客观分析中国加入 RCEP、CPTPP、TPP 和 FTAAP 四个自由贸易区，对比参与前后对中国及主要国家和地区 GDP、社会福利和进出口贸易等产生的影响；通过现实选择作为影响 APEC 成员全球价值链分工格局的基本路径，特别是在目前中国对于 APEC 成员的全球价值链分工仍然是通过被动嵌入来实现的基本事实，以及周边国家和地区对于中国的自由贸易封锁将会直接严重影响中国比较优势的基本判定；通过贸易自由化实现突围和产业升级是重要的实现路径的基本情况下，该方案具备良好的现实基础和可行性，借此考察不同情况下以中国实现自贸协定突围后对中国自身以及 APEC 成员的经济影响为基本准则、以互利共赢为基本原则，应当如何选择重点合作领域和方向。

APEC 本身是一个松散的经济一体化组织，成员内部次区域集团较多，如影响力较大的东盟自由贸易区及东盟和其他国家成立的自贸区（如东盟和中国、韩国、日本、澳大利亚和新西兰等）、澳新自由贸易区，2017 年签署的全面与进步跨太平洋伙伴关系协定（Comprehensive Progressive Trans‐Pacific Partnership，CPTPP）和 2020 年签署的区域全面经济伙伴关系协定（Regional Comprehensive Economic Partnership，RCEP）等，区域内自贸区建设重叠交叉，易形成贸易标准的对立冲突；成员既包括美国、日本、韩国、澳大利亚、新加坡等在内的发达成员，也包括中国在内的众多发展中成员，经济发展存在较大的梯度差距；此外亚太地区长期还存在社会意识形态、文化、政治等问题，严重阻碍了 APEC 向前推进的议程。当前，在亚太地区影响力较大，比较有发展影响力和发展前景的次区域组织分别为东盟主推的 RCEP、美国主导的《跨太平洋伙伴关系协定》（Trans‐Pacific Partnership Agreement，TPP，美国目前退出，但存在重返的可能）、日本推进成立的 CPTPP 和 APEC 所倡导的 FTAAP。这些已经成立和存在自贸区的成员存在交叉重叠，如图 7-1 所示。其中，FTAAP 几乎覆盖 APEC 所有成员，是这四种次区域组织成员最多的；RCEP 成员仅次于 FTAAP，总计 15 个，印度在协议签署时退出；TPP 成员总计 12 个，美国退出 TPP 后以日本为首的其余成员组成 CPTPP；CPTPP 成员共计 11 个，继承了 TPP 大部分的条款。FTAAP 自贸区设想涵盖了全部 APEC 成员，是最为理想的一种状态。已成立的两个自贸区分别是 RCEP 和 CPTPP，陷入停顿状态的是 TPP 和 FTAAP，其中 RCEP、CPTPP 和 TPP 成员重叠的部分有 7 个，分别是新西兰、澳大利亚、新加坡、越南、文莱、马来西亚和日本。因此，若从 APEC 角度探讨中国未来的参与路径，应从这四种区域组织着手，从理论分析和量化评估两个层面研究中国的行为决策，分析 RCEP、CPTPP、TPP 及 FTAAP 为中国和主要国家及地区所带来的经济收益与对这些国家和地区进出口贸易和主要行业产出的影响，并根据结果选择合作路径，进而确定中国重点合作的国家（地区）和重点合作的行业。

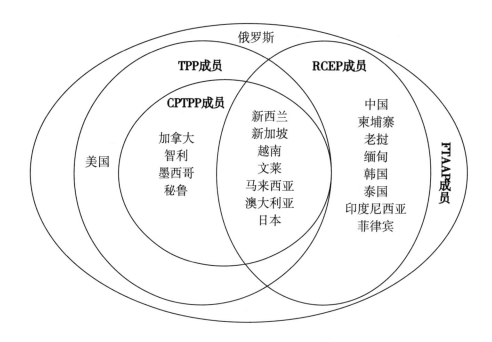

图 7-1　APEC 经济合作伙伴关系

二、TPP、CPTPP

跨太平洋伙伴关系协定（Trans-Pacific Partnership Agreement，TPP）与 CPT-PP 的前身是 2005 年新西兰、新加坡、智利和文莱四国组成的 P4，2009 年美国的加入改变了 P4 在亚太地区影响不大的状况，在美国的主导下，澳大利亚、日本和东南亚部分国家陆续参加 TPP 谈判，TPP 在世界范围内的影响力迅速高涨，成为美国"重返"亚太的重要手段。美国旨在通过 TPP 从政治、经济上围堵中国，间接对中国经济产生负面影响，企图达到打压甚至阻止中国发展的目的。美国主导的 TPP 以建立一个高水平自由贸易区为目的之一，降低关税和削减非关税壁垒，实现商品和服务贸易的自由化，同时制定了严格的劳工标准和环境标准。TPP 要求成员之间实现无条件的零关税措施，这既是其优点也是其难以实现的症结之一。TPP 愿景与现实存在落差，一方面原因在于成员之间经济社会发展水平存在巨大差异，要想协调一致存在诸多困难；另一方面原因在于 TPP 过高的自由贸易区标准，导致成员内部"消化不良"。2016 年特朗普当选美国总统后，贸易政策发生了明显的变化，美国利益优先的贸易保护主义取代了自由贸易，明确表示 TPP 损害了美国利益，抢走了美国工人的工作岗位，于是 2017 年 1 月 23 日，美国退出 TPP。没有美国参与的 TPP 难以为继。

CPTPP 是继美国退出 TPP 后，由日本主导并于 2018 年 3 月有 11 个国家签署成立的自由贸易区域组织。CPTPP 本质上与 TPP 一脉相承，保留了原有 TPP 协议中 95% 的内容，对于 TPP 中存在争议的条款如环境、知识产权、投资、服务业等领域进行了"冻结"，但总体而言，CPTPP 仍是一份高水平的自由贸易协定。

TPP 和 CPTPP 虽然都是旨在构建高水平的自由贸易区，但他们都不是单纯地从经济合作角度出发，其蕴含了强烈的政治动机。美国想凭此"重返"亚太，扩大其在亚太地区的经济影响力，削弱中国在该地区的经济地位，降低亚太地区国家经济发展对中国经济发展的依赖。里面的主要条款几乎都针对中国，美国战略意图明显，即是想构建排除中国的自由贸易区，削弱中国在亚太地区的影响力。美国退出 TPP 后，日本从自身战略角度出发，成立 CPTPP，但由于缺乏美国的参与及在东亚地区缺乏中国和韩国的参与，CPTPP 的影响力和参与度大大降低。如果中国有机会和途径参与 TPP、CPTPP，将是中国和世界重要经济体——美国和日本构建自贸区的重要契机。

三、RCEP

2020 年 11 月，东盟十国以及中国、日本、韩国、澳大利亚、新西兰 15 个国家正式签署了《区域全面经济伙伴关系协定》（RCEP），宣告了 RCEP 自由贸易区成立。通过 RCEP 建立起了中日韩自贸关系，也是中日韩三国首次在同一自贸区框架下。RCEP 的签署具有重大的意义，尤其与当前的"逆全球化"截然相反，RCEP 是拥护全球自由贸易，是当前全球最大的自由贸易区，同时标志着全球化向前发展迈出坚实的一步。根据国家商务部数据显示，2019 年 RCEP 15 个成员的人口达 22.7 亿，GDP 达 26 万亿美元，出口总额达 5.2 万亿美元，约占全球总量的 30%（张珺和展金永，2018）。RCEP 自贸区的建成意味着全球约 1/3 的经济体量将形成一体化大市场，将极大地提升区域合作水平，带动区域福利水平的提升。

RCEP 自贸区成员之间存在大量的自贸协定，其中东盟与其余五国均签订了自由贸易区，中国与韩国、澳大利亚、新西兰、新加坡也存在双边自由贸易协定，不同自由贸易协定之间如何进行协调对接也是当前面临的难题，尤其是在 RCEP 协议中日本对待中国与东盟、澳大利亚、新西兰、韩国存在差异，相对来说对于中国比较保守。RCEP 协议采取渐进式的降低关税政策，前期目标是实现

90%商品零关税，最终目标是实现零关税；协议内容包括共同的关税、原产地规则、投资准入、知识产权、竞争政策和电子商务等方面。

四、FTAAP

2010 年在横滨 APEC 部长级会议上，各个国家和地区讨论将在各成员 43 项双边及小型自由贸易协定的基础上，在亚太地区建立自由贸易区（Free Trade Area of the Asia-Pacific，FTAAP）。然而多年过去，FTAAP 仍然停留在蓝图设想中，未有进一步的谈判和发展预期。

第二节　RCEP 区域经济效应分析

本书运用 GTAP 第九版数据库对 RCEP 自贸协定的经济效应进行模拟分析，定量测度其关税及非关税壁垒削弱对亚太主要经济体的影响差异。GTAP 是由普渡大学设计研发的全球贸易分析模型，主要用于贸易政策变化的定量分析。GTAP 的优点在于它能够通过对政策变化的模拟来测度其对 GDP、贸易条件、贸易规模、部门产出以及福利水平变化的影响，可以有效地对某种冲击的影响进行预测和前瞻性研究。GTAP 模型的主程序基于新古典经济理论设定了一系列的经济方程，此外还设置政策变动所带来的关税、技术性贸易壁垒、运输效率等变量，进一步计算一般均衡理论模拟政策变动带来的各项经济效应，继而为贸易政策的制定提供参考。后文均采用的是 GTAP 模型模拟测算，不再赘述。

一、GTAP 模拟区域设定

2020 年 11 月 15 日，中国、日本、韩国、澳大利亚、新西兰和东盟十国正式签署协议，宣布 RCEP 正式成立。区域划分如表 7-1 所示，划分标准如下：为了研究 RCEP 成立对中国和中国主要贸易伙伴国的影响，将美国、日本和韩国分别单独划分为一个区域；印度是 RCEP 重要的潜在加入国，虽然这次签署仪式上印度退出，但前期印度参与了 RCEP 的谈判工作，且印度是一个发展中的大国，将其作为一个单独的区域；RCEP 是东盟十国首次提出并推动的，且一般将东盟十国作为一个区域，所以将东盟十国划分为一个区域；澳大利亚和新西兰同属于大洋洲，将其作为一个区域；墨西哥和加拿大是主要制造业国家，将二者作为一个区域；欧盟原来有 28 个国家，但英国"脱欧"后变为 27 国，欧盟是中国的第一大贸易伙伴，将其单独作为一个区域。

表 7-1　RCEP 区域设定

编号	区域划分	所含区域
1	中国	中国（包含中国台湾、中国香港）
2	美国	美国
3	日本	日本
4	韩国	韩国
5	印度	印度
6	东盟十国	印度尼西亚、马来西亚、菲律宾、柬埔寨、越南、泰国、新加坡、老挝、缅甸、文莱
7	澳新地区	澳大利亚、新西兰
8	北美	加拿大、墨西哥
9	欧盟	奥地利、比利时、塞浦路斯、捷克、丹麦、爱沙尼亚、芬兰、法国、德国、希腊、匈牙利、爱尔兰、意大利、拉脱维亚、立陶宛、卢森堡、马耳他、荷兰、波兰、葡萄牙、斯洛伐克、斯洛文尼亚、西班牙、瑞典、保加利亚、克罗地亚、罗马尼亚
10	世界其他地区	GTAP 数据库中除上述设定外的国家和地区

二、GTAP 模拟部门设定

第九版 GTAP 数据库内含 57 个产业，主要按照国际标准产业分类体系和联合专利分类体系进行划分，本书按照其设定要求将其划分为十大类，分别为谷物和作物、畜牧业和肉制品、自然资源、加工食品、纺织及制衣业、轻工业、重工业、公共事业与建设、交通与通信、其他服务业，其中谷物和作物、畜牧业和肉制品、自然资源、加工食品属于初级品，纺织及制衣业、轻工业、重工业属于工业制成品，公共事业与建设、交通与通信、其他服务业属于服务产业，具体如表 7-2 所示。后续模拟分析中行业部门划分与其一致，因此在后续模拟中不再重复展示。

· 151 ·

表 7-2　RCEP 部门设定

编号	部门分类	覆盖范围
1	谷物和作物	水稻、小麦、谷物及其他相关产品、蔬菜、水果、坚果、油料作物、糖料作物、农作物及相关产品、加工大米、植物纤维
2	畜牧业和肉制品	牛羊马牲畜、动物制品及其他相关制品、奶、毛及丝织品、牛马羊肉、肉制品及其他相关制品
3	自然资源	森林、渔业、煤、石油、天然气、矿产及相关产品
4	加工食品	动植物油脂、乳制品、糖、食物制品及其他相关产品、饮料及烟草制品
5	纺织及制衣业	纺织品、服装
6	轻工业	皮革制品、水制品、纸制品、金属制品、机动车及零配件、交通运输设备及其他相关产品、制造业其他产品
7	重工业	石化及煤制品、黑色金属、有色金属及相关制品、矿产品及其他相关产品、化学橡胶制品、塑料、电子设备、机械设备及其他相关产品
8	公共事业与建设	水、电力、天然气制造及零售、建筑
9	交通与通信	旅游、海运、空运、通信、交通及其他相关服务
10	其他服务业	金融及其他相关服务、保险、商务服务及其他相关服务、娱乐及相关服务、政府/法院/医疗/教育、民居

三、GTAP 模拟情景设定

影响贸易的因素主要有两个方面，即关税和非关税壁垒，关税是显性影响因素，非关税壁垒是隐性影响因素，尤其是在当前非关税壁垒已经成为影响贸易的重要因素之一，因此，本书将从此两个角度出发设定情景模拟。

情景一：RCEP 成员内部之间关税平均削减 85%。东盟十国是 RCEP 谈判的主体，源于其与中国、日本、韩国、印度、澳大利亚和新西兰均已建立了自由贸易区，但在关键的关税削减方面存在较大的差异。其中水平较低的"东盟-印度"自贸区，双边削减关税幅度较低，印度平均削减 78.8%，东盟平均削减 76.19%；东盟与中日韩三国在经过长期的关税削减计划后，平均削减达 95% 以上，一些产品甚至是零关税；"东盟-澳新"关税削减幅度更高，东盟平均削减达 96.14%，澳大利亚、新西兰更进一步实现了零关税。考虑到 RCEP 刚成立且根据当前报道，RCEP 可能会力促 90% 的商品实现零关税，但实现这一目标可能会有一个较长的过渡期，借鉴"东盟 10+3"的关税过渡经验，这个过渡期时间可能在 5 ～ 10 年，因此本书情景一设定为 RCEP 成员内部之间关税平均削减 85%。

情景二：RCEP 成员内部之间关税平均削减 95%，非关税壁垒削减 10%。这种情景设定是在考虑到 RCEP 成员内部之间关税削减过渡期满后，自贸区建设会达到较高的削减关税水平，参照"东盟 10+3"关税削减过程，95% 是一个可以实现的合理水平。关于非关税壁垒削减 10%，当自由贸易区建设达到一定阶段后，成员内部会对非关税壁垒进行协调，减少非关税壁垒的不合理使用或滥用，但非关税壁垒的削减本身非常困难，不但涉及各成员法律的调整，还涉及一系列技术标准的制定和实施，因此我们认为在中期内才有可能实现非关税壁垒 10% 的削减，并以此作为情景二设定的标准之一。

情景三：RCEP 成员内部之间实行零关税，非关税壁垒削减 20%。这种情景是从长期角度出发的，从长期来看，高水平的自贸区建设通常关税降低为零，同时在技术标准的制定方面也采取了较高的准入标准，因而此时非关税壁垒会大幅降低。本书大胆假设在长期中非关税壁垒削减幅度为 20%，并以此作为情景三设定的标准之一。

四、模拟结果分析

1. RCEP 对各区域 GDP 的影响

RCEP 对主要经济体 GDP 的影响如表 7-3 所示。

表7-3　RCEP 对各区域 GDP 的影响　　　　单位：亿美元,%

区域	情景一		情景二		情景三	
	增减额	增减比率	增减额	增减比率	增减额	增减比率
中国	61.22	0.076	1032.90	1.286	2002.09	2.492
美国	-48.50	-0.003	-30.75	-0.02	-54.71	-0.035
日本	32.81	0.056	520.89	0.882	1006.77	1.705
韩国	36.51	0.30	400.83	3.33	763.19	6.35
印度	-4.43	-0.024	-26.06	-0.139	-46.28	-0.246
东盟十国	28.80	0.131	560.91	2.559	1083.00	4.94
澳新地区	19.48	0.122	226.29	1.419	430.94	2.701
欧盟	-9.50	-0.006	-50.06	-0.033	-88.07	-0.058
世界其他地区	-26.70	-0.016	-146.52	-0.086	-261.20	-0.154

模拟结果显示：RCEP 成立后整体而言对于成员的 GDP 增长起到正向的促进作用，对于非 RCEP 成员的 GDP 起负向的阻碍作用。RCEP 情景一、情景二、情景三的设定是递进式提升的，对于 RCEP 成员和非成员在不同场景的影响结果呈现差异性。

情景一中 RCEP 的生效对 GDP 的正向影响从大到小依次为东盟十国、澳新地区、韩国、中国、日本，负向影响按绝对值从大到小依次为印度、世界其他地区、欧盟、美国；从增长绝对额来看，中国 61.22 亿美元位居第一，韩国 36.51 亿美元位居第二，日本 32.81 亿美元位居第三，东盟十国和澳新地区位列第四和第五，分别为 28.80 亿美元和 19.48 亿美元。对欧盟和印度的影响金额均在 -10.00 亿美元以内，对美国和世界其他地区的影响最大为 -48.50 亿和 -26.70 亿美元。

情景二中 RCEP 的生效对 GDP 正向影响从大到小依次则变为韩国、东盟十国、澳新地区、中国、日本，负向影响与情景一一致；从增长绝对额来看，中国 1032.90 亿美元位居第一，东盟十国 560.91 亿美元位居第二，日本 520.89 亿美元位居第三，韩国和澳新地区位列第四和第五，分别为 400.83 亿美元和 226.29 亿美元。对印度、美国、欧盟和世界其他地区的影响金额分别为 -26.06 亿美元、-30.75 亿美元、-50.06 亿美元、-146.52 亿美元。

情景三中，RCEP 的生效对 GDP 正向影响与情景二相一致，但增幅较情景二增大，对韩国、东盟十国、澳新地区、中国和日本的影响分别为 6.35%、4.94%、2.701%、2.492% 和 1.705%，负向影响与情景一和情景二一致；从增长绝对额来看，中国 2002.09 亿美元位居第一，东盟十国 1083.00 亿美元位居第二，日本 1006.77 亿美元位居第三，韩国和澳新地区位列第四和第五，分别为 763.19 亿美元和 430.94 亿美元；对印度、美国、欧盟和世界其他地区的影响金额分别为 -46.28 亿美元、-54.71 亿美元、-88.07 亿美元、-261.20 亿美元。

从情景一、情景二和情景三的模拟分析结果可以得出如下结论：第一，RCEP 生效后对成员的 GDP 均产生正向的促进作用，且这种效应随自贸区建设水平的提升而递增；第二，关税降低对 RCEP 成员的 GDP 增长效应要小于非关税壁垒削减所带来的 GDP 增加，非关税壁垒削减对 GDP 增长的影响更加显著；第三，RCEP 生效后，非关税壁垒的削减对韩国、东盟十国的 GDP 影响幅度最大，其次为澳新地区和中国，最后是日本；第四，从 RCEP 生效后对非成员受损百分比情况来看，印度一直位居第一，世界其他地区排在第二，欧盟和美国位列第三和第四，在三种情景模型中顺序均未发生变化，从 GDP 受损绝对额排序依次为印度、世界其他地区、欧盟、美国。

2. RCEP 对各区域进出口的影响

关税的减免和非关税贸易壁垒的削减有助于降低国际贸易的成本，提高贸易商品的利润空间，从而促进双边或多边贸易的发展。表 7-4 展示了三种情景模拟下主要国家和地区进出口变化。

表 7-4 RCEP 对各区域进出口的影响 单位:%

区域	情景一		情景二		情景三	
	进口增减比率	出口增减比率	进口增减比率	出口增减比率	进口增减比率	出口增减比率
中国	2.42	1.74	7.727	5.686	12.978	9.571
美国	-0.93	-0.07	-4.042	-1.04	-6.981	-1.997
日本	4.78	2.89	15.999	7.291	27.011	11.49
韩国	4.86	3.16	14.769	8.821	24.426	14.291
印度	-0.54	-0.33	-2.754	-2.117	-4.902	-3.873
东盟十国	1.9	1.24	7.184	4.613	11.269	7.053
澳新地区	3.47	1.65	13.894	5.98	20.44	8.461
欧盟	-0.4	-0.22	-1.96	-0.962	-3.456	-2.206
世界其他地区	-0.5	-0.26	-2.777	-1.228	-4.989	-3.079

RCEP 的生效对成员进出口均产生正向的促进作用，对非 RCEP 成员的国家和地区均产生负面的阻碍作用；RCEP 自贸区水平的提升对所有国家和地区均产生递增效应。

情景一中，RCEP 生效后，进口增幅从大到小依次为韩国、日本、澳新地区、中国和东盟十国，分别为 4.86%、4.78%、3.47%、2.42% 和 1.9%；而进口受损从大到小依次为美国、印度、世界其他地区和欧盟，分别为 0.93%、0.54%、0.5% 和 0.4%。RCEP 生效后，出口增幅从大到小依次为韩国、日本、中国、澳新地区、东盟十国，而出口受损绝对额从大到小为印度、世界其他地区、欧盟、美国。

情景二中，RCEP 生效后，进口增幅从大到小依次为日本、韩国、澳新地区、中国和东盟十国，分别为 15.999%、14.769%、13.894%、7.727% 和 7.184%；进口受损从大到小依次为美国、世界其他地区、印度和欧盟，分别为

4.042%、2.777%、2.754%和1.96%。RCEP生效后，出口增幅从大到小依次为韩国、日本、澳新地区、中国、东盟十国，而出口受损从大到小依次为印度、世界其他地区、美国和欧盟，分别为2.117%、1.228%、1.04%和0.962%。

情景三中，RCEP生效后，进口增幅排序与情景二一致，分别为27.011%、24.426%、20.44%、12.978%和11.269%；进口受损从大到小依次为美国、世界其他地区、印度和欧盟，分别为6.981%、4.989%、4.902%和3.456%。RCEP生效后，出口增幅从大到小依次为韩国、日本、中国、澳新地区、东盟十国，出口受损从大到小依次为印度、世界其他地区、欧盟和美国。

从情景一、情景二和情景三的模拟分析结果可以得出如下结论：第一，RCEP生效后对成员的进口和出口均产生正向的促进作用，进口增速远大于出口增速，且这种效应随自贸区建设水平的提升而递增。第二，关税降低给RCEP成员所带来的进口和出口增长效应要小于非关税壁垒削减所带来的进口和出口的增长，非关税壁垒削减对进口和出口增长的影响更加显著。第三，RCEP生效后，非关税壁垒的削减对韩国和日本进口和出口影响最大，其次为澳新地区和中国，最后是东盟十国。第四，从RCEP生效后。各国家和地区受损情况来看，不同情景虽不尽相同，但进口和出口受损均随RCEP自由贸易区水平的提升而递增。

3. RCEP对各区域部门产出的影响

RCEP的模拟结果显示，三种情境中对于中国各部门的影响不尽相同（见表7-5）。

表7-5　RCEP对各区域部门产出的影响　　　　单位:%

产业	中国	美国	日本	韩国	印度	东盟十国	澳新地区	欧盟	世界其他地区
情景一									
谷物和作物	0.579	-0.403	-2.581	-2.654	-0.012	0.246	1.515	-0.019	-0.068
畜牧业和肉制品	-0.434	-0.574	-3.961	-1.223	-0.009	0.004	12.709	-0.168	-0.114
自然资源	-0.129	0.165	-1.244	-0.728	0.171	-0.096	-0.819	0.09	0.075
加工食品	0.224	-0.159	-0.425	2.008	-0.115	0.673	2.467	-0.108	-0.182
纺织及制衣业	1.091	-0.077	-2.818	1.647	-0.408	-0.579	-9.147	-0.35	-0.229
轻工业	0.001	0.101	0.716	-0.584	0.035	-1.894	-4.667	-0.046	0.139
重工业	-0.245	0.277	-0.332	0.279	0.031	0.45	-1.71	0.073	-0.003
公共事业与建设	0.241	-0.376	0.898	1.994	-0.166	0.886	1.061	-0.193	-0.216

续表

产业	中国	美国	日本	韩国	印度	东盟十国	澳新地区	欧盟	世界其他地区
情景一									
交通与通信	0.009	0.013	−0.054	−0.157	0.001	0.089	−0.11	0.156	0.055
其他服务业	−0.059	0.013	0.005	−0.189	0.062	−0.242	−0.02	0.004	0.016
情景二									
谷物和作物	0.243	−0.06	−5.939	−5.481	0.07	−0.707	1.482	0.22	0.186
畜牧业和肉制品	−0.364	−0.468	−8.354	−2.591	−0.029	0.406	13.711	0.019	−0.05
自然资源	−2.13	−0.178	−5.586	−4.961	−0.341	−0.119	0.134	−0.776	−0.429
加工食品	0.558	0.049	−0.714	3.185	0.221	−0.405	1.297	0.019	0.001
纺织及制衣业	−0.177	1.213	−9.9	−0.554	−0.106	−4.6	−28.073	0.302	1.121
轻工业	0.162	0.905	−3.949	−9.965	0.7	−3.234	−13.339	0.549	1.422
重工业	−1.125	0.391	−2.085	0.707	−0.288	−1.497	−11.906	−0.425	0.333
公共事业与建设	1.749	−1.394	4.424	9.007	−0.618	5.417	5.053	−0.822	−0.96
交通与通信	0.297	0.037	0.119	−0.865	0.002	0.44	−0.154	0.554	0.197
其他服务业	0.368	0.04	0.353	1.004	0.193	0.092	0.683	0.024	−0.017
情景三									
谷物和作物	−0.156	0.254	−9.167	−8.173	0.137	−1.511	1.5	0.428	0.427
畜牧业和肉制品	−0.256	−0.325	−12.517	−3.866	−0.054	1.001	13.478	0.222	0.029
自然资源	−4.144	−0.55	−9.894	−9.208	−0.873	−0.108	1.174	−1.658	−0.941
加工食品	0.86	0.244	−0.992	4.215	0.481	−1.294	0.366	0.137	0.169
纺织及制衣业	−1.582	2.358	−16.909	−2.986	0.212	−6.921	−45.686	0.903	2.437
轻工业	0.346	1.683	−8.627	−19.163	1.377	−5.243	−21.142	1.157	2.709
重工业	−1.991	0.48	−3.867	1.046	−0.597	−3.454	−22.02	−0.91	0.679
公共事业与建设	3.278	−2.339	7.947	15.952	−1.041	9.438	8.004	−1.41	−1.668
交通与通信	0.578	0.059	0.293	−1.588	0.007	0.847	−0.161	0.923	0.332
其他服务业	0.801	0.067	0.703	2.212	0.322	0.478	1.504	0.041	−0.051

　　情景一中，RCEP 生效使成员之间关税降低后，中国的初级产品生产出现不同变化，畜牧业和肉制品生产、自然资源加工有所降低，降幅为 0.434% 和 0.129%；而谷物和作物生产却有所上升，涨幅为 0.579%。制造业除重工业有所降低外，其他三类（纺织及制衣业、轻工业、加工食品）均有所上升，其中纺织及制衣业的涨幅最为明显，达到 1.091%。服务业方面，其他服务业产出有所

降低，降幅为 0.059%，公共事业与建设、交通与通信行业产出上升，幅度分别为 0.241%、0.009%。

情景二中，RCEP 生效后不仅大幅度降低了关税，同时非关税壁垒也削减 10%，此时中国的初级产品生产出现与情景一相比进一步变化，畜牧业和肉制品、自然资源进一步降低，降幅为 0.364% 和 2.13%；而谷物和作物生产却有所上升，涨幅为 0.243%。制造业中重工业、纺织及制衣业较情景一大幅度下降，轻工业和加工食品均进一步上升。服务业方面，其他服务业产出由情景一的负增长转为正增长，幅度为 0.368%；公共事业与建设、交通与通信行业产出则进一步上升，幅度分别为 1.749%、0.297%。

情景三中，RCEP 协议生效后成员之间实现了零关税，同时非关税壁垒也削减 20%，初级产品生产中谷物和作物、畜牧业和肉制品、自然资源产出均为负增长，下降幅度分别为 0.156%、0.256%、4.144%。制造业中重工业、纺织及制衣业较情景二又大幅度下降，轻工业和加工食品则进一步上升。服务业方面，其他服务业、公共事业与建设、交通与通信行业产出则进一步上升，幅度分别为 0.801%、3.278%、0.578%。

从情景一、情景二和情景三的模拟结果分析可以得出如下结论：第一，RCEP 生效后，中国初级产品生产、制造业和服务业中不同部门产生的影响存在异质性，促进了初级产品生产部门中的谷物和作物，制造业中的加工食品、纺织及制衣业、轻工业，服务业中公共事业与建设、交通与通信行业的增长。第二，RCEP 生效后进一步降低关税和非关税壁垒，此时对中国各行业部分产出的影响产生了分化，对于中国初级产品生产均产生负面的影响，促进了制造业中的轻工业和加工食品产出，提升了服务业的产出。第三，高水平 RCEP 建设有利于中国产业结构的调整，尤其是初级产品产出占比减少，服务业产出比重增加，有利于中国产业结构优化和高级化发展。

第三节　CPTPP 区域经济效应分析

一、GTAP 模拟区域设定

2018 年 3 月 8 日，日本、澳大利亚、新西兰、加拿大、墨西哥、秘鲁和部分东盟国家正式签署协议，同年 12 月 30 日 CPTPP 正式成立。区域划分如表 7-6 所示，划分标准如下：为了研究 CPTPP 成立对中国和中国主要贸易伙伴的影响，将中国、美国、日本、韩国分别单独划分为一个区域；印度是一个发展中的大国，将其作为一个单独的区域；东盟十国中新加坡、马来西亚、越南和文莱是 CPTPP 的成员，其余 6 个国家作为一个区域；澳大利亚和新西兰划分为一个区域；欧盟原来有 28 个国家，但英国"脱欧"后变为 27 国，欧盟是中国的第一大贸易伙伴，将其单独作为一个区域。

表 7-6　CPTPP 区域设定

编号	区域划分	所含区域
1	中国	中国（包含中国台湾、中国香港）
2	美国	美国
3	日本	日本
4	韩国	韩国
5	印度	印度
6	CPTPP 其余 8 国	新加坡、文莱、马来西亚、越南、加拿大、墨西哥、智利、秘鲁
7	东盟中的其他 6 个国家	印度尼西亚、菲律宾、柬埔寨、泰国、老挝、缅甸
8	澳新地区	澳大利亚、新西兰
9	欧盟	奥地利、比利时、塞浦路斯、捷克、丹麦、爱沙尼亚、芬兰、法国、德国、希腊、匈牙利、爱尔兰、意大利、拉脱维亚、立陶宛、卢森堡、马耳他、荷兰、波兰、葡萄牙、斯洛伐克、斯洛文尼亚、西班牙、瑞典、保加利亚、克罗地亚、罗马尼亚
10	世界其他地区	GTAP 数据库中除上述设定外的国家和地区

二、GTAP 模拟情景设定

CPTPP 致力于构建开放高水平的自由贸易区，同时欢迎其他国家的参与，中国虽不是其成员，但是中国对加入 CPTPP 充满兴趣，本书设定如下情景：

情景一：CPTPP 成员之间实现零关税，中国未加入 CPTPP。情景一设定基于 CPTPP 生效起就是一份高标准的自由贸易协定，要求其成员实现 99% 零关税、零补贴、零壁垒的"三零"标准，从广度方面体现了 CPTPP 的高标准；CPTPP 在劳动和环境规则、竞争政策、国有企业、知识产权监管、互联网规则和数字经济等方面均设定了高标准，从深度方面体现了CPTPP的高标准。据此本书情景一中零关税比较符合现实情况。中国目前虽有意向参加CPTPP，但仍停留在意向阶段，仍未进行实质性谈判，且CPTPP已生效两年，其对中国的经济影响值得探讨，故情景一的第二部分设定为中国未加入CPTPP。

情景二：中国加入CPTPP，成员之间实现零关税，非关税壁垒削减10%。在情景二设定中，从中期来说，中国很有可能加入CPTPP，而且CPTPP对外持开放的态度，只需成员一致同意即可扩员，因此情景二第一部分设定为中国加入CPTPP，成员之间实现零关税。正如前面所述CPTPP是一份兼具广度和深度的高水平自由贸易协定，其采用的是负面清单模式，可以预见在关税几近为零的情形下，削减非关税壁垒将是今后CPTPP提升自贸区建设的主攻方向，同时考虑到非关税壁垒削减的困难性，情景二第二部分设定为非关税壁垒削减10%。

情景三：中国加入CPTPP，成员之间实现零关税，非关税壁垒削减20%。在长期，我们假设中国加入CPTPP，成员之间实现零关税，且大幅度削减非关税壁垒（我们在此假设非关税壁垒削减幅度为20%），由此设定情景三。

三、模拟结果分析

1. CPTPP对各区域GDP的影响

CPTPP对主要经济体GDP的影响如表7-7所示。

表7-7　CPTPP对各区域GDP的影响　　单位：亿美元,%

区域	情景一		情景二		情景三	
	增减额	增减比率	增减额	增减比率	增减额	增减比率
中国	-7.18	-0.009	794.58	0.989	1525.91	1.899
日本	21.07	0.036	449.85	0.762	856.20	1.45
韩国	-1.13	-0.009	-19.55	-0.163	-32.82	-0.273
美国	-1.74	-0.001	-36.43	-0.023	-65.30	-0.042
澳新地区	17.49	0.11	224.11	1.405	428.49	2.686
印度	-0.92	-0.005	-12.22	-0.065	-21.84	-0.116
CPTPP-8	11.25	0.027	606.15	1.469	1180.35	2.861
其余东盟六国	-1.87	-0.013	-21.67	-0.151	-37.23	-0.259
欧盟	-1.68	-0.001	-35.78	-0.024	-63.96	-0.042
世界其他地区	-3.05	-0.002	-80.26	-0.048	-145.79	-0.088

模拟结果显示：CPTPP 成立后整体而言对于其成员的 GDP 起到正向的促进作用，对于非 CPTPP 成员的 GDP 起负向的阻碍作用。

情景一中 CPTPP 生效对 GDP 正向影响从大到小依次为澳新地区、日本、CPTPP-8，负向影响按绝对值从大到小依次为其余东盟六国、中国和韩国、印度、世界其他地区、美国和韩国；CPTPP 生效后，影响中国 GDP 增长比率为 -0.009%，金额为-7.18 亿美元。

情景二中，中国成为 CPTPP 一员，此时 CPTPP 生效后对成员的 GDP 正向影响从大到小依次则变为 CPTPP-8、澳新地区、中国、日本，负向影响按绝对值从大到小依次为韩国、其余东盟六国、印度、世界其他地区、欧盟、美国；从增长绝对额来看，中国以 794.58 亿美元位居第一，CPTPP-8 以 606.15 亿美元位居第二，日本以 449.85 亿美元位居第三，澳新地区以 224.11 亿美元位列第四。

情景三中，对成员的 GDP 增长的影响与情景二一致，对 CPTPP-8、澳新地区、中国和日本的影响分别为 2.861%、2.686%、1.899% 和 1.45%，负向影响与情景二几乎一致，未发生明显改变；从增长绝对额来看，中国以 1525.91 亿美元位居第一，CPTPP-8 以 1180.35 亿美元位居第二，日本以 856.20 亿美元位居第三，澳新地区以 428.49 亿美元位列第四。

从情景一、情景二和情景三的模拟分析结果可以得出如下结论：第一，CPTPP 生效后对其成员的 GDP 均产生正向的促进作用，且这种效应随自贸区建设水平的提升而递增，对中国 GDP 产生不利的负面影响。第二，非关税壁垒削减给 CPTPP 成员所带来的 GDP 增长效应要大于关税下降所带来的 GDP 增长效应，中国加入 CPTPP 后，显著正向促进了中国的 GDP 增长。第三，CPTPP 生效后，非关税壁垒的削减对 CPTPP-8、澳新地区的 GDP 影响最大，其次为中国，最后是日本。第四，从 CPTPP 生效后对非成员国家和地区受损情况来看，韩国受损最为严重，其余东盟六国受损次之，印度受损位居第三，其后是世界其他地区，最后是欧盟和美国，两者受损较为相似；从 GDP 受损绝对额排序依次为世界其他地区、美国、欧盟、其余东盟六国、韩国和印度。

2. CPTPP 对各区域进出口的影响

关税的减免和非关税贸易壁垒的削减有助于降低国际贸易的成本、提高贸易商品的利润空间，从而促进双边或多边贸易的发展。表 7-8 展示了三种情景模拟下主要国家和地区进出口变化百分比。

表 7-8　CPTPP 对各区域进出口的影响　　　　单位:%

区域	情景一		情景二		情景三	
	进口增减比率	出口增减比率	进口增减比率	出口增减比率	进口增减比率	出口增减比率
中国	-0.177	-0.122	6.607	4.549	10.942	7.537
日本	1.215	0.673	13.844	5.718	23.035	8.735
韩国	-0.123	-0.05	-3.603	-2.325	-6.46	-4.219
美国	-0.357	-0.077	-4.681	-1.441	-8.313	-2.664
澳新地区	2.424	0.976	14.848	6.198	25.943	10.652
印度	-0.088	-0.042	-1.857	-1.507	-3.347	-2.804
CPTPP-8	0.878	0.593	7.065	4.344	12.371	7.533
其余东盟六国	-0.211	-0.104	-3.685	-2.152	-6.576	-3.919
欧盟	-0.072	-0.041	-1.38	-0.94	-2.468	-1.704
世界其他地区	-0.074	-0.038	-1.848	-1.227	-3.374	-2.276

　　CPTPP 生效对成员进出口均产生正向的促进作用,对非 CPTPP 成员的国家和地区均产生负面的阻碍作用;CPTPP 自贸区水平的提升对所有国家和地区均产生递增效应。

　　情景一中,CPTPP 生效后,进口增幅从大到小依次为澳新地区、日本和 CPTPP-8,分别为 2.424%、1.215% 和 0.878%;非 CPTPP 成员进口受损从大到小依次为美国、其余东盟六国、中国、韩国、印度、世界其他地区和欧盟,分别为 0.357%、0.211%、0.177%、0.123%、0.088%、0.074% 和 0.072%。CPTPP 生效后,成员出口增幅排序与进口一致;非成员出口受损的情况从大到小依次为中国、其余东盟六国、美国、韩国、印度、欧盟。

　　情景二中,CPTPP 生效后,进口增幅从大到小依次为澳新地区、日本、CPTPP-8 和中国,分别为 14.848%、13.844%、7.065% 和 6.607%;非 CPTPP 成员进口受损从大到小依次为美国、其余东盟六国、韩国、印度、世界其他地区和欧盟,分别为 4.681%、3.685%、3.603%、1.857%、1.848% 和 1.38%。CPTPP 生效后,成员的出口增幅从大到小依次为澳新地区、日本、中国、CPTPP-8,出口受损从大到小依次为韩国、其余东盟六国、印度、美国、世界其他地区和欧盟,受损百分比为 2.325%、2.152%、1.507%、1.441%、1.227% 和 0.94%。

　　情景三中,CPTPP 生效后,进口增幅排序与情景二一致,分别为 25.943%、23.035%、12.371% 和 10.942%;非 CPTPP 成员进口受损从大到小依次为美国、其余东盟六国、韩国、世界其他地区、印度和欧盟，分别为 8.313%、6.576%、6.46%、3.374%、3.347% 和 2.468%。CPTPP 生效后，成员出口增幅从大到小排序与情景二一致，出口受损的非成员国从大到小依次为韩国、其余东盟六国、印度、美国、世界其他地区和欧盟。

从情景一、情景二和情景三的模拟分析结果可以得出如下结论：第一，CPTPP 生效后对成员的进口和出口均产生正向的促进作用，进口增速远大于出口增速，且这种增长效应随自贸区建设水平的提升而递增；对中国进口和出口均产生负面影响。第二，关税降低给 CPTPP 成员所带来的进口和出口增长效应要小于非关税壁垒削减所带来的进口和出口的增长效应，非关税壁垒削减对进口和出口增长的影响更加显著。第三，CPTPP 生效后，非关税壁垒的削减对澳新地区和日本进口和出口影响最大，其次为中国和 CPTPP-8。第四，从 CPTPP 生效后的国家和地区受损情况来看，不同情景虽不尽相同，但进口和出口受损均随 CPTPP 自由贸易区水平的提升而递增，美国和韩国是受损最严重的国家。

3. CPTPP 对各区域部门产出的影响

自贸区的优势和特点在于可以使成员内部资源得以重新配置，各成员能够基于自身的资源禀赋和比较优势开展生产活动，大大地提高了区域内资源的配置效率，由此扩大了各成员产业产出的规模。由于模型中所涉及的国家和地区以及产业较多，基于研究的需要，本书重点关注三种情景中中国各产业的变化（见表 7-9）。

表 7-9　CPTPP 对各区域部门产出的影响　　　　　单位:%

产业	中国	日本	韩国	美国	澳新地区	印度	CPTPP-8	其余东盟六国	欧盟	世界其他地区
情景一										
谷物和作物	-0.014	-1.252	0.005	0.002	0.849	0.011	-0.137	0.102	0.055	0.013
畜牧业和肉制品	-0.19	-6.515	0.138	-0.576	4.335	0.007	3.609	-1.113	-0.133	-0.11
自然资源	0.059	-0.352	0.093	0.101	-0.607	0.063	-0.152	0.121	0.054	0.032
加工食品	-0.056	-0.184	-0.079	-0.068	2.416	-0.041	0.163	-0.103	-0.027	-0.028
纺织及制衣业	-0.018	0.201	-0.072	0.091	-0.994	-0.032	0.475	0.123	-0.021	-0.065
轻工业	-0.058	1.244	-0.294	-0.026	-2.76	-0.021	-0.362	-0.158	-0.04	-0.027
重工业	0.063	-0.487	0.192	0.124	-1.035	0.003	-0.074	0.257	0.035	-0.01
公共事业与建设	-0.051	0.24	-0.086	-0.13	0.853	-0.035	0.337	-0.163	-0.033	-0.031
交通与通信	0.02	-0.002	0.037	0.003	-0.057	-0.007	-0.036	0.002	0.022	0.007

续表

产业	中国	日本	韩国	美国	澳新地区	印度	CPTPP-8	其余东盟六国	欧盟	世界其他地区
情景一										
其他服务业	-0.007	0.004	-0.016	0.006	0.002	0.01	-0.076	-0.012	0.001	0.005
情景二										
谷物和作物	-0.381	-5.396	0.481	0.983	-2.084	0.05	-1.647	0.629	0.348	0.223
畜牧业和肉制品	-0.616	-12.007	1.113	-0.31	9.165	0.024	3.535	-1.135	-0.07	-0.135
自然资源	-2.266	-5.453	0.432	0.455	-1.021	-0.416	-1.445	0.187	-0.496	-0.314
加工食品	0.247	-0.54	0.057	0.315	0.876	-0.097	-0.121	0.707	0.025	0.025
纺织及制衣业	1.324	-7.853	-3.205	0.184	-24.12	-0.51	-6.178	-0.951	0.297	0.407
轻工业	0.124	-3.396	1.662	0.889	-10.075	0.41	-4.256	0.726	0.158	0.616
重工业	-0.716	-1.874	-0.436	0.381	-9.534	0.059	-0.19	0.997	-0.198	0.408
公共事业与建设	1.735	4.106	-1.589	-1.583	5.464	-0.34	4.222	-2.224	-0.499	-0.535
交通与通信	0.134	0.085	0.739	0.02	-0.121	0.03	0.265	0.058	0.407	0.144
其他服务业	0.269	0.314	-0.202	0.042	0.602	0.089	0.002	-0.195	0.004	-0.031
情景三										
谷物和作物	-0.943	-8.419	0.86	1.837	-4.63	0.093	-3.079	1.063	0.621	0.435
畜牧业和肉制品	-0.612	-16.228	1.964	0.154	7.208	0.037	3.383	-1.085	0.118	-0.074
自然资源	-4.353	-9.673	0.543	0.647	-1.179	-1.015	-2.667	0.006	-1.133	-0.718
加工食品	0.383	-0.725	0.31	0.739	-0.884	-0.102	-0.712	1.608	0.119	0.139
纺织及制衣业	0.48	-13.468	-3.683	1.209	-39	-0.38	-10.603	-0.236	0.943	1.278
轻工业	0.159	-7.566	3.436	1.811	-16.456	0.779	-8.037	1.602	0.426	1.26
重工业	-1.148	-3.382	-1.192	0.42	-17.406	0.045	-0.491	1.305	-0.511	0.815
公共事业与建设	3.164	7.292	-2.779	-2.785	9.771	-0.561	7.76	-3.856	-0.871	-0.945
交通与通信	0.28	0.219	1.288	0.028	-0.132	0.07	0.539	0.107	0.706	0.252
其他服务业	0.579	0.616	-0.332	0.068	1.236	0.139	0.169	-0.358	0.008	-0.073

模拟结果显示，三种情境中对于中国各部门的影响不尽相同。情景一中，CPTPP 协议生效使成员间关税降低后，中国的初级产品生产出现不同变化，谷物和作物、畜牧业和肉制品降幅为 0.014% 和 0.19%；自然资源加工有所上升，涨幅为 0.059%。制造业除重工业有所增长外，其他三类（纺织及制衣业、轻工业、加工食品）均有所下降，其中轻工业下降最为明显，降幅达到 0.058%。服务业方面，

公共事业与建设、其他服务业产出有所降低，降幅分别为 0.051%、0.007%；交通与通信行业产出略有上升，涨幅为 0.02%。情景二中，中国加入 CPTPP，同时非关税壁垒削减 10%，此时中国的初级产品生产出现了与情景一不一样的调整，谷物和作物、畜牧业和肉制品、自然资源进一步降低，降幅为 0.381%、0.616% 和 2.266%；对中国初级产品加工产生不利影响。制造业中除重工业较情景一由正转负大幅下降外，纺织及制衣业、轻工业和加工食品均大幅度上升。服务业方面，公共事业与建设、其他服务业产出由情景一的负增长转为正增长，涨幅分别为 1.735%、0.269%，交通与通信行业产出则进一步上升，幅度为 0.134%。情景三中，CPTPP 协议生效后，成员内部实现了零关税，同时非关税壁垒也削减 20%，初级产品生产中谷物和作物、畜牧业和肉制品、自然资源均为负增长，下降幅度较情景二进一步下降，幅度分别为 0.943%、0.612%、4.353%。制造业中重工业较情景二又大幅度下降，纺织及制衣业产出虽然为正但也较情景二增幅缩小，加工食品和轻工业则进一步上升。服务业方面，公共事业与建设、交通与通信行业和其他服务业产出则进一步上升，涨幅分别为 3.164%、0.28%、0.579%。

从情景一、情景二和情景三的模拟分析结果可以得出如下结论：第一，CPTPP 生效后中国初级产品生产、制造业和服务业中不同部门产生的影响存在异质性，整体而言不利于中国初级产品生产，有利于制造业中的加工食品、纺织及制衣业和轻工业，服务业中公共事业与建设、交通与通信行业和其他服务业的发展。第二，CPTPP 生效后进一步降低关税和削减非关税壁垒，此时对中国各行业部分产出的影响产生了分化，对于中国初级产品生产均产生的负面影响进一步扩大，对于制造业产生的负面影响也继续扩大，但提升了其他制造业和服务业的产出。第三，高水平 CPTPP 建设有利于中国产业结构的调整，尤其是初级产品产出占比减小，服务业产出比重增加，有利于中国产业结构优化和高级化发展。

第四节　TPP 区域经济效应分析

一、GTAP 模拟区域设定

TPP 进展前期颇为顺利，12 个成员国代表于 2016 年 2 月 4 日在新西兰签署

《跨太平洋伙伴关系协定》，然而当特朗普就任美国总统后认为 TPP 损害了美国利益，并宣布退出 TPP，TPP 宣告分崩离析。但随着特朗普任期结束，新的总统拜登就任，美国主动重返 TPP 的可能性极高。区域划分如表 7-10 所示，划分标准如下：将中国主要的贸易伙伴国日本、韩国、美国分别单独作为一个区域；印度是一个发展中的大国，将其作为一个单独的区域；东盟十国中除了新加坡、马来西亚和文莱是 TPP 成员，其余 8 个国家作为一个区域；澳大利亚和新西兰划分为一个区域；欧盟原来有 28 个国家，但英国"脱欧"后变为 27 国，欧盟是中国的第一大贸易伙伴，将其单独作为一个区域。

表 7-10　TPP 区域设定

编号	区域划分	所含区域
1	中国	中国（包含中国台湾、中国香港）
2	日本	日本
3	韩国	韩国
4	美国	美国
5	澳新地区	澳大利亚、新西兰
6	印度	印度
7	TPP 其余 8 个成员国	新加坡、文莱、马来西亚、越南、加拿大、墨西哥、智利、秘鲁
8	东盟中的其他 7 个国家	印度尼西亚、菲律宾、柬埔寨、越南、泰国、老挝、缅甸
9	欧盟	奥地利、比利时、塞浦路斯、捷克、丹麦、爱沙尼亚、芬兰、法国、德国、希腊、匈牙利、爱尔兰、意大利、拉脱维亚、立陶宛、卢森堡、马耳他、荷兰、波兰、葡萄牙、斯洛伐克、斯洛文尼亚、西班牙、瑞典、保加利亚、克罗地亚、罗马尼亚
10	世界其他地区	GTAP 数据库中除上述设定外的国家和地区

二、GTAP 模拟情景设定

TPP 致力于构建高水平的自由贸易区，其主要特点就是全覆盖［涵盖关税（相互取消关税，涉万种商品）、投资、竞争政策、技术贸易壁垒、食品安全、知识产权、政府采购以及绿色增长和劳工保护等多领域］，宽领域（TPP 协议条款超过以往任何自由贸易协定，既包括货物贸易、服务贸易、投资、原产地规则等传统的 FTA 条款，也包含知识产权、劳工、环境、临时入境、国有企业、政府采购、金融、发展、能力建设、监管一致性、透明度和反腐败等亚太地区绝大多数 FTA 尚未涉及或较少涉及的条款），高标准（在环保、劳工、原产地和政府采购等方面包含了诸多高标准的条款，显著超越现有 FTA 标准）。本书设定如下情景：

情景一：TPP 成员内部实现零关税，中国未加入 TPP。情景一的设定基于 TPP 生效起点高，是一份高标准的自由贸易协定，要求其成员近乎实现零关税，同时大幅度削减非关税壁垒，根据已有文献研究认为，TPP 有可能实现非关税壁垒 50% 的削减，但 TPP 在削减关税和非关税壁垒方面设置了一个长达 30 年的过渡期。中国目前未参加 TPP 的前期谈判和后期的签署，其对中国经济的影响值得探讨，故情景一设定为 TPP 成员国内部实现零关税，中国未加入 TPP。

情景二：中国加入 TPP，成员内部实现零关税，非关税壁垒削减 10%。在情景二设定中，从中期来说，中国很有可能加入 TPP，可以预见在关税几近为零的情形下，削减非关税壁垒将是今后 TPP 提升自贸区建设的主攻方向，同时考虑到非关税壁垒削减的困难性，情景二第二部分设定为非关税壁垒削减 10%。

情景三：中国加入 TPP，成员内部实现零关税，非关税壁垒削减 20%。在长期，我们假设中国加入 TPP，成员内部实现零关税，且大幅度削减非关税壁垒（我们在此假设非关税比例削减幅度为 20%），由此设定情景三。

三、模拟结果分析

1. TPP 对各区域 GDP 的影响

TPP 对主要经济体 GDP 的影响如表 7-11 所示。

表 7-11　TPP 对各区域 GDP 的影响　　　　单位：亿美元,%

区域	情景一		情景二		情景三	
	增减额	增减比率	增减额	增减比率	增减额	增减比率
中国	−15.58	−0.019	1221.89	1.521	2272.89	2.829
日本	52.61	0.089	613.19	1.038	1151.94	1.951
韩国	−3.87	−0.032	−43.50	−0.362	−75.90	−0.631
美国	−0.52	−0.001	1548.53	0.997	3068.51	1.975
澳新地区	16.33	0.102	259.27	1.625	500.60	3.138
印度	−1.03	−0.006	−27.87	−0.148	−51.63	−0.275

续表

区域	情景一		情景二		情景三	
	增减额	增减比率	增减额	增减比率	增减额	增减比率
TPP-8	21.46	0.052	1191.32	2.887	2344.69	5.683
其余东盟七国	-2.55	-0.018	-34.81	-0.242	-61.88	-0.431
欧盟	-0.45	-0.001	-84.12	-0.055	-158.31	-0.104
世界其他地区	-5.99	-0.004	-186.43	-0.113	-345.35	-0.209

模拟结果显示：TPP 成立后整体而言对于成员 GDP 增长起到正向的促进作用，对于非 TPP 成员的国家和地区 GDP 起负向的阻碍作用。TPP 情景一、情景二、情景三假定的是递进式提升，对于 TPP 成员和非成员在不同场景影响结果呈现差异性。

情景一中，TPP 生效对 GDP 正向影响从大到小依次为澳新地区、日本、TPP-8，对美国、欧盟 GDP 产生轻微的负向影响，负向影响从大到小依次为韩国、中国、其余东盟七国、印度、世界其他地区、美国和欧盟。从增长绝对额来看，日本以 52.61 亿美元位居第一，TPP-8 21.46 亿美元位居第二，澳新地区以 16.33 亿美元位居第三。在 GDP 受损国家和地区中，除了中国在 -15.58 亿美元外，其余国家均在 -6.00 亿美元以内。

情景二中，TPP 生效对 GDP 正向影响从大到小依次则变为 TPP-8、澳新地区、中国、日本、美国，负向影响从大到小依次为韩国、其余东盟七国、印度、世界其他地区、欧盟。从增长绝对额来看，美国以 1548.53 亿美元位居第一，中国以 1221.89 亿美元位居第二，TPP-8 1191.32 亿美元位居第三，日本以 613.19 亿美元位居第四；对韩国、其余东盟七国、印度、世界其他地区和欧盟的影响金额分别为 -43.50 亿美元、-34.81 亿美元、-27.87 亿美元、-186.43 亿美元和 -84.12 亿美元。

情景三中，TPP 生效对 GDP 的正向从大到小依次为 TPP-8、澳新地区、中国、美国、日本，分别为 5.683%、3.138%、2.829%、1.975% 和 1.951%；负向影响和情景二一致，未发生改变。从增长绝对额来看，美国以 3068.51 亿美元位居第一，TPP-8 2344.69 亿美元位居第二，中国以 2272.89 亿美元位居第三，日本以 1151.94 亿美元位居第四，澳新地区以 500.60 亿美元位列第五；对韩国、其余东盟七国、印度、世界其他地区和欧盟的影响金额分别为 -75.90 亿美元、

−61.88 亿美元、−51.63 亿美元、−345.35 亿美元和−158.31 亿美元。

从情景一、情景二和情景三的模拟分析结果可以得出如下结论：第一，TPP 生效后除对美国 GDP 产生轻微负影响外，对其他成员 GDP 均产生正向的促进作用，且这种效应随自贸区建设水平的提升而递增。第二，关税降低给 TPP 成员国所带来的 GDP 增长效应要小于非关税壁垒下降所带来的 GDP 的增加，非关税壁垒削减对 GDP 增长的影响更加显著，尤其是美国 GDP 随非关税壁垒削减而大幅度提升。第三，TPP 生效后非关税壁垒的削减对 TPP-8、澳新地区 GDP 正向影响幅度最大，其次为中国和美国，最后是日本。第四，从 TPP 生效后其他国家和地区受损百分比情况来看，韩国位居第一，其次为其余东盟七国和印度，世界其他地区和欧盟位列第四和第五；从 GDP 受损绝对额排序依次为世界其他地区、欧盟、韩国、TPP-8 和印度。

2. TPP 对各区域进出口的影响

关税的减免和非关税贸易壁垒的削减有助于降低国际贸易的成本、提高贸易商品的利润空间，从而促进双边或多边贸易的发展。表 7-12 展示了三种情景模拟下主要国家和地区进出口变化百分比 TPP 生效对成员进出口均产生正向的促进作用，对非 TPP 成员的国家和地区均产生负面的阻碍作用，TPP 自贸区水平的提升对所有国家和地区均产生递增效应。

表 7-12 TPP 对各区域进出口的影响   单位:%

区域	情景一		情景二		情景三	
	进口增减比率	出口增减比率	进口增减比率	出口增减比率	进口增减比率	出口增减比率
中国	−0.328	−0.193	9.241	7.811	14.888	12.95
日本	1.879	1.239	14.306	8.217	23.593	13.181
韩国	−0.215	−0.068	−6.956	−3.979	−12.873	−7.413
美国	0.457	0.443	10.304	6.149	19.274	10.582
澳新地区	2.305	0.987	13.034	6.536	22.633	11.345
印度	−0.213	−0.072	−4.999	−2.959	−9.279	−5.562
TPP-8	1.358	1.021	12.509	8.566	23.16	15.778
其余东盟七国	−0.403	−0.196	−7.661	−3.804	−14.006	−6.973
欧盟	−0.18	−0.069	−4.025	−2.037	−7.519	−3.817
世界其他地区	−0.24	−0.093	−5.404	−2.711	−10.121	−5.099

情景一中，TPP 生效后，进口增幅从大到小依次为澳新地区、日本、TPP-8
和美国，增幅分别为 2.305%、1.879%、1.358% 和 0.457%；对非 TPP 成员进口
受损从大到小依次为其余东盟七国、中国、世界其他国家、韩国、印度和欧盟，
分别为 0.403%、0.328%、0.24%、0.215%、0.213% 和 0.18%。TPP 生效后，
成员出口增幅从大到小依次为日本、TPP-8、澳新地区、美国，出口受损的区域
从大到小依次为其余东盟七国、中国、世界其他地区、印度、欧盟、韩国。

情景二中，TPP 生效后，进口增幅从大到小依次为日本、澳新地区、TPP-8、
美国和中国，分别为 14.306%、13.034%、12.509%、10.304% 和 9.241%；对非
TPP 成员进口受损从大到小依次为其余东盟七国、韩国、世界其他地区、印度和
欧盟，分别为 7.661%、6.956%、5.404%、4.999% 和 4.025%。TPP 生效后，成
员出口增幅从大到小依次为 TPP-8、日本、中国、澳新地区、美国，出口受损的
国家和地区从大到小依次为韩国、其余东盟七国、印度、世界其他地区和欧盟。
情景三中，TPP 生效后，进口增幅从大到小排序依次为日本、TPP-8、澳新地
区、美国、中国，分别为 23.593%、23.16%、22.633%、19.274% 和 14.888%；
进口受损的国家和地区排序从大到小依次为其余东盟七国、韩国、世界其他地
区、印度、欧盟，分别为 14.006%、12.873%、10.121%、9.279% 和 7.519%。
TPP 生效后，成员国内部出口增幅从大到小排序与情景二一致，受损的成员国从
大到小依次为韩国、其余东盟七国、印度、世界其他地区和欧盟。

从情景一、情景二和情景三的模拟分析结果可以得出如下结论：第一，TPP
生效后对成员进口和出口均产生正向的促进作用，进口增速远大于出口增速，且
这种作用随自贸区建设水平的提升而递增。第二，关税降低给 TPP 成员所带来
的进口和出口增长效应要小于非关税壁垒削减所带来的进口和出口的增幅，非关
税壁垒削减对进口和出口增长的影响更加显著。第三，TPP 生效后，非关税壁垒
的削减对日本、澳新地区和 TPP-8 出口影响最大，其次为中国，最后是美国。
第四，TPP 生效后，从其他国家和地区受损情况来看，不同情景虽不尽相同，但
进口和出口受损均随 TPP 自由贸易区水平的提升而递增。

3. TPP 对各区域部门产出的影响

自贸区的优势和特点在于可以使成员内部资源得以重新配置，各成员能够
基于自身的资源禀赋和比较优势开展生产活动，大大提高了成员内部资源的配
置效率，由此扩大了各成员产业产出的规模。由于模型中所涉及的国家和地区
以及产业较多，基于研究的需要，本书重点关注三种情景中中国各产业的变化

（见表 7-13）。

表 7-13　TPP 对各区域部门产出的影响　　　　　单位：%

产业	中国	日本	韩国	美国	澳新地区	印度	TPP-8	其余东盟七国	欧盟	世界其他地区
情景一										
谷物和作物	-0.064	-3.869	0.104	0.974	0.501	0.004	-0.104	0.111	0.005	-0.015
畜牧业和肉制品	-0.489	-12.817	-0.123	3.308	2.757	-0.227	0.445	-2.561	-0.474	-0.389
自然资源	0.079	-0.421	0.077	-0.104	-0.454	0.098	-0.225	0.203	0.061	0.048
加工食品	-0.201	-0.111	-0.512	1.105	2.605	-0.135	-0.369	-0.502	-0.137	-0.136
纺织及制衣业	-0.129	0.545	-0.086	-0.955	-0.572	-0.152	8.844	-0.103	-0.09	-0.231
轻工业	-0.015	1.521	-0.321	-0.26	-2.821	0.044	-0.049	-0.022	-0.016	0.022
重工业	0.142	-0.373	0.271	-0.281	-0.644	0.068	-0.109	0.616	0.099	0.083
公共事业与建设	-0.111	0.304	-0.181	0.075	0.778	-0.082	0.342	-0.297	-0.131	-0.126
交通与通信	0.041	0.021	0.059	-0.004	-0.028	-0.005	-0.037	0.023	0.054	0.017
其他服务业	-0.011	0.02	-0.028	-0.01	0.002	0.049	-0.124	-0.011	0.011	0.024
情景二										
谷物和作物	-1.577	-9.412	1.429	0.793	-2.91	0.08	-3.267	1.048	0.823	0.451
畜牧业和肉制品	-1.099	-19.352	1.531	4.37	8.9	-0.288	-0.907	-2.616	-0.337	-0.417
自然资源	-3.565	-6.21	0.492	-2.562	-1.167	-0.323	-2.004	0.813	-0.703	-0.361
加工食品	0.228	-0.295	-0.886	1.26	1.913	-0.08	-1.2	1.3	0.084	0.151
纺织及制衣业	3.93	-6.935	-2.145	-14.034	-21.877	-1.515	0.014	-3.794	1.384	0.005
轻工业	1.186	-2.222	1.866	-2.46	-9.949	0.231	-2.608	0.945	0.256	0.966
重工业	-1.169	-1.653	0.086	-2.671	-8.865	0.228	-2.026	2.501	0.097	1.163
公共事业与建设	1.806	3.199	-3.774	3.19	4.326	-1.327	6.502	-5.112	-2.452	-2.385
交通与通信	0.221	0.148	1.272	0.236	0.155	-0.025	0.38	0.108	0.92	0.271
其他服务业	0.514	0.367	-0.372	0.247	0.654	0.56	0.019	-0.168	0.113	0.143
情景三										
谷物和作物	-3.053	-13.955	2.552	0.097	-6.014	0.164	-6.509	1.823	1.591	0.904
畜牧业和肉制品	-1.2	-24.699	3.062	5.183	8.576	-0.362	-2.424	-2.608	-0.035	-0.339
自然资源	-6.66	-11.212	0.598	-5.131	-1.708	-0.99	-3.887	1.015	-1.616	-0.881
加工食品	0.548	-0.3	-1.041	1.391	1.022	0.008	-2.398	3.115	0.355	0.5
纺织及制衣业	3.593	-12.229	-1.117	-21.929	-35.202	-1.258	-2.707	-2.83	3.227	1.6

产业	中国	日本	韩国	美国	澳新地区	印度	TPP-8	其余东盟七国	欧盟	世界其他地区
情景三										
轻工业	1.769	−5.313	3.976	−4.658	−16.098	0.376	−4.463	1.883	0.708	1.965
重工业	−1.709	−3.226	−0.323	−5.475	−16.578	0.204	−4.485	3.58	−0.076	2.156
公共事业与建设	3.102	5.547	−6.901	6.264	7.669	−2.403	12.519	−9.28	−4.579	−4.451
交通与通信	0.488	0.312	2.26	0.458	0.378	−0.031	0.725	0.163	1.653	0.48
其他服务业	1.027	0.711	−0.643	0.534	1.34	0.987	0.214	−0.327	0.214	0.241

模拟结果显示，三种情境中对于中国各部门的影响不尽相同。

情景一中，TPP 协议的生效使成员间关税降低后，中国的初级产品生产出现不同变化，谷物和作物、畜牧业和肉制品生产下降，降幅为 0.064% 和 0.489%；而自然资源却有所上升，涨幅为 0.079%。制造业除重工业有所增长外，其他三类（纺织及制衣业、轻工业、加工食品）均有所下降，其中加工食品下降最为明显，下降了 0.201%。服务业方面，公共事业与建设和其他服务业产出有所降低，幅度分别为 0.111%、0.011%；交通与通信行业产出略有上升，幅度为 0.041%。

情景二中，中国加入 TPP，同时非关税壁垒也削减 10%，此时中国的初级产品生产出现了与情景一不一样的调整，谷物和作物、畜牧业和肉制品、自然资源大幅度降低，幅度为 1.577%、1.099% 和 3.565%；对中国初级产品加工产生不利影响。制造业中除重工业较情景一由正转负大幅下降外，纺织及制衣业、轻工业和加工食品均大幅度上升。服务业方面，公共事业与建设、其他服务业产出由情景一的负增长转为正增长，幅度分别为 1.806%、0.514%，交通与通信行业产出则进一步上升，幅度为 0.221%。

情景三中，TPP 协议生效后成员内部实现了零关税，同时非关税壁垒也削减 20%，初级产品生产中谷物和作物、畜牧业和肉制品、自然资源产出均为负增长，下降幅度较情景二进一步下降，幅度分别为 3.053%、1.2%、6.66%。制造业中重工业较情景二又进一步下降，纺织及制衣业产出虽然为正但较情景二增幅缩小，加工食品和轻工业则进一步上升。服务业方面，公共事业与建设、交通与通信行业和其他服务业产出则进一步上升，幅度分别为 3.102%、0.488%、1.027%。

从情景一、情景二和情景三的模拟分析结果可以得出如下结论:第一,TPP 生效后中国初级产品生产、制造业和服务业中不同部门产生的影响存在异质性,整体而言不利于中国初级产品生产,但有利于制造业中的加工食品、纺织及制衣业和轻工业,服务业中的公共事业与建设、交通与通信行业和其他服务业的发展。第二,TPP 生效后进一步降低关税和削减非关税壁垒,此时对中国各行业部分产出的影响产生了分化,对于中国初级产品生产产生的负面影响进一步扩大,对于制造业产生的负面影响也继续加深,但提升了其他制造业和服务业的产出。第三,高水平 TPP 建设有利于中国产业结构的调整,尤其是初级产品产出占比减少,服务业产出比重增加,有利于中国产业结构优化和高级化发展。

第五节　FTAAP 区域经济效应分析

一、GTAP 模拟区域设定

APEC 于 1989 年成立,中国于 1991 年加入,APEC 秉承开放、渐进、自愿、协商、发展、互利与共同利益的原则,这是其优点,但也是其向前发展成自由贸易区(即 FTAAP)的难点。APEC 成员共计 22 个国家和地区,涵盖亚洲、大洋洲、北美洲和南美洲国家,国家经济发展水平也存在巨大差异,发达成员和发展中成员利益诉求也不同,因此 APEC 向前推动发展面临着巨大的困难和挑战。具体区域划分如表 7-14 所示,划分标准如下:将中国主要的贸易伙伴国日本、韩国、美国分别单独划分为一个区域;APEC 其余 13 个国家划分为一个区域;印度是一个发展中的大国,将其作为一个单独的区域;澳大利亚和新西兰划分为一个区域;欧盟原来有 28 个国家,但英国"脱欧"后变为 27 国,欧盟是中国的第一大贸易伙伴,将其单独划分为一个区域。

表 7-14　FTAAP 区域设定

编号	区域划分	所含区域
1	中国	中国(包括中国台湾、中国香港)
2	日本	日本

编号	区域划分	所含区域
3	韩国	韩国
4	美国	美国
5	澳新地区	澳大利亚、新西兰
6	印度	印度
7	APEC 其余 13 个成员	加拿大、新加坡、文莱、越南、墨西哥、智利、秘鲁、印度尼西亚、马来西亚、巴布亚新几内亚、菲律宾、俄罗斯、泰国
8	欧盟	奥地利、比利时、塞浦路斯、捷克、丹麦、爱沙尼亚、芬兰、法国、德国、希腊、匈牙利、爱尔兰、意大利、拉脱维亚、立陶宛、卢森堡、马耳他、荷兰、波兰、葡萄牙、斯洛伐克、斯洛文尼亚、西班牙、瑞典、保加利亚、克罗地亚、罗马尼亚
9	世界其他地区	GTAP 数据库中除上述设定外的国家和地区

二、GTAP 模拟情景设定

FTAAP 自由贸易区的设想面临巨大的现实困难，主要是由于成员之间经济差距和复杂的利益诉求。我们的初始假想是 FTAAP 成员之间成立了低水平的自由贸易区，本书设定如下情景：

情景一：FTAAP 成员之间关税平均降低 85%。借鉴 RCEP 谈判期间中水平较低的"东盟-印度"自贸区，双边降低关税幅度均不到 80%，其中印度平均降低 78.8%，东盟平均降低 76.19%；同时借鉴"东盟 10+3"的过渡关税过渡经验，这个过渡期时间可能在 5~10 年，因此本书情景一设定为 RCEP 成员之间关税平均降低 85%。

情景二：FTAAP 成员之间关税平均降低 95%，非关税壁垒削减 5%。这种情景的设定是在考虑到 FTAAP 成员之间关税降低过渡期满后，自贸区建设会达到较高的降低关税水平，参照"东盟 10+3"关税降低过程，95% 是一个可以实现的合理水平。关于非关税壁垒削减 5%，主要考虑到 APEC 成员的经济差异和复杂的利益诉求，即使在中期水平也难以有效达成一致，因此我们认为在中期内有可能实现非关税壁垒 5% 的削减，略低于 RCEP 设定的 10% 的水平，故本书以非关税壁垒削减 5% 作为情景二设定的标准之一。

情景三：FTAAP 成员之间实现零关税，非关税壁垒削减 10%。这种情景是从长期角度出发的，从长期来看，高水平的自贸区建设通常关税降低为零，同时在技术标准制定等方面也采取了较高的准入标准，因而此时非关税壁垒会大幅度削减，考虑到 FTAAP 自贸区实现的高难度，本书大胆假设在长期中非关税壁垒削减幅度为 10%。

三、模拟结果分析

1. FTAAP 对各区域 GDP 的影响

FTAAP 对主要经济体 GDP 的影响如表 7-15 所示。

表 7-15 　FTAAP 对各区域 GDP 的影响 　　　　单位：亿美元,%

区域	情景一		情景二		情景三	
	增减额	增减比率	增减额	增减比率	增减额	增减比率
中国	152.31	0.19	881.35	1.097	1601.43	1.993
日本	64.28	0.109	412.78	0.699	757.51	1.283
韩国	124.53	1.036	382.15	3.178	632.44	5.26
美国	23.89	0.015	879.16	0.566	1733.03	1.116
澳新地区	17.94	0.112	162.53	1.019	306.06	1.919
印度	−7.35	−0.039	−29.64	−0.158	−51.51	−0.274
APEC-13	78.02	0.105	876.24	1.177	1669.87	2.243
欧盟	−14.57	−0.01	−84.53	−0.056	−153.63	−0.101
世界其他地区	−43.72	−0.03	−159.90	−0.109	−273.52	−0.186

模拟结果显示：FTAAP 成立后整体而言对于成员的 GDP 增长起到正向的促进作用，对于非 FTAAP 成员的 GDP 起负向的阻碍作用。FTAAP 情景一、二、三的假定是递进式提升，然而对于 FTAAP 成员和非成员在不同场景的影响结果呈现差异性。

情景一中，FTAAP 生效对 GDP 正向影响从大到小依次为韩国、中国、澳新地区、日本、APEC-13、美国，负向影响从大到小依次为印度、世界其他地区、欧盟。从增长绝对额来看，中国以 152.31 亿美元位居第一，韩国以 124.53 亿美元位居第二，APEC-13 以 78.02 亿美元位居第三，日本以 64.28 亿美元位居第四，美国和澳新地区位列第五和第六，分别为 23.89 亿美元和 17.94 亿美元；对印度、世界其他地区和欧盟的影响金额均分别为−7.35 亿美元、−43.72 亿美元和−14.57 亿美元。

情景二中，RCEP 生效对 GDP 正向影响从大到小依次则变为韩国、APEC-13、中国、澳新地区、日本、美国；负向影响与情景——致，未发生改变。从增长绝对额来看，中国以 881.35 亿美元位居第一，美国以 879.16 亿美元位居第二，APEC-13 以 876.24 亿美元位居第三，日本以 412.78 亿美元位居第四，韩国和澳新地区位列第五和第六，分别为 382.15 亿美元和 162.53 亿美元；对印度、世界其他地区和欧盟的影响金额分别为-29.64 亿美元、-159.90 亿美元和-84.53 亿美元。

情景三中，FTAAP 生效对 GDP 正向影响与情景二相一致，但增幅较情景二增大，对韩国、APEC-13、中国、澳新地区、日本和美国的影响分别为 5.26%、2.243%、1.993%、1.919%、1.283% 和 1.116%；负向影响情景三与情景二一致，未发生改变。从增长绝对额来看，美国以 1733.03 亿美元位居第一，APEC-13 以 1669.87 亿美元位居第二，中国以 1601.43 亿美元位居第三，日本以 757.51 亿美元位居第四，韩国和澳新地区位列第五和第六，分别为 632.44 亿美元和 306.06 亿美元；对印度、世界其他地区和欧盟的影响金额分别为-51.51 亿美元、-273.52 亿美元和-153.63 亿美元。

从情景一、情景二和情景三的模拟分析结果可以得出如下结论：第一，FTA-AP 生效后对成员的 GDP 均产生正向的促进作用，且这种效应随自贸区建设水平的提升而递增。第二，关税降低给 FTAAP 成员所带来的 GDP 增长效应要小于非关税壁垒削减所带来的 GDP 的增加，非关税壁垒削减对 GDP 增长的影响更加显著。第三，FTAAP 生效后非关税壁垒的削减对韩国、APEC-13 的 GDP 影响幅度最大，其次为中国和澳新地区，最后是日本和美国。第四，从 FTAAP 生效后国家和地区受损百分比情况来看，印度一直位居第一，世界其他地区排在第二，欧盟位列第三，在三种情景模型中顺序均未发生变化，GDP 受损绝对额排序依次为世界其他地区、欧盟和印度。

2. FTAAP 对各区域进出口的影响

关税的减免和非关税贸易壁垒的削减有助于降低国际贸易的成本、提高贸易商品的利润空间，从而促进双边或多边贸易的发展。表 7-16 展示了三种情景模拟下主要国家和地区进出口变化，从中可发现 FTAAP 生效对成员进出口均产生正向的促进作用，对非 FTAAP 成员均产生负面的阻碍作用，FTAAP 自贸区水平的提升对所有国家和地区均产生递增效应。

表 7-16　FTAAP 对各区域进出口的影响　　　　单位:%

区域	情景一		情景二		情景三	
	进口增减比率	出口增减比率	进口增减比率	出口增减比率	进口增减比率	出口增减比率
中国	3.894	2.963	7.719	6.411	11.316	9.684
日本	5.422	3.738	11.302	7.045	16.863	10.131
韩国	5.441	2.877	10.609	5.741	15.456	8.437
美国	0.986	1.848	5.751	4.612	10.459	7.268
澳新地区	3.421	1.853	9.032	4.805	14.443	7.649
印度	-1.017	-0.505	-4.012	-2.304	-6.948	-4.073
APEC-13	2.699	1.822	8.081	5.17	13.303	8.412
欧盟	-0.783	-0.357	-3.266	-1.521	-5.702	-2.665
世界其他地区	-1.034	-0.499	-4.315	-2.182	-7.535	-3.835

情景一中，FTAAP 生效后，进口增幅从大到小依次为韩国、日本、中国、澳新地区、APEC-13 和美国，分别为 5.441%、5.422%、3.894%、3.421%、2.699% 和 0.986%；非 FTAAP 成员进口受损从大到小依次为世界其他地区、印度和欧盟，分别为 1.034%、1.017% 和 0.783%。FTAAP 生效后，成员出口增幅从大到小依次为日本、中国、韩国、澳新地区、美国、APEC-13，对于受损的成员国从大到小依次为印度、世界其他地区和欧盟。

情景二中，FTAAP 生效后，进口增幅从大到小依次为日本、韩国、澳新地区、APEC-13、中国和美国，分别为 11.302%、10.609%、9.032%、8.801%、7.719% 和 5.751%；非 FTAAP 成员进口受损与情景一相一致，分别为 4.315%、4.012% 和 3.266%。RCEP 生效后，成员出口增幅从大到小依次为日本、中国、韩国、APEC-13、澳新地区、美国，非成员出口受损的情况与情景一相一致。

情景三中，FTAAP 生效后，成员进口增幅排序与情景二一致，分别为 16.863%、15.456%、14.443%、13.303%、11.316% 和 10.459%；非 FTAAP 成员国进口受损情形与情景二一致，分别为 7.535%、6.948% 和 5.702%。APEC 生效后，成员国出口增幅从大到小排序与情景二一致，非成员出口受损从大到小依次为印度、世界其他地区和欧盟。

从情景一、情景二和情景三的模拟分析结果可以得出如下结论：第一，FTAAP 生效后对成员进口和出口均产生正向的促进作用，进口增速远大于出口增速，且这种效应随自贸区建设水平的提升而递增。第二，关税降低给 FTAAP 成员所带来的进口和出口增长效应要小于非关税壁垒削减所带来的进口和出口的增长，非关税壁垒削减对进口和出口增长的影响更加显著。第三，FTAAP 生效后非关税壁垒的削减对日本和韩国进口和出口影响最大，其次为 APEC-13、澳新地区和中国，最后是美国。第四，从 FTAAP 生效后非成员受损情况来看，出口和进口三种情景均保持不变，进口受损从大到小依次是世界其他地区、印度和欧盟，出口受损从大到小依次是印度、世界其他地区和欧盟，进口和出口受损均随 APEC 自由贸易区水平的提升而递增。

3.FTAAP 对各区域部门产出的影响

亚太经济一体化的推进使中国与亚太国家之间的资源得以重新配置，各国和地区能够基于自身的资源禀赋和比较优势开展生产活动，大大地提高了亚太地区资源的配置效率，由此扩大了各国和地区产业产出的规模。由于模型中所涉及的国家和地区以及产业较多，基于研究的需要，本书重点关注三种情景中中国各产业的变化（见表 7-17）。

表 7-17　FTAAP 对各区域部门产出的影响　　　　　单位:%

产业	中国	日本	韩国	美国	澳新地区	印度	APEC-13	欧盟	世界其他地区
情景一									
谷物和作物	0.049	-5.193	-13.078	2.179	-1.596	-0.093	-0.022	-0.124	-0.246
畜牧业和肉制品	-0.903	-12.479	4.714	3.661	10.301	-0.213	-0.267	-0.998	-0.639
自然资源	-0.426	-1.278	-0.419	0.096	-0.523	0.482	-0.065	0.364	0.257
加工食品	-0.155	-0.558	14.989	0.992	3.222	-0.236	0.047	-0.374	-0.418
纺织及制衣业	3.959	-2.458	3.452	-5.981	-7.891	-1.742	1.804	-0.733	-1.985
轻工业	0.594	1.604	-0.823	-0.419	-4.206	0.197	-0.907	-0.162	0.088
重工业	-0.559	-0.246	-0.883	0.288	-0.836	0.252	0.437	0.333	0.24
公共事业与建设	0.441	0.809	3.082	-0.082	0.908	-0.372	0.615	-0.487	-0.498
交通与通信	-0.036	-0.023	0.494	0.016	-0.047	-0.015	0.039	0.291	0.108
其他服务业	-0.045	0.006	-0.045	-0.032	-0.042	0.181	-0.202	0.024	0.073
情景二									
谷物和作物	-0.741	-8.374	-16.755	2.054	-3.204	-0.037	-1.173	0.411	-0.011
畜牧业和肉制品	-1.036	-16.877	4.26	4.714	11.631	-0.291	-0.624	-0.907	-0.693
自然资源	-2.304	-4.35	-3.559	-1.287	-0.932	0.316	-1.019	0.639	0.114

续表

产业	中国	日本	韩国	美国	澳新地区	印度	APEC-13	欧盟	世界其他地区
情景二									
加工食品	0.003	-0.674	17.933	1.119	3.146	-0.002	-0.336	-0.208	-0.265
纺织及制衣业	4.157	-5.836	2.964	-11.008	-16.147	-1.62	0.361	0.476	-1.325
轻工业	1.033	0.108	-6.026	-1.648	-8.36	0.534	-1.213	0.335	0.837
重工业	-1.053	-1.3	-1.19	-1.234	-4.95	0.152	-0.42	0.084	0.509
公共事业与建设	1.263	2.224	7.043	1.464	2.785	-1.2	3.034	-2.097	-2.029
交通与通信	0.187	0.106	0.405	0.159	0.09	-0.037	0.282	0.884	0.3
其他服务业	0.267	0.204	0.731	0.134	0.327	0.46	-0.219	0.086	0.154
情景三									
谷物和作物	-1.533	-11.249	-19.662	1.801	-4.718	0.025	-2.324	0.953	0.238
畜牧业和肉制品	-1.116	-20.54	3.528	5.551	12.356	-0.357	-0.965	-0.757	-0.71
自然资源	-4.157	-7.348	-6.674	-2.676	-1.31	0.122	-1.97	0.893	-0.044
加工食品	0.169	-0.757	19.996	1.187	2.882	0.246	-0.722	-0.02	-0.087
纺织及制衣业	4.123	-9.07	2.272	-15.682	-23.938	-1.396	-1.189	1.728	-0.548
轻工业	1.437	-1.483	-11.181	-2.852	-12.266	0.86	-1.466	0.841	1.582
重工业	-1.515	-2.339	-1.444	-2.772	-9.015	0.038	-1.303	-0.184	0.763
公共事业与建设	2.06	3.591	10.823	3.014	4.608	-2.005	5.417	-3.679	-3.53
交通与通信	0.411	0.236	0.286	0.301	0.229	-0.059	0.522	1.461	0.486
其他服务业	0.582	0.403	1.508	0.302	0.699	0.728	-0.225	0.147	0.231

模拟结果显示,三种情境中对于中国各部门的影响不尽相同。

情景一中,FTAAP 协议的生效使成员间关税降低后,中国的初级产品生产出现不同变化,畜牧业和肉制品、自然资源有所降低,降幅为 0.903% 和 0.426%;而谷物和作物生产却有所上升,涨幅为 0.049%。制造业中加工食品和重工业有所降低,纺织及制衣业、轻工业有所上升,其中纺织及制衣业的涨幅最为明显,达到 3.959%。服务业方面,交通与通信和其他服务业产出有所降低,幅度为 0.036% 和 0.045%,公共事业与建设产出上升,幅度为 0.441%。

情景二中,APEC 协议生效后不仅大幅度降低了关税,同时非关税壁垒也削减 5%,此时中国的初级产品生产的变化与情景一相比进一步加深,谷物和作物、畜牧业和肉制品、自然资源进一步大幅度降低,降幅为 0.741%、1.036% 和

2.304%。制造业中除重工业较情景一大幅度下降外，纺织及制衣业、轻工业和加工食品均进一步上升。服务业方面，交通与通信和其他服务业产出由情景一的负增长转为正增长，幅度为0.187%和0.267%，公共事业与建设较情景一产出进一步上升，幅度为1.263%。

情景三中，APEC协议生效后成员之间实现了零关税，同时非关税壁垒也削减10%，初级产品生产中谷物和作物、畜牧业和肉制品、自然资源产出均为负增长，下降幅度分别为1.533%、1.116%、4.157%。制造业中除重工业进一步下滑外，纺织和制衣业、轻工业和加工食品则保持正增长。服务业方面，其他服务业、公共事业与建设、交通与通信行业产出则进一步上升，幅度分别为0.582%、2.06%、0.411%。

从情景一、情景二和情景三的模拟分析结果可以得出如下结论：第一，FTA-AP生效后对中国初级产品生产、制造业和服务业中不同部门产生的影响存在异质性，整体而言对于初级产品产生不利影响；对制造业各细分行业影响不尽相同，其中降低了重工业部门产出，但制造业中的加工食品、纺织及制衣业和轻工业产值增加；服务业中除情景一外，其余情景公共事业与建设、交通与通信和其他服务业产生均为正增长。第二，FTAAP生效后进一步降低关税和削减非关税壁垒，此时对中国各行业部分产出的影响产生了分化，对于中国初级产品生产均产生负面的影响，但促进了制造业中的轻工业和加工食品产出，提升了服务业的产出。第三，高水平FTAAP建设有利于中国产业结构的调整，尤其是初级产品产出占比减少，服务业产出比重增加，有利于中国产业结构优化和高级化发展。

第六节 中国现实路径选择

国家和地区间贸易合作较好的方式是建立自贸区，主要方法是自贸区成员之间降低关税和削减非关税壁垒，削减贸易成本，进而增加成员的福利。因此，本节将从GTAP情景模拟结果出发，依据GDP的增加为选择标准，从三种模拟情景中选择短期、中期和长期来分析对中国最优的选择；在确定好最优路径后，找出中国与重点国家（地区）和重点行业的合作顺序和层级。重点行业选择主要有以下两个标准：首先是对中国行业产出影响最为显著的产业，其次是自贸区成员内部该产业下降最为严重的部门。这样才可以形成优势互补。

一、短期路径选择

1. 短期路径选择

我们将 RCEP、CPTPP、TPP 和 FTAAP 情景一模拟进行比较分析，在情景一中除 RCEP、FTAAP 外，其余两个均为中国未加入的情景分析。RCEP 的成立改写了中国与大国自贸区建设的零突破，与世界第三大经济体建立了自由贸易关系，但整体而言，中国仍缺乏与世界发达经济体，尤其是全球排名前十的经济体建立自由贸易区的机会。中国对外开放新格局和新领域在于"一带一路"和自由贸易区建设，共建"一带一路"国家（地区）主要为小型经济体，中国同沿线部分国家的自贸区建设水平较低，在今后中国拓展高水平的自贸区建设时，CPTPP、TPP 和 FTAAP 是可以考虑的主攻方向。表 7-18 展示了情景一下对主要国家 GDP 的影响分析，其中假设的是中国加入了 RCEP、FTAAP，未加入 CPTPP 和 TPP，可以发现：第一，FTAAP 生效后对中国及主要国家和地区 GDP 影响程度依次为韩国、中国、日本、APEC-13 和美国；从 GDP 增加总额来看，依次为中国、韩国、APEC-13、日本和美国。第二，RCEP 生效后对中国及主要国家和地区 GDP 影响程度依次为韩国、东盟、中国、日本和美国，其中对美国 GDP 产生负影响；从 GDP 增加总额来看，依次为中国、韩国、日本和东盟。第三，FTAAP 生效后对中国 GDP 总量和百分比的影响均要远大于 RCEP，可能的原因在于美国的加入使世界上两个最大的经济体首次在同一自贸区框架下。

表 7-18　各类自贸区在模拟情景一下对主要国家和地区 GDP 的影响　单位:%

国家和地区	RCEP	CPTPP	TPP	FTAAP
中国	0.076	−0.009	−0.019	0.190
日本	0.056	0.036	0.089	0.109
韩国	0.300	−0.009	−0.032	1.036
美国	−0.003	−0.001	−0.001	0.015
东盟十国	0.131	—	—	—
APEC-13	—	—	—	0.105

因此，在短期选择方向上应首先考虑 FTAAP，次优为 RCEP。原因如下：第一，FTAAP 涵盖国家和地区众多，包括世界上最大的经济体——美国，以及和中国关系比较密切的俄罗斯，中国和这两个国家均未建立自贸区，FTAAP 生效后关税税率的下调有助于中国进出口的发展，进而带动 GDP 的增长。第二，虽然 FTAAP 生效后将对成员 GDP 产生促进作用，但这些国家和地区经济发展水平差异很大，如何进行有效的协调和磋商面临巨大的困难，虽然 FTAAP 自贸区生效对于这些成员 GDP 有正影响，但短期内难以实现，因此，假如这些难题不能得到有效解决，更应该考虑次优的选择。第三，RCEP 有以下优点：首先，中国和日本两个世界大国首次在同一自贸区框架下，有利于中日贸易的发展；其次，RCEP 生效后，成为世界上最大的自贸区，有助于大市场的培育和形成；最后，RCEP 在同一框架下将之前未和中国建立自贸区的日本和澳大利亚涵盖进去，在谈判和制定规则过程中总结经验，有利于中国今后同其他自贸区谈判。

2. 重点国家和地区选择

在确定了短期内中国最优合作路径为 FTAAP 情景一，次优路径为 RCEP 情景一，本书将从这两个方向对中国优先考虑的国家和地区进行分级排序。FTAAP 情境下，对中国 GDP 的影响为 0.190%，大于 RCEP 的 0.076%，最大的原因在于美国的加入，可见在此情境下中国应首先和美国合作；从 GDP 增加量来看，韩国仅次于中国位居第二，合作更容易"双赢"，因此韩国位居第二；日本和 APEC-13 的 GDP 增加量相差不大，这两者均与中国有密切联系，因此位居第三；最后为澳新地区，澳新地区 GDP 增加量最小，位列第四。RCEP 次优情境下与 FTAAP 不仅相同，最重要的原因在于美国的"缺失"；在此情境下，依据 GDP 增加量来看，中国首先应与韩国合作，因为韩国 GDP 增加量仅次于中国位居第二；日本和东盟十国 GDP 增加量相差不大，因此位居第三；最后为澳新地区，因为澳新地区 GDP 增加最小。

3. 重点行业选择

重点行业的选择要考虑两个方面，首先是对中国行业产出影响最为显著的产业，其次是自贸区成员中该产业下降最为严重的部门，这样才可以形成优势互补，下文选择标准一致，故不再重复表述。基于以上选择标准对短期情形进行分析（见表 7-19）。

表 7-19　短期内中国最优和次优重点行业产出变化

（基于 FTAAP 情景一、RCEP 情景一）　　　　单位：%

产业	中国	日本	韩国	澳新地区	东盟十国	美国
RCEP 情景一						
谷物和作物	0.579	-2.581	-2.654	1.515	0.246	-0.403
畜牧业和肉制品	-0.434	-3.961	-1.223	12.709	0.004	-0.574
自然资源	-0.129	-1.244	-0.728	-0.819	-0.096	0.165
加工食品	0.224	-0.425	2.008	2.467	0.673	-0.159
纺织及制衣业	1.091	-2.818	1.647	-9.147	-0.579	-0.077
轻工业	0.001	0.716	-0.584	-4.667	-1.894	0.101
重工业	-0.245	-0.332	0.279	-1.71	0.45	0.277
公共事业与建设	0.241	0.898	1.994	1.061	0.886	-0.376
交通与通信	0.009	-0.054	-0.157	-0.11	0.089	0.013
其他服务业	-0.059	0.005	-0.189	-0.02	-0.242	0.013
FTAAP 情景一						
谷物和作物	0.049	-5.193	-13.078	-1.596	-0.022	2.179
畜牧业和肉制品	-0.903	-12.479	4.714	10.301	-0.267	3.661
自然资源	-0.426	-1.278	-0.419	-0.523	-0.065	0.096
加工食品	-0.155	-0.558	14.989	3.222	0.047	0.992
纺织及制衣业	3.959	-2.458	3.452	-7.891	1.804	-5.981
轻工业	0.594	1.604	-0.823	-4.206	-0.907	-0.419
重工业	-0.559	-0.246	-0.883	-0.836	0.437	0.288
公共事业与建设	0.441	0.809	3.082	0.908	0.615	-0.082
交通与通信	-0.036	-0.023	0.494	-0.047	0.039	0.016
其他服务业	-0.045	0.006	-0.045	-0.042	-0.202	-0.032

　　FTAAP 情境下，对中国行业产出影响前三位的是纺织及制衣业、轻工业、公共事业与建设，因此中国与各国和地区应优先开展纺织及制衣业的合作，重点合作国家和地区依次为澳新地区、美国和日本；其次为轻工业，重点合作国家和地区为澳新地区、APEC-13 和美国。通过产业优势互补，可以提升专业化水平，增进成员福利水平。RCEP 情境下，对中国行业产出影响前三位的是纺织及制衣业、谷物和作物、公共事业与建设，因此中国与成员国应优先开展纺织及制衣业的合作，重点合作国家和地区为澳新地区、日本和韩国；其次为谷物和作物，重

点合作国家和地区为韩国和日本。此情景与 FTAAP 情境下有所不同。

二、中期路径选择

1. 中期路径选择

表 7-20 展示了情景二下对主要国家和地区 GDP 的影响分析，其中假设的是中国加入了 CPTPP 和 TPP，且 FTAAP 自贸区生效。可以发现：第一，从对中国 GDP 影响来看，TPP>RCEP>FTAAP>CPTPP，随着自贸区水平的提升，自贸区对中国 GDP 的正向促进作用要大于情景一，因此应建设高水平的自贸区，在降低关税的同时削减非关税壁垒。第二，对于美国而言，由于未加入 RCEP 且 RCEP 进一步降低关税和削减非关税壁垒，对其 GDP 的负面影响变强，但 TPP 进一步降低关税和削减非关税壁垒，美国 GDP 由负转正，APEC 自贸区升级后对美国的 GDP 也进一步提升。第三，在 TPP 和 FTAAP 框架下对中国、日本和美国 GDP 均产生正向的促进作用，从大到小依次为中国、日本和美国。

表 7-20　各类自贸区在模拟情景二下对主要国家和地区 GDP 的影响　单位：%

国家和地区	RCEP	CPTPP	TPP	FTAAP
中国	1.286	0.989	1.521	1.097
日本	0.882	0.762	1.038	0.699
韩国	3.330	-0.163	-0.362	3.178
美国	-0.020	-0.023	0.997	0.566
澳新地区	1.419	1.405	1.625	1.019
TPP-8	—	—	2.887	—

因此，在中期选择方向上应首先考虑 TPP，原因如下：第一，TPP 当初的构想是建立高标准的自由贸易区，它的许多条款规定都超出当前自贸区水平，尤其是其对非关税壁垒的削减有很多的规定，在关税方面更是要求实现"三零关税"。第二，如果中国有机会参与进去，这将是中国和美国首次建立起紧密的自由贸易合作伙伴关系，对于两国而言均是历史性的突破。第三，如果中国参与，这是中国首次参与高标准自贸区谈判和规则制定，对于中国今后高标准自贸区建设是难得的机遇。第四，这些所有的假设是基于美国今后在兼顾美国核心利益的基础上和全球化继续向前推进的背景下，而非当前逆全球化及政治问题导向的影

响。基于以上分析，在中期对于中国来说，加入 TPP 是最优的选择。

2. 重点国家和地区选择

在确定了中期中国最优合作路径为 TPP 后，本书将从此情景二出发对重点合作国家和地区进行选择。TPP 情境下，对中国 GDP 的影响为 1.521%，大于 RCEP 的 1.286%，最大的原因在于美国的加入，且美国 GDP 增加量在此情景下最大为 1548.53 亿美元，位列第一，可见中国应首先和美国合作；其次为 TPP-8，TPP-8 的 GDP 增加量为 1191.32 亿美元，略低于中国的 1221.89 亿美元，因此 TPP-8 排在美国之后，位列第二位；第三为日本，日本 GDP 增加量为 613.19 亿美元；最后为澳新地区，澳新地区 GDP 增加量最小为 259.27 亿美元。

3. 重点行业选择

表 7-21 展示了中期情境下中国和主要国家和地区行业产出变化情况表。

表 7-21 中国中期重点行业产出变化（基于 TPP 情景二） 单位:%

产业	中国	日本	美国	澳新地区	TPP-8
谷物和作物	-1.577	-9.412	0.793	-2.91	-3.267
畜牧业和肉制品	-1.099	-19.352	4.37	8.9	-0.907
自然资源	-3.565	-6.21	-2.562	-1.167	-2.004
加工食品	0.228	-0.295	1.26	1.913	-1.2
纺织及制衣业	3.93	-6.935	-14.034	-21.877	0.014
轻工业	1.186	-2.222	-2.46	-9.949	-2.608
重工业	-1.169	-1.653	-2.671	-8.865	-2.026
公共事业与建设	1.806	3.199	3.190	4.326	6.502
交通与通信	0.221	0.148	0.236	0.155	0.38
其他服务业	0.514	0.367	0.247	0.654	0.019

中期 TPP 情境二下，对中国行业产出影响前三位的是纺织及制衣业、公共事业与建设和轻工业，因此中国与各国和地区应优先开展纺织及制衣业的合作，重点合作国家和地区为澳新地区、美国和日本；其次为公共事业与建设，重点合作国家和地区为澳新地区、TPP-8 和美国；最后为轻工业，重点合作国家和地区为美国、日本和澳新地区。中期路径选择与短期相比发生了很大变化，典型的现

象是，整体来说不利于中国第一产业的发展，有利于中国第二产业和第三产业的发展，有利于中国产业结构的优化升级，有利于中国与自贸区成员开展优势互补合作。

三、长期路径选择

1. 长期路径选择

表7-22展示了情景三下对主要国家GDP的影响分析，其中假设的是中国加入了CPTPP和TPP，且这四个自由贸易区均建设到高水平的阶段。可以发现：第一，从对中国GDP影响来看，TPP>RCEP>FTAAP>CPTPP，可以看到关税壁垒的削减对于GDP增长的作用更加有效，因此应注重非关税壁垒的削减。第二，对于美国而言，由于未加入RCEP，且RCEP进一步降低关税和削减非关税壁垒，对其GDP的负面影响变强，但TPP进一步降低关税和削减非关税壁垒时，美国GDP较情景二大幅度提升至1.975%，FTAAP升级后对美国GDP提升也进一步提升至1.116%。第三，在TPP和FTAAP框架下对中国、日本和美国GDP均产生正向的促进作用，增长幅度均较情景二大幅度提升，这表明自贸区非关税壁垒对于成员经济增长有显著的促进作用。

表7-22　各类自贸区在模拟情景三下对主要国家和地区GDP的影响　单位:%

国家和地区	RCEP	CPTPP	TPP	FTAAP
中国	2.492	1.899	2.829	1.993
日本	1.705	1.45	1.951	1.283
韩国	6.350	−0.273	−0.631	5.26
美国	−0.035	−0.042	1.975	1.116
澳新地区	2.701	2.686	3.138	1.919
东盟十国	4.94	—	—	—
TPP-8	—	—	5.683	—

因此，在长期选择方向上最优应首选TPP，次优选择RCEP，原因如下：第一，中国已经在RCEP自贸区框架内，虽然未公布具体细则，但参照"东盟10+3"发展情况，可以预见绝大部分商品将实现零关税，在长期发展中重点将在于非关税壁垒的削减，因此包括中国在内的各成员应制定合理过渡期，推进RCEP

自贸区高标准建设。第二，TPP 自贸区高标准建设是一种美好的假设和向往，虽然能促进中国、美国和日本更高 GDP 产出，但同时面临复杂的经济、社会和政治问题，因此也将其作为长期发展目标之一。第三，最重要的是如何和世界第一大国——美国建立自贸区，在同一框架下协调中美关系，这对于中国和美国而言是值得期待和突破的愿景和难题，一旦实现将对中美乃至世界产生巨大的影响，也是推进全球化进程的巨大贡献之一。

2. 重点国家和地区选择

在确定了中国长期最优合作路径为 TPP，次优选择为 RCEP 后，本书将从此情景三出发对重点合作国家和地区进行选择。TPP 框架下，对中国 GDP 的影响为 2.829%，大于 RCEP 的 2.492%，远超 FTAAP 和 CPTPP。中国应首先与美国合作，在中期和长期发展中，美国的加入对中国 GDP 产生极大的正向作用，TPP 长期情景中，美国 GDP 增加量达 3068.51 亿美元，位居第一位，可见中国应首先和美国合作。其次为 TPP-8，其 GDP 增加量为 2344.69 亿美元，略高于中国的 2272.89 亿美元；第三为日本，日本 GDP 增加量为 1151.94 亿美元；最后为澳新地区，澳新地区 GDP 增加量为 500.60 亿美元。在次优选择 RCEP 框架下，中国应首先与东盟十国合作，其 GDP 增加量为 1083.00 亿美元，仅次于中国的 2002.09 亿美元；其次应该和日本合作，其 GDP 增加量为 1006.77 亿美元；最后为韩国和澳新地区，GDP 增加量分别为 763.19 亿美元和 430.94 亿美元。

3. 重点行业选择

表 7-23 展示了长期情境下中国和主要国家和地区行业产出变化情况表。

表 7-23 中国长期重点行业产出变化

（基于 TPP 情景三、RCEP 情景三）　　　　　　　单位:%

产业	中国	日本	美国	澳新地区	TPP-8
TPP 情景三					
谷物和作物	−3.053	−13.955	0.097	−6.014	−6.509
畜牧业和肉制品	−1.2	−24.699	5.183	8.576	−2.424
自然资源	−6.66	−11.212	−5.131	−1.708	−3.887
加工食品	0.548	−0.3	1.391	1.022	−2.398
纺织及制衣业	3.593	−12.229	−21.929	−35.202	−2.707

产业	中国	日本	美国	澳新地区	TPP-8
TPP 情景三					
轻工业	1.769	-5.313	-4.658	-16.098	-4.463
重工业	-1.709	-3.226	-5.475	-16.578	-4.485
公共事业与建设	3.102	5.547	6.264	7.669	12.519
交通与通信	0.488	0.312	0.458	0.378	0.725
其他服务业	1.027	0.711	0.534	1.34	0.214
RCEP 情景三					
谷物和作物	-0.156	-9.167	0.254	1.5	-1.511
畜牧业和肉制品	-0.256	-12.517	-0.325	13.478	1.001
自然资源	-4.144	-9.894	-0.55	1.174	-0.108
加工食品	0.86	-0.992	0.244	0.366	-1.294
纺织及制衣业	-1.582	-16.909	2.358	-45.686	-6.921
轻工业	0.346	-8.627	1.683	-21.142	-5.243
重工业	-1.991	-3.867	0.48	-22.02	-3.454
公共事业与建设	3.278	7.947	-2.339	8.004	9.438
交通与通信	0.578	0.293	0.059	-0.161	0.847
其他服务业	0.801	0.703	0.067	1.504	0.478

长期 TPP 情境三下，对中国行业产出影响前三位的是纺织及制衣业、公共事业与建设和轻工业，此处与情景二相一致，但是增加幅度较情景二进一步增加。因此，中国与各成员应优先开展纺织及制衣业的合作，重点合作国家和地区为澳新地区、美国和日本；其次为公共事业与建设，重点合作国家和地区为日本、美国和澳新地区；最后为轻工业，重点合作国家和地区为澳新地区、日本和美国。长期合作路径选择与中期相比发生了一些变化，整体来说进一步不利于中国第一产业的发展，有利于中国第二产业制造业和第三产业服务业的发展，尤其是制造业中纺织及制衣业和轻工业，服务业中公共事业与建设和其他服务业的发展。RCEP 情境下，对中国行业产出影响前三位的是公共事业与建设、加工食品、其他服务业，因此中国与各成员应优先开展公共事业与建设的合作，重点合作国家和地区为美国、日本和澳新地区；其次为加工食品，重点合作国家和地区为澳新地区、日本和东盟十国；最后为其他服务业，重点合作国家和地区为美

国、东盟十国和日本；此情景与 TPP 情境下有所不同。

四、合作注意事项：开放主义碎片化

中国始终主张坚持以 WTO 的多边贸易体制为主、以区域自贸区为辅的原则，但多哈回合谈判失败且复谈未有任何推进，中国开始重视区域自贸区合作、重视高水平自贸区建设。党和国家高度重视自贸区建设，将自贸区建设和"一带一路"作为新时期中国对外开放的重要方向，RCEP 的成立正是新时期对外开放的新成果。在今后的发展中，中国将会继续推进自贸区谈判，提高中国对外开放水平，在这当中不能规避的问题就是自贸区建设的交叉重叠化、不同自贸区规制标准差异协调等。

"碎片化"原意指完整的东西破成诸多零块，在本书中指当今全球合作在 WTO 体系下自贸区的蓬勃发展导致 WTO 贸易规制碎片化。当前，区域、次区域合作和自贸区谈判正以前所未有的势头迅猛发展，但是自贸区的最终结果是全球贸易规则的碎片化，是对 WTO 最惠国待遇原则的偏离与侵蚀。由于各个自贸区规则不同，来自不同区域、不同国家和地区的同一种产品，其关税不同，安全标准与检验检疫标准也不相同等，难免要提高各国和地区外贸的管理成本和交易成本，错综复杂的自由贸易协定（Free Trade Agreement，FTA）网络形成"意大利面条碗现象"。重叠式的自贸区建设所造成的这种现象背离了自贸区建设的初衷，根源在于不同自贸区之间规则的冲突所带来的负面影响。

虽然重叠式自贸区会带来开放主义碎片化现象，且不同 FTA 规则冲突所带来的负面影响，但我们应清楚认识到 FTA 所带来的利远大于弊，不能因噎废食，因此在今后 APEC 合作进程中应继续推进 FTA 建设，同时采取相应的措施来应对重叠式自贸区的负面影响。本书认为 APEC 合作框架下中国应采取如下措施：

第一，积极参加 APEC 区域内自贸区建设，尤其是加入 CPTPP 和 TPP。目前中国参与的自贸区水平普遍较低，合作国家经济发展水平偏低，因此中国应大力发展区域自贸区建设，参与自贸区规则制定，提高自贸区建设的话语权。通过加入 CPTPP 和推动 TPP 向前谈判，有利于中国与日本、美国等发达经济体构建高水平贸易合作。

第二，在自贸区重叠式构建过程中，应扬长避短。重叠式自贸区因规则和技术标准的不同易导致成员贸易往来产生适应标准不统一的问题，因此应注重协调，统一规则，避免技术标准"打架"。

第三，自贸区谈判策略上应重点国家和地区重点应对。RCEP 的成立，使中国与世界大国——日本的自贸区建设实现了零突破，基于合作现状，中国应积极以日本作为对外 FTA 的重点，融入高水平自贸区建设中去，为中国构建高水平自贸区积累经验。

第七节　小结

本章主要围绕 RCEP、CPTPP、TPP 和 FTAAP，用 GTAP 9.0 模型模拟其对世界主要国家和地区 GDP、进出口贸易和部分细分行业产出进行的分析。结果表明：①RCEP 自贸区生效后可以促进中国 GDP 的增长，这种效应随着 RCEP 关税降低和非关税壁垒削减程度的递增而增加，其中非关税壁垒削减对中国 GDP 增加的影响更为显著。②CPTPP 和 TPP 生效后，分为两种情形，中国未加入时对中国 GDP 产生负影响，当中国加入后这种负影响消失，并对中国 GDP 产生正向的促进作用，这种效应随着 CPTPP 和 TPP 非关税壁垒削减程度的递增而增加。FTAAP 自贸区成立后对成员的 GDP 均产生正向促进作用，也随着自贸区水平的提升而放大这种促进效果。③在情景模拟中，自贸区建设的提升对于中国产业结构的调整呈如下变化：中国初级产品产出随自贸区建设水平的提升而不断下降，制造业中不利于中国重工业的发展，但对于加工食品、纺织及制衣业和轻工业存在不同程度的促进作用，服务业产出比重则伴随自贸区建设水平的提升而不断增加，有利于中国产业结构优化和高级化发展。④根据情景模拟结果，在短期选择方向上最优选择为 FTAPP，次优选择为 RCEP。FTAPP 情境下重点合作国家和地区为美国、韩国、日本和 APEC-13；重点合作行业分别为纺织及制衣业、轻工业、公共事业与建设。RCEP 情境下重点合作国家和地区为韩国、日本、东盟十国和澳新地区；重点合作行业分别为纺织及制衣业、谷物和作物、公共事业与建设。在中期选择方向上最优选择为 TPP。TPP 情境下重点合作国家和地区为美国、TPP-8、日本和澳新地区；重点合作行业分别为纺织及制衣业、公共事业与建设、轻工业。长期选择方向上最优选择为 TPP，次优选择为 RCEP。TPP 情境下重点合作国家和地区为美国、TPP-8、日本和澳新地区；重点合作行业分别为纺织及制衣业、公共事业与建设、轻工业。RCEP 情境下重点合作国家和地区依次为东盟十国、日本、韩国和澳新地区；重点合作行业分别为公共事业与建设、加工食品、其他服务业。⑤中国加入 TPP 可以积累建设高标准自贸区的实践和经验；在中期选择方向上应首先考虑 TPP，尝试与参与高标准自贸区规则的制定，同时这也是中美两个世界大经济体在同一自贸区框架下合作的机遇；在长期选择方向上应首先推进 RCEP 自贸区高标准建设和加入 TPP，推进 RCEP 自贸区高标准建设对于中国 GDP 产生的影响仅次于 TPP，但 TPP 面临着复杂的经济、社会和政治问题，因此从长期来看应从这两个方面着手。⑥中国应在 APEC 框架下积极参与自贸区建设，尤其是加入 CPTPP，推动 TPP 和 FTAPP 向前谈判，同时应高度重视重叠式自贸区所带来的负面影响，避免 FTA 网络形成"意大利面条碗现象"。

本章通过 GTAP 模拟了在 APEC 框架下中国在区域内的合作路径、合作方式、重点合作国家和地区及重点合作产业，为中国在区域合作方面提供了方向和路径选择。但本书的研究局限于方法和数据可获性，仍存在一定的不足：第一，局限于 GTAP 模拟数据，本书未能将贸易按照全球价值链方式进一步分解，从贸易增加值测算 APEC 框架下不同 FTA 对中国和主要经济体贸易产生的影响，后续研究中将继续深入挖掘。第二，本书主要从经济角度出发，分析 APEC 框架下未来自贸区的建设，中国如何选择最优路径、如何选择最优合作国家和地区及重点行业，并未考虑复杂的政治、社会和其他因素，因此将经济与政治及其他因素相结合是未来值得研究的方向。第三，APEC 框架下存在重叠式自贸区建设，重叠式自贸区建设对于区内成员贸易的影响本书未做实证分析，在今后的工作中应进一步研究，探讨重叠式自贸区的经济效应及重叠式自贸区建设的利与弊。

第八章 共建"一带一路"国家（地区）参与全球价值链合作的重点方向和路径研究

《推动共建丝绸之路经济带和21世纪海上丝绸之路的愿景与行动》（以下简称《愿景与行动》）中明确指出，"一带一路"建设以"政策沟通、设施联通、贸易畅通、资金融通、民心相通为主要内容"。随着经济全球化的发展和发展中国家经济的崛起，各国和地区之间经济的相互依赖性逐步增强，全球价值链生产模式在不同国家和地区间的渗透均有所提升。结合本书的研究重点，本章主要从贸易自由化的角度对"一带一路"倡议全球价值链合作重点方向和路径展开研究，具体缘由已经在第七章第一节中有所阐述，在此不再赘述。从共建"一带一路"国家（地区）情况来看，由于要素成本与比较优势结构各不相同，各国所处的发展阶段也不尽相同，因此，推进"一带一路"贸易壁垒和非贸易壁垒的削减，将有利于中国与其他共建"一带一路"国家（地区）顺应比较优势规律，以国际产能合作形式将部分低端加工组装产业、环节以及部分产业、产业区段的过剩产能梯度转移到价值链低端的经济体，同时能与技术前沿的共建"一带一路"国家（地区）开展更多的技术合作，在实现国内区域经济平衡发展与自身产业结构优化的同时，"倒逼"产业创新升级，提升中国在全球价值链的分工地位。

第一节 共建"一带一路"国家（地区）自由贸易发展现状

近年来，共建"一带一路"国家（地区）不断探索经济一体化的路径，开展了诸多尝试，在双边层面，成立了中国-新加坡、中国-柬埔寨、中国-巴基斯坦、中国-马尔代夫、中国-格鲁尼亚、中国-东盟十国等自贸区；在区域层面，"一带一路"的成立极大地促进了全球经济的发展，中国-斯里兰卡、中国-以色列、中国-摩尔多瓦、中国-巴勒斯坦等都经过了多轮磋商谈判，谈判内容包括货物贸易、原产地规则、海关程序与贸易便利化、卫生与植物卫生措施、贸易救济、环境、知识产权、竞争政策、政府采购、法律与机制条款、技术性贸易壁垒、投资、知识产权、政府采购、电子商务、竞争政策、争端解决、法律与机制条款，特别是在货物贸易、服务贸易、投资、原产地规则、海关程序及贸易便利化、贸易救济、环境、争端解决及机制条款等领域取得了较大的进展，加快了双方企业跨国发展。不仅如此，自贸协定还将促使科技企业直接进驻对象国，这样先进的技术就可以在两国之间流动，给双方高新技术转让带来巨大利好。正在磋商、筹备的自贸区有中国-尼泊尔、中国-孟加拉国、中国-蒙古国等，双方均有很强的合作意向。

第二节　GTAP 模拟模型设定

其他共建"一带一路"国家（地区）和中国签订的自贸协定对关税壁垒和非关税壁垒的削减程度以及其他方面的规定不同，对各共建"一带一路"国家（地区）的 GDP、贸易规模、部门产出产生的影响也不尽相同。本书运用 GTAP 第九版数据库对共建"一带一路"国家（地区）自贸协议的经济效应进行模拟分析，定量测度共建"一带一路"国家（地区）自贸协议关税的降低及非关税贸易壁垒的削减对共建"一带一路"国家（地区）及主要经济体经济影响的差异。

一、GTAP 模拟区域设定

根据"一带一路"所涵盖的国家（地区）以及本书研究的需要，将 GTAP 数据库中的 140 个国家和地区划分为 13 组，即中国（包括中国香港、中国台湾）、日韩、东亚蒙古国、南亚 5 国、东盟 9 国、中亚 2 国、西亚 13 国、中东欧 11 国、部分欧盟国家、独联体 6 国、英国、美国、世界其他国家和地区。日韩、部分欧盟国家、英国和美国虽不是共建"一带一路"国家（地区），但是其作为全球最为重要的经济体，也是共建"一带一路"国家（地区）的重要经贸伙伴，故也将其单独设定。具体设定如表8-1所示①。

表8-1　共建"一带一路"国家（地区）经济一体化经济效应测度的区域设定

国家或地区	对应国家或地区
中国	中国（包含中国香港、中国台湾）
日韩	日本、韩国
东亚蒙古国	蒙古国
南亚5国	印度、巴基斯坦、孟加拉国、斯里兰卡、尼泊尔
东盟9国	马来西亚、印度尼西亚、泰国、菲律宾、新加坡、文莱、越南、老挝和柬埔寨
中亚2国	吉尔吉斯斯坦、哈萨克斯坦
西亚13国	伊朗、土耳其、约旦、以色列、沙特、巴林、卡塔尔、阿曼、阿联酋、科威特、塞浦路斯、希腊和埃及
中东欧11国	阿尔巴尼亚、保加利亚、克罗地亚、捷克、爱沙尼亚、匈牙利、拉脱维亚、立陶宛、波兰、罗马尼亚、斯洛伐克、斯洛文尼亚
部分欧盟国家②	奥地利、比利时、丹麦、芬兰、法国、德国、爱尔兰、意大利、卢森堡、马耳他、荷兰、葡萄牙、斯洛文尼亚、瑞典、西班牙
独联体6国	俄罗斯、乌克兰、白俄罗斯、格鲁吉亚、阿塞拜疆、亚美尼亚
英国	英国
美国	美国
世界其他国家和地区	除上述12个区域所包含国家以外的其他所有国家和地区

二、GTAP模拟部门设定

第九版GTAP数据覆盖了57个产业，在行业划分方面，为简化分析，本书将GTAP数据库中的57个行业合并为16个行业：农林牧渔业、采掘业、食品加工业、服装纺织业、其他轻工业、石油化工业及其相关、金属制品业及其相关、运输设备制造业、电子设备制造业、机械和设备制造业、公共事业、建筑业、运输及通信业、私人部门服务业、政府部门服务业，具体设定如表8-2所示。

---

① 本书将共建"一带一路"国家（地区）设定为65个，包括东亚蒙古国、南亚7国、东盟10国、中亚5国、西亚18国、中东欧16国和独联体7国，但GTAP 9.0数据库中缺少不丹、马尔代夫、缅甸、伊拉克、巴勒斯坦、也门、叙利亚、黎巴嫩、波黑、黑山、塞尔维亚、马其顿和摩尔多瓦等国的相关数据，因此本书在划分区域过程中剔除了上述国家，具体请参照：http：ydyl.people.com.cn/n1/2017/0420/c411837-29225243.html。
② 本书将GTAP 9.0数据库中涉及且未包含在共建"一带一路"国家（地区）中的欧盟国家划为一类。

表8-2　共建"一带一路"国家（地区）经济一体化效应测度部门设定

部门	对应 GTAP 部门
农林牧渔业	水稻、小麦、谷物及其他相关产品、蔬菜、水果、坚果、油料作物、糖料作物、农作物及相关产品、植物纤维、牛羊马牲畜、动物制品及其他相关制品、奶、毛及丝织品、森林、渔业
采掘业	煤、石油、天然气、矿产及相关产品
食品加工业	牛马羊肉、肉制品及其他相关制品、动植物油脂、乳制品、糖、食物制品及其他相关产品、加工大米、饮料及烟草制品
服装纺织业	纺织品、服装
其他轻工业	皮革制品、水制品、纸制品、出版业
石油化工及其相关	石化及煤制品、化学橡胶制品、化工、塑料制品
金属制品及其相关	黑色金属、有色金属及相关制品
运输设备制造业	机动车及零配件、交通运输设备及其他相关产品
电子设备制造业	电子设备
机械和设备制造业	机械设备及其他相关产品、制造业其他产品
公共事业	水、电力、天然气制造及零售
建筑业	建筑
运输及通信业	旅游、海运、空运、通信、交通及其他相关服务
私人部门服务业	金融及其他相关服务、保险、商务服务及其他相关服务、娱乐及相关服务、民居
政府部门服务业	政府/法院/医疗/教育

三、GTAP 模拟情景设定

由于影响贸易的主要因素是关税和非关税壁垒，关税是显性影响因素，非关税壁垒是隐性影响因素，因此本章通过对共建"一带一路"国家（地区）内关税和非关税贸易壁垒进行模拟，分析对共建"一带一路"主要经济体经济指标作用的差异。因为已有文献较少涉及共建"一带一路"主要经济体自由贸易的模拟，同时共建"一带一路"国家（地区）就自由贸易等各方面正在积极研究和谈判中，共建"一带一路"国家（地区）之间自由贸易所能达成的关税减免和非关税壁垒削弱具有不确定性，因而，在具体标准上，本书参照"印度-东盟"自贸区、东盟十国与中日韩的关税削减计划以及"澳新-东盟"自贸区。其中，印度和东盟削减关税幅度较低，印度平均削减 78.80%，东盟十国平均削减

76.19%；东盟十国与中日韩三国在经过长期的关税削减计划后，平均削减达95%以上，一些产品甚至是零关税；水平较高的"澳新-东盟"自贸区关税削减幅度更高，东盟十国平均削减达96.14%，澳新地区更实现了零关税。考虑到共建"一带一路"国家（地区）大多数为中、小型经济体，且共建"一带一路"国家（地区）面临的政治风险和国家安全风险，要实现自由贸易这个目标所面临的困难很大，会需要一个较为漫长的过渡期，为此本章借鉴上述自贸区的建设情况，充分考虑相关因素，全面考量共建"一带一路"国家（地区）之间全面自由贸易各方面进展所带来的影响，根据自贸区设定将共建"一带一路"国家（地区）自由贸易所经历的过程假定为三个阶段，即短期、中期和长期，其中长期是理想的自贸区状态。同时根据上述自贸区建设的贸易壁垒和技术性贸易壁垒的变化情况，再考虑到共建"一带一路"国家（地区）的复杂性，将共建"一带一路"国家（地区）之间自由贸易的研究假定为五个情景，其中关税降低分别设定为50%、85%和100%（即零关税），技术性贸易壁垒削减分别设定为5%、10%和20%。具体设定如表8-3所示。

表8-3 共建"一带一路"国家（地区）经济一体化经济效应模拟情景设定

阶段	情景	情景设定
短期	情景一	共建"一带一路"国家（地区）之间关税降低50%
	情景二	共建"一带一路"国家（地区）之间关税降低50%，且技术性贸易壁垒削减5%
中期	情景三	共建"一带一路"国家（地区）之间关税降低85%
	情景四	共建"一带一路"国家（地区）之间关税降低85%，且技术性贸易壁垒削减10%
长期	情景五	共建"一带一路"国家（地区）之间关税降低100%，且技术性贸易壁垒削减20%

第三节　共建"一带一路"国家（地区）之间全面自由贸易对各区域经济影响的比较分析

在GTAP第九版数据库中完成对模型区域和部门的设定后，利用GTAP模拟可得五种情景下共建"一带一路"国家（地区）之间全面自由贸易协定的签订对共建“一带一路”主要经济体的经济效应差异，模拟结果如下。

一、对 GDP 的影响分析

共建“一带一路”国家（地区）之间全面自由贸易协定的签订对主要经济体的 GDP 的影响如表 8-4 所示。

表 8-4 共建“一带一路”国家（地区）之间全面自由贸易协定的
签订对主要经济体的 GDP 的影响   单位:%

区域	情景一	情景二	情景三	情景四	情景五
中国	0.515	1.634	0.876	3.114	5.507
日韩	-0.193	-1.004	-0.328	-1.950	-3.630
东亚蒙古国	0.061	7.164	0.104	14.309	28.532
南亚 5 国	-0.187	2.110	-0.318	4.276	8.814
东盟 9 国	0.509	2.734	0.864	5.316	9.920
中亚 2 国	-0.261	1.502	-0.444	3.083	6.532
西亚 13 国	-0.092	0.701	-0.156	1.430	2.988
中东欧 11 国	0.401	1.946	0.681	3.771	6.981
部分欧盟国家	-0.183	-0.725	-0.311	-1.396	-2.535
独联体 6 国	-0.157	0.810	-0.267	1.668	3.556
英国	-0.159	-0.593	-0.271	-1.138	-2.052
美国	-0.161	-0.665	-0.274	-1.282	-2.338
世界其他国家和地区	-0.136	-0.727	-0.231	-1.414	-2.637

情景一：共建“一带一路”国家（地区）之间全面自由贸易协定的签署使关税降低 50%后，中国、东亚蒙古国、东盟 9 国、中东欧 11 国的 GDP 均有不同程度的增加，其中中国在关税降低 50%时的刺激下其 GDP 涨幅最高，达到 0.515%；南亚 5 国、中亚 2 国、西亚 13 国、独联体 6 国和非共建“一带一路”国家（地区）中的日韩、英国、美国、部分欧盟国家以及世界其他国家和地区的 GDP 均有不同程度的减少，其中受损最大的是中亚 2 国，其 GDP 降幅为 0.261%。可见关税降低 50%对中国和部分共建“一带一路”国家（地区）经济发展有一定正面的影响。

情景二：共建“一带一路”国家（地区）之间全面自由贸易协定的签署使

关税降低 50%且非关税贸易壁垒削减 5%后，中国、东亚蒙古国、南亚 5 国、东盟 9 国、中亚 2 国、西亚 13 国、中东欧 11 国、独联体 6 国的 GDP 均有不同程度的增加，其中东亚蒙古国在关税降低 50%且非关税贸易壁垒削减 5%的刺激下，其 GDP 涨幅最为高，为 7.164%。日韩、部分欧盟国家、英国、美国和世界其他国家和地区等非共建"一带一路"国家（地区）的 GDP 均有不同程度的减少，其中受损最大的是日韩，其 GDP 降幅为 1.004%。可见关税降低 50%且非关税贸易壁垒削减 5%对中国和其他共建"一带一路"国家（地区）的经济发展有一定的帮助，对于非共建"一带一路"国家（地区）的经济发展有负面作用。

情景三：共建"一带一路"国家（地区）之间全面自由贸易协定的签署使关税降低 85%后，中国、东亚蒙古国、东盟 9 国、中东欧 11 国的 GDP 均有不同程度的增加，其中中国在关税降低 85%的刺激下其 GDP 涨幅最高，为 0.876%。南亚 5 国、中亚 2 国、西亚 13 国、独联体 6 国和非共建"一带一路"国家（地区）的 GDP 均有不同程度的减少，其中受损最大的是中亚 2 国，其 GDP 降幅为 0.444%。可见关税降低 85%对中国和部分共建"一带一路"国家（地区）的经济发展有一定的正面影响。

情景四：共建"一带一路"国家（地区）之间全面自由贸易协定的签署使关税降低 85%且技术性贸易壁垒削减 10%后，中国、东亚蒙古国、南亚 5 国、东盟 9 国、中亚 2 国、西亚 13 国、中东欧 11 国、独联体 6 国的 GDP 均有不同程度的增加，其中东亚蒙古国在关税降低 85%且非关税贸易壁垒削减 10%的刺激下其 GDP 涨幅最高，为 14.309%。日韩、部分欧盟国家、英国、美国和世界其他国家和地区的 GDP 均有不同程度的减少，其中受损最大的是日韩，其 GDP 降幅为 1.950%。可见关税降低 85%且非关税贸易壁垒削减 10%对中国和其他共建"一带一路"国家（地区）的经济发展有一定的帮助，对于非共建"一带一路"国家（地区）的经济发展有负面作用，且削减各区域经济变动的方向及所受影响的幅度进一步加深。

情景五：共建"一带一路"国家（地区）之间全面自由贸易协定的签署使关税降低 100%且技术性贸易壁垒削减 20%后，中国、东亚蒙古国、南亚 5 国、东盟 9 国、中亚 2 国、西亚 13 国、中东欧 11 国、独联体 6 国的 GDP 均有不同程度的增加，其中东亚蒙古国在关税降低 100%且非关税贸易壁垒削减 20%的刺激下其 GDP 涨幅最高为 28.532%。日韩、部分欧盟国家、英国、美国和世界其他国家和地区的 GDP 均有不同程度的减少，其中受损最大的是日韩，其 GDP 降幅为 3.630%。可见关税降低 100% 且非关税贸易壁垒削减 20% 对中国和其他共建"一带一路"国家（地区）的经济发展有一定的帮助，对于非共建"一带一路"国家（地区）的经济发展有负面作用，且各区域经济变动的方向及所受影响的幅度进一步加深。

二、对各区域出口规模的影响

关税的减免和非关税贸易壁垒的削弱有助于降低国际贸易的成本，扩大贸易商品的利润空间，从而促进双边或多边贸易的发展。共建"一带一路"国家（地区）之间全面自由贸易协定的签订对出口规模的影响如表 8-5 所示。

表 8-5 共建"一带一路"国家（地区）之间全面自由贸易协定的
签订对出口规模的影响 单位:%

区域	情景一	情景二	情景三	情景四	情景五
中国	0.997	2.426	1.695	4.554	7.711
日韩	-0.148	-0.718	-0.251	-1.392	-2.578
东亚蒙古国	0.450	0.443	0.765	0.730	0.830
南亚 5 国	3.681	6.903	6.258	12.702	20.251
东盟 9 国	1.004	2.956	1.716	5.609	9.806
中亚 2 国	0.677	2.798	1.151	5.393	9.839
西亚 13 国	0.839	2.442	1.426	4.633	8.091
中东欧 11 国	0.565	0.803	0.960	1.436	2.081
部分欧盟国家	-0.157	-0.711	-0.267	-1.374	-2.528
独联体 6 国	0.701	1.877	1.191	3.543	6.106
英国	-0.170	-0.715	-0.289	-1.379	-2.520
美国	-0.091	-0.556	-0.154	-1.085	-2.044
世界其他国家和地区	-0.119	-0.727	-0.203	-1.419	-2.671

情景一：共建"一带一路"国家（地区）之间全面自由贸易协定的签署使关税降低 50% 后，中国、东亚蒙古国、南亚 5 国、东盟 9 国、中亚 2 国、西亚 13 国、中东欧 11 国、独联体 6 国的出口规模均有不同程度的增加，其中南亚 5 国在关税降低 50% 的刺激下出口规模涨幅最高，为 3.681%。日韩、部分欧盟国家、英国、美国和世界其他国家和地区的出口规模均有不同程度的减少，其中受损最

大的是英国，其出口规模降幅为 0.170%。可见关税降低 50% 对中国和其他共建"一带一路"国家（地区）的出口规模有不同程度的正面影响，对于非共建"一带一路"国家（地区）的出口规模有一定的负面影响。

情景二：共建"一带一路"国家（地区）之间全面自由贸易协定的签署使关税降低 50% 且非关税贸易壁垒削减 5% 后，中国、东亚蒙古国、南亚 5 国、东盟 9 国、中亚 2 国、西亚 13 国、中东欧 11 国、独联体 6 国的出口规模均有不同程度的增加，其中南亚 5 国在关税降低 50% 且非关税贸易壁垒削减 5% 的刺激下出口规模涨幅最高，为 6.903%。日韩、部分欧盟国家、英国、美国和世界其他国家和地区的出口规模均有不同程度的减少，其中受损最大的是世界其他国家和地区，其出口规模降幅为 0.727%。可见关税降低 50% 且非关税贸易壁垒削减 5% 对中国和其他共建"一带一路"国家（地区）的出口规模有不同程度的正面影响，对于非共建"一带一路"国家（地区）的出口规模有一定的负面影响。与情景一相比，除东亚蒙古国外，削减非关税贸易壁垒后，各区域的出口规模变动的方向没有发生变化但程度进一步加深。

情景三：共建"一带一路"国家（地区）之间全面自由贸易协定的签署使关税降低 85% 后，中国、东亚蒙古国、南亚 5 国、东盟 9 国、中亚 2 国、西亚 13 国、中东欧 11 国、独联体 6 国的出口规模均有不同程度的增加，其中南亚 5 国在关税降低 85% 的刺激下出口规模涨幅最高，为 6.258%。日韩、部分欧盟国家、英国、美国和世界其他国家和地区的出口规模均有不同程度的减少，其中受损最大的是英国，其出口规模降幅为 0.289%。可见关税降低 85% 对中国和其他共建"一带一路"国家（地区）的出口规模有不同程度的正面影响，对于非共建"一带一路"国家（地区）的出口规模有一定的负面影响。与情景一相比，进一步降低关税后，各区域的出口规模变动的方向没有发生变化但程度进一步加深。

情景四：共建"一带一路"国家（地区）之间全面自由贸易协定的签署使关税降低 85% 且非关税贸易壁垒削减 10% 后，中国、东亚蒙古国、南亚 5 国、东盟 9 国、中亚 2 国、西亚 13 国、中东欧 11 国、独联体 6 国的出口规模均有不同程度的增加，其中南亚 5 国在关税降低 85% 且非关税贸易壁垒削减 10% 的刺激下出口规模涨幅最高，为 12.702%。日韩、部分欧盟国家、英国、美国和世界其他国家和地区的出口规模均有不同程度的减少，其中受损最大的是世界其他国家和地区，其出口规模降幅为 1.419%。可见关税降低 85% 且非关税贸易壁垒削减 10% 对中国和其他共建"一带一路"国家（地区）的出口规模有不同程度的正面影响，对于非共建"一带一路"国家（地区）的出口规模有一定的负面影响。与情景二相比，进一步降低关税和削减非关税贸易壁垒后，各区域的出口规模变动的方向没有发生变化但程度进一步加深。

情景五：共建"一带一路"国家（地区）之间全面自由贸易协定的签署使关税降低100%且非关税贸易壁垒削减20%后，中国、东亚蒙古国、南亚5国、东盟9国、中亚2国、西亚13国、中东欧11国、独联体6国的出口规模均有不同程度的增加，其中南亚5国在关税降低100%且非关税贸易壁垒削减20%的刺激下出口规模涨幅最高，为20.251%。日韩、部分欧盟国家、英国、美国和世界其他国家和地区等的出口规模均有不同程度的减少，其中受损最大的是世界其他国家和地区，其出口规模降幅为2.671%。可见关税降低100%且非关税贸易壁垒削减20%对中国和其他共建"一带一路"国家（地区）的出口规模有不同程度的正面影响，对于非共建"一带一路"国家（地区）的出口规模有一定的负面影响。与情景四相比，进一步降低关税和削减非关税贸易壁垒后，各区域的出口规模变动的方向没有发生变化但幅度进一步加深。

三、对各区域进口规模的影响

共建"一带一路"国家（地区）之间全面自由贸易协定的签订对主要经济体进口规模的影响如表8-6所示。

表8-6　共建"一带一路"国家（地区）之间全面自由贸易协定的
签订对进口规模的影响　　单位:%

区域	情景一	情景二	情景三	情景四	情景五
中国	1.247	3.468	2.120	6.562	11.378
日韩	-0.332	-1.563	-0.564	-3.027	-5.589
东亚蒙古国	1.688	4.725	2.869	8.943	15.524
南亚5国	2.854	6.164	4.852	11.472	18.949
东盟9国	1.346	4.289	2.288	8.174	14.464
中亚2国	1.898	6.172	3.226	11.774	20.891
西亚13国	1.347	3.571	2.291	6.738	11.589
中东欧11国	0.740	1.950	1.257	3.678	6.320
部分欧盟国家	-0.238	-1.032	-0.404	-1.993	-3.654

区域	情景一	情景二	情景三	情景四	情景五
独联体6国	1.6573	4.709	2.817	8.922	15.523
英国	-0.229	-0.904	-0.389	-1.739	-3.158
美国	-0.307	-1.261	-0.522	-2.430	-4.429
世界其他国家和地区	-0.205	-1.085	-0.349	-2.109	-3.931

情景一：共建"一带一路"国家（地区）之间全面自由贸易协定的签署使关税降低50%后，中国、东亚蒙古国、南亚5国、东盟9国、中亚2国、西亚13国、中东欧11国、独联体6国的进口规模均有不同程度的增加，其中南亚5国在关税降低50%的刺激下进口规模涨幅最高，为2.854%。日韩、部分欧盟国家、英国、美国和世界其他国家和地区的进口规模均有不同程度的减少，其中受损最大的是日韩，其进口规模降幅为0.332%。可见关税降低50%对中国和其他共建"一带一路"国家（地区）的进口规模有不同程度的正面影响，对于非"一带一路"沿线国家的进口规模有一定的负面影响。

情景二：共建"一带一路"国家（地区）之间全面自由贸易协定的签署使关税降低50%且非关税贸易壁垒削减5%后，中国、东亚蒙古国、南亚5国、东盟9国、中亚2国、西亚13国、中东欧11国、独联体6国的进口规模均有不同程度的增加，其中中亚2国在关税降低50%且非关税贸易壁垒削减5%的刺激下进口规模涨幅最高，为6.172%。日韩、部分欧盟国家、英国、美国和世界其他国家和地区的进口规模均有不同程度的减少，其中受损最大的是日韩，其进口规模降幅为1.563%。可见关税降低50%且非关税贸易壁垒削减5%对中国和其他共建"一带一路"国家（地区）的进口规模有不同程度的正面影响，对于非共建"一带一路"国家（地区）的进口规模有一定的负面影响。与情景一相比，削减非关税贸易壁垒后，各区域的进口规模变动的方向没有发生变化但程度进一步加深。

情景三：共建"一带一路"国家（地区）之间全面自由贸易协定的签署使关税降低85%后，中国、东亚蒙古国、南亚5国、东盟9国、中亚2国、西亚13国、中东欧11国、独联体6国的进口规模均有不同程度的增加，其中南亚5国在关税降低85%的刺激下进口规模涨幅最高，为4.852%。日韩、部分欧盟国家、英国、美国和世界其他国家和地区的进口规模均有不同程度的减少，其中受损最大的是日韩,其进口规模降幅为 0.564%。可见关税降低 50% 对中国和其他共建"一带一路"国家(地区)的进口规模有不同程度的正面影响,对于非共建"一带一路"国家(地区)的进口规模有一定的负面影响。与情景一相比,进一步降低关税后,各区域的进口规模变动的方向没有发生变化但程度进一步加深。

情景四:共建"一带一路"国家(地区)之间全面自由贸易协定的签署使关税降低 85% 且技术性贸易壁垒削减 10% 后,中国、东亚蒙古国、南亚 5 国、东盟 9 国、中亚 2 国、西亚 13 国、中东欧 11 国、独联体 6 国的进口规模均有不同程度的增加,其中中亚 2 国在关税降低 85% 且非关税贸易壁垒削减 10% 的刺激下进口规模涨幅最高,为 11.774%。日韩、部分欧盟国家、英国、美国和世界其他国家和地区的进口规模均有不同程度的减少,其中受损最大的是日韩,其进口规模降幅为 3.027%。可见关税降低 85% 且非关税贸易壁垒削减 10% 对中国和其他共建"一带一路"国家(地区)的进口规模有不同程度的正面影响,对于非"一带一路"沿线国家的进口规模有一定的负面影响。与情景二相比,进一步降低关税和削减非关税贸易壁垒后,各区域的进口规模变动的方向没有发生变化但程度进一步加深。

情景五:共建"一带一路"国家(地区)之间全面自由贸易协定的签署使关税降低 100% 且技术性贸易壁垒削减 20% 后,中国、东亚蒙古国、南亚 5 国、东盟 9 国、中亚 2 国、西亚 13 国、中东欧 11 国、独联体 6 国的进口规模均有不同程度的增加,其中中亚 2 国在关税降低 100% 且非关税贸易壁垒削减 20% 的刺激下进口规模涨幅最高,为 20.891%。日韩、部分欧盟国家、英国、美国和世界其他国家和地区的进口规模均有不同程度的减少,其中受损最大的是日韩,其进口规模降幅为 5.589%。可见关税降低 100% 且非关税贸易壁垒削减 20% 对中国和其他共建"一带一路"国家(地区)的进口规模有不同程度的正面影响,对于非共建"一带一路"国家(地区)的进口规模有一定的负面影响。与情景四相比,进一步降低关税和削减非关税贸易壁垒,各区域的进口规模变动的方向没有发生变化但程度进一步加深。

四、对各区域社会福利的影响

"一带一路"的推进使中国与其他共建"一带一路"国家(地区)之间的资源得以重新配置,各国能够基于自身的资源禀赋和比较优势开展生产活动,由此对各区域社会福利产生了影响。共建"一带一路"国家(地区)之间全面自由贸易协定的签订对主要经济体社会福利的影响如表8-7所示。

表8-7　共建"一带一路"国家（地区）之间全面自由贸易协定的
签订对社会福利的影响　　　　单位：百万美元

区域	情景一	情景二	情景三	情景四	情景五
中国	11028.187	57866.723	18747.914	112425.016	209410.531
日韩	-3288.615	-13703.189	-5590.645	-26419.777	-48235.535
东亚蒙古国	22.937	522.337	38.992	1037.794	2043.476
南亚5国	4612.120	32033.141	7840.601	62682.648	118908.320
东盟9国	4051.494	33478.625	6887.542	65741.805	125811.523
中亚2国	214.913	2628.256	365.352	5192.037	10083.197
西亚13国	4071.225	34807.289	6921.080	68393.195	131086.703
中东欧11国	2536.414	18350.514	4311.905	35940.098	68329.227
部分欧盟国家	-5718.854	-19952.367	-9722.052	-38189.086	-68371.750
独联体6国	2295.893	15696.411	3903.020	30704.049	58193.852
英国	-840.590	-2697.943	-1429.003	-5143.706	-9110.588
美国	-3897.552	-11550.165	-6625.839	-21931.064	-38405.566
世界其他国家和地区	-1883.159	-17695.676	-3201.371	-34826.445	-67016.391

情景一：共建"一带一路"国家（地区）之间全面自由贸易协定的签署使关税降低50%后，中国、东亚蒙古国、南亚5国、东盟9国、中亚2国、西亚13国、中东欧11国、独联体6国的社会福利均有不同程度的增加，其中在关税降低50%的刺激下其社会福利增长幅度排序为中国、南亚5国、西亚13国、东盟9国、中东欧11国、独联体6国、中亚2国、东亚蒙古国。非共建"一带一路"国家（地区）的社会福利均有不同程度的减少，其中受损最大的是部分欧盟国家。可见关税降低50%对中国和其他共建"一带一路"国家（地区）的社会福利的正向作用较大，对于非共建"一带一路"国家（地区）的社会福利有负面影响。

情景二："一带一路"沿线地区之间全面自由贸易协定的签署使关税降低50%且非关税贸易壁垒削减5%后，中国、东亚蒙古国、南亚5国、东盟9国、中亚2国、西亚13国、中东欧11国、独联体6国的社会福利均有不同程度的增加，其中在关税降低50%且非关税贸易壁垒削减5%的刺激下其社会福利增长幅度排序为中国、西亚 13 国、东盟 9 国、南亚 5 国、中东欧 11 国、独联体 6 国、中亚 2 国和东亚蒙古国。非共建"一带一路"国家(地区)的社会福利均有不同程度的减少,其中受损最大的是部分欧盟国家。可见关税降低 50% 且非关税贸易壁垒削减 5% 对中国和其他共建"一带一路"国家(地区)的社会福利的正向作用较大,对于非共建"一带一路"国家(地区)的社会福利有负面影响。与情景一相比,削减非关税贸易壁垒后,各区域的社会福利变动的方向没有发生变化但程度进一步加深。

情景三:共建"一带一路"国家(地区)之间全面自由贸易协定的签署使关税降低 85% 后,中国、东亚蒙古国、南亚 5 国、东盟 9 国、中亚 2 国、西亚 13 国、中东欧 11 国、独联体 6 国的社会福利均有不同程度的增加,其中在关税降低 50% 的刺激下其社会福利增长幅度排序为中国、南亚 5 国、西亚 13 国、东盟 9 国、中东欧 11 国、独联体 6 国、中亚 2 国、东亚蒙古国。非共建"一带一路"国家(地区)的社会福利均有不同程度的减少,其中受损最大的是部分欧盟国家。可见关税降低 85% 对中国和其他共建"一带一路"国家(地区)的社会福利的正向作用较大,对于非共建"一带一路"国家(地区)的社会福利有负面影响。与情景一相比,进一步降低关税后,各区域的社会福利变动的方向没有发生变化但程度进一步加深。

情景四:共建"一带一路"国家(地区)之间全面自由贸易协定的签署使关税降低 85% 且非关税贸易壁垒削减 10% 后,中国、东亚蒙古国、南亚 5 国、东盟 9 国、中亚 2 国、西亚 13 国、中东欧 11 国、独联体 6 国的社会福利均有不同程度的增加,其中在关税降低 85% 且非关税贸易壁垒削减 10% 的刺激下其社会福利增长幅度排序为中国、西亚 13 国、东盟 9 国、南亚 5 国、中东欧 11 国、独联体 6 国、中亚 2 国和东亚蒙古国。非共建"一带一路"国家(地区)的社会福利均有不同程度的减少,其中受损最大的是部分欧盟国家。可见关税降低 85% 且非关税贸易壁垒削减 10% 对中国和其他共建"一带一路"国家(地区)的社会福利的正向作用较大,对于非共建"一带一路"国家(地区)的社会福利有负面影响。与情景二相比,进一步降低关税和削减非关税贸易壁垒后,各区域的社会福利变动的方向没有发生变化但程度进一步加深。

情景五:共建"一带一路"国家(地区)之间全面自由贸易协定的签署使关税降低 100% 且非关税贸易壁垒削减 20% 后,中国、东亚蒙古国、南亚 5 国、东盟 9 国、中亚 2 国、西亚 13 国、中东欧 11 国、独联体 6 国的社会福利均有不同程度的增加，其中在关税降低100%且非关税贸易壁垒削减20%的刺激下其社会福利增长幅度排序为中国、西亚13国、东盟9国、南亚5国、中东欧11国、独联体6国、中亚2国和东亚蒙古国。非共建"一带一路"国家（地区）的社会福利均有不同程度的减少，其中受损最大的是部分欧盟国家。可见关税降低100%且非关税贸易壁垒削减20%对中国和其他共建"一带一路"国家（地区）的社会福利的正向作用较大，对于非共建"一带一路"国家（地区）的社会福利有负面影响。与情景四相比，进一步降低关税和削减非关税贸易壁垒，各区域的社会福利变动的方向没有发生变化但程度进一步加深。

五、对各区域部门产出的影响

"一带一路"的推进使中国与其他共建"一带一路"国家（地区）之间的资源得以重新配置，各国能够基于自身的资源禀赋和比较优势开展生产活动，大大地提高了区域内资源的配置效率，由此扩大了各国产业产出的规模。由于模型中所涉及的国家和地区以及产业较多，基于研究的需要，本部分重点关注五种情景中中国各产业的变化（见表8-8）。

表8-8　共建"一带一路"国家（地区）之间全面自由贸易协定的
签订对中国各部门产出的影响　　　　单位:%

部门	情景一	情景二	情景三	情景四	情景五
农林牧渔业	0.043	-0.189	0.073	-0.391	-0.841
食品加工业	-0.025	-0.192	-0.043	-0.376	-0.716
服装纺织业	1.302	1.310	2.213	2.230	2.638
其他轻工业	0.421	0.071	0.716	0.015	-0.559
采掘业	-0.235	-2.225	-0.399	-4.379	-8.430
运输设备制造业	0.237	0.385	0.402	0.698	1.066
金属制品及其相关	0.245	0.748	0.417	1.422	2.501
石油化工及其相关	-0.097	-0.197	-0.166	-0.364	-0.592
电子设备制造业	-1.235	-2.388	-2.010	-4.405	-7.081
机械和设备制造业	-0.177	-0.253	-0.301	-0.453	-0.659
建筑业	0.218	1.233	0.371	2.400	4.495
公共事业	0.090	0.313	0.153	0.598	1.071
运输及通信业	-0.078	-0.116	-0.133	-0.209	-0.308

部门	情景一	情景二	情景三	情景四	情景五
政府部门服务业	0.053	0.360	0.090	0.703	1.331
私人部门服务业	−0.075	−0.047	−0.128	−0.073	−0.040

　　模拟结果显示，情景一为共建"一带一路"国家（地区）之间全面自由贸易协定的签署使关税降低50%后对中国各部门产出的影响。第一产业方面，农林牧渔业的产出增幅为0.043%。第二产业的产出出现不同变化，服装纺织业、其他轻工业、金属制品及其相关、运输设备制造业、建筑业的产出有所增长，增幅分别为1.302%、0.421%、0.245%、0.237%和0.218%；而食品加工业、石油化工及其相关、机械和设备制造业、采掘业和电子设备制造业的产出却有所下降，降幅为0.025%、0.097%、0.177%、0.235%和1.235%。第三产业方面，公共事业和政府部门服务业产出有所增长，幅度分别为0.090%和0.053%；运输及通信业和私人部门服务业产出有所下降，降幅分别为0.078%和0.075%。由此可见，共建"一带一路"国家（地区）间关税降低50%后，中国的农林牧渔业、服装纺织业、其他轻工业、金属制品及其相关、运输设备制造业、建筑业、公共事业和政府部门服务业获益，但食品加工业、石油化工及其相关、机械和设备制造业、采掘业、电子设备制造业、运输及通信业和私人部门服务业受到了不同程度的负面冲击。

　　情景二为共建"一带一路"国家（地区）间全面自由贸易协定的签署使关税降低50%且技术性贸易壁垒削减5%后对中国各部门产出的影响。第一产业方面，农林牧渔业的产出有所下降，降幅为0.189%。第二产业的产出出现不同变化，服装纺织业、建筑业、金属制品及其相关、运输设备制造业和其他轻工业的产出有所增长，增幅分别为1.310%、1.233%、0.748%、0.385%和0.071%；而食品加工业、石油化工及其相关、机械和设备制造业、采掘业和电子设备制造业的产出却有所下降，降幅分别为0.192%、0.197%、0.253%、2.225%和2.388%。第三产业方面，政府部门服务业和公共事业产出有所增长，幅度分别为0.360%和0.313%；运输及通信业和私人部门服务业产出有所下降，降幅分别为0.116%和0.189%。由此可见，共建"一带一路"国家（地区）间关税降低50%且技术性贸易壁垒削减5%后，中国的服装纺织业、建筑业、金属制品及其相关、运输设备制造业、其他轻工业、政府部门服务业和公共事业获益，但农林牧渔业、食品加工业、石油化工及其相关、机械和设备制造业、采掘业、电子设备制造业、运输及通信业和私人部门服务业受到了不同程度的负面冲击。

情景三为共建"一带一路"国家（地区）之间全面自由贸易协定的签署使关税降低85%后对中国各部门产出的影响。第一产业方面，农林牧渔业的产出增幅为0.073%。第二产业的产出出现不同变化，服装纺织业、其他轻工业、金属制品及其相关、运输设备制造业、建筑业的产出有所增长，增幅分别为2.213%、0.716%、0.417%、0.402%和0.371%；而食品加工业、石油化工及其相关、机械和设备制造业、采掘业和电子设备制造业的产出却有所下降，降幅分别为0.043%、0.166%、0.301%、0.399%和2.010%。第三产业方面，公共事业和政府部门服务业产出有所增长，幅度分别为0.153%和0.090%；运输及通信业和私人部门服务业产出有所下降，降幅分别为0.133%和0.128%。由此可见，共建"一带一路"国家（地区）间关税降低85%后，中国的农林牧渔业、服装纺织业、其他轻工业、金属制品及其相关、运输设备制造业、建筑业、公共事业和政府部门服务业获益，但食品加工业、石油化工及其相关、机械和设备制造业、采掘业、电子设备制造业、运输及通信业和私人部门服务业受到了不同程度的负面冲击。

情景四为共建"一带一路"国家（地区）之间全面自由贸易协定的签署使关税降低85%且技术性贸易壁垒削减10%后对中国各部门产出的影响。第一产业方面，农林牧渔业的产出有所下降，降幅为0.391%。第二产业的产出出现不同变化，建筑业、服装纺织业、金属制品及相关、运输设备制造业、其他轻工业的产出有所增长，增幅分别为2.400%、2.230%、1.422%、0.698%和0.015%；而石油化工及其相关、食品加工业、机械和设备制造业、采掘业和电子设备制造业的产出却有所下降，降幅分别为0.364%、0.376%、0.453%、4.379%和4.405%。第三产业方面，政府部门服务业和公共事业产出有所增长，幅度分别为0.703%和0.598%；私人部门服务业和运输及通信业产出有所下降，降幅分别为0.073%和0.209%。由此可见，共建"一带一路"国家（地区）间关税降低85%且技术性贸易壁垒削减10%后，中国的建筑业、服装纺织业、金属制品及相关、运输设备制造业、其他轻工业、政府部门服务业和公共事业获益，但农林牧渔业、石油化工及其相关、食品加工业、机械和设备制造业、采掘业、电子设备制造业、私人部门服务业和运输及通信业受到了不同程度的负面冲击。

情景五为共建"一带一路"国家（地区）之间全面自由贸易协定的签署使

关税降低 100%且技术性贸易壁垒削减 20%后对中国各部门产出的影响。第一产业方面，农林牧渔业的产出有所下降，降幅为 0.841%。第二产业的产出出现不同变化，建筑业、服装纺织业、金属制品及相关和运输设备制造业的产出有所增长，增幅分别为 4.495%、2.638%、2.501%和 1.066%；而其他轻工业、石油化工及其相关、机械和设备制造业、食品加工业、电子设备制造业和采掘业的产出却有所下降，降幅分别为 0.559%、0.592%、0.659%、0.716%、7.081% 和8.430%。第三产业方面，政府部门服务业和公共事业产出有所增长，幅度分别为 1.331%和 1.071%；私人部门服务业和运输及通信业产出有所下降，降幅为0.040%和 0.308%。由此可见，共建"一带一路"国家（地区）间关税降低100%且技术性贸易壁垒削减 20%后，中国的建筑业、服装纺织业、金属制品及相关、运输设备制造业、政府部门服务业和公共事业获益，但农林牧渔业、其他轻工业、石油化工及其相关、食品加工业、机械和设备制造业、采掘业、电子设备制造业、私人部门服务业和运输及通信业受到了不同程度的负面冲击。

在利用 GTAP 模型模拟共建"一带一路"国家（地区）之间自由贸易协定的签署进程中，关税的降低和技术性贸易壁垒的削减对共建"一带一路"国家（地区）及主要经济体各项经贸指标的影响存在差异，主要结论如下：一般而言，关税的降低和技术性贸易壁垒的削减会使共建"一带一路"国家（地区）的 GDP、社会福利、贸易额增加以及贸易条件改善，而非共建"一带一路"国家（地区）相应的指标会降低，但这并不是绝对的；由于关税已经处于较低水平，通过单纯地降低关税给共建"一带一路"国家（地区）经济状况带来的改善较为有限，相对而言，降低关税的同时削减技术性贸易壁垒则能更加显著地改善共建"一带一路"国家（地区）各项经济指标，但同时对于非共建"一带一路"国家（地区）经济发展的负面冲击也有所加深；中国各产业在面对冲击时产出的变化因产业的不同而有所差异。

第四节　中国现实路径选择

根据前文情景设定以及 GTAP 的模拟结果，本节认为，中国同其他共建"一带一路"国家（地区）间开展全球价值链合作可以沿如下思路展开：

　　中国和其他共建"一带一路"国家（地区）合作可能会出现以下三种情况：第一种是"利己型"合作模式，即中国的行业产出获益而其他共建"一带一路"国家（地区）的行业产出受损；第二种是"利他型"合作模式，即中国的行业产出受损而其他共建"一带一路"国家（地区）的行业产出获益；第三种是"互利共赢型"合作模式，即中国的行业产出获益的同时其他共建"一带一路"国家（地区）的行业产出存在不同程度的获益。在"利己型"合作模式下，本书选择将中国受益作为第一优先的政策选择，且忽视其他共建"一带一路"国家（地区）部分行业受损，基于这一思路，中国的最优路径选择为：在短期优先依次选择建筑业、金属制品及相关业、服装纺织业、政府部门服务业、运输设备制造业、公共事业和其他轻工业与其他共建"一带一路"国家（地区）开展合作；在中期优先依次选择建筑业、金属制品及相关、服装纺织业、政府部门服务业、运输设备制造业、食品加工业、公共事业和其他轻工业与其他共建"一带一路"国家（地区）开展合作；长期优先依次选择建筑业、金属制品及相关、服装纺织业、政府部门服务业、运输设备制造业和公共事业与其他共建"一带一路"国家（地区）开展合作。而在"利他型"合作模式下，应当尽可能照顾其他共建"一带一路"国家（地区）中两个及以上区域受益的行业，且忽视中国在此过程中付出的代价，沿着这一思路，最优选择为：中国在短期优先选择运输与通信业、石油化工及相关、农林牧渔业、食品加工业、电子设备制造业和私人部门服务业等行业与其他共建"一带一路"国家（地区）开展合作；中期优先选择运输与通信业、石油化工及相关、电子设备制造业和私人部门服务业等行业与其他共建"一带一路"国家（地区）开展合作；长期优先选择运输与通信业、农林牧渔业和石油化工及相关等行业与其他共建"一带一路"国家（地区）开展合作。在"互利共赢型"合作模式下，本书的分析结果指向中国应当选择自身收益且其他共建"一带一路"国家（地区）部分受益或者全部受益的情况，由此产生的最优路径为：中国在短期优先依次选择建筑业、政府部门服务业、公共事业、运输设备制造业、服装纺织业和金属制品及其相关等行业与其他共建"一带一路"国家（地区）开展合作；中国在中期优先依次选择建筑业、政府部门服务业、公共事业、食品加工业、服装纺织业、运输设备制造业和金属制品及其相关等行业与其他共建"一带一路"国家（地区）开展合作；在长期中国依次优先选择建筑业、政府部门服务业、公共事业、服装纺织业、运输设备制造业和金属制品及其相关等行业与其他共建"一带一路"国家（地区）开展合作。

中国首倡的"一带一路"倡议秉持着和平合作、开放包容、互学互鉴、互利共赢的理念，全方位推进务实合作，打造政治互信、经济融合、文化包容的利益共同体、命运共同体和责任共同体。"一带一路"倡议作为中国在新的历史条件下实行全方位对外开放的重大举措，是推行互利共赢的重要平台。共建"一带一路"既是中国基于自身发展需要做出的战略抉择，同时也是以实际行动推动经济全球化，造福世界各地人民。因而只有"互利共赢型"的合作模式方才是中国理应做出的正确选择。在该模式下，具体路径选择可以从如下角度展开：

一、短期路径选择

通过比较情景一和情景二可以发现，共建"一带一路"国家（地区）之间自贸区的建立对中国和发展中国家建立了自由贸易关系而言有很大的促进作用（见表 8-9）。

表 8-9　对共建"一带一路"国家（地区）及主要经济体 GDP 的短期影响

区域	情景一：关税降低 50% 对 GDP 的影响		情景二：关税降低 50% 且技术性贸易壁垒削减 5% 对 GDP 的影响	
	增减额（百万美元）	增减比率（%）	增减额（百万美元）	增减比率（%）
中国	41409.294	0.5154	131282.084	1.634
日韩	−13725.735	−0.1931	−71365.291	−1.004
东亚蒙古国	5.353	0.0611	627.621	7.164
南亚 5 国	−4265.990	−0.1868	48186.508	2.110
东盟 9 国	10940.289	0.5083	58844.678	2.734
中亚 2 国	−507.569	−0.2613	2917.598	1.502
西亚 13 国	−3283.477	−0.0915	25155.381	0.701
中东欧 11 国	5687.426	0.4005	27634.782	1.946
部分欧盟国家	−24658.315	−0.1829	−97743.458	−0.725
独联体 6 国	−3487.448	−0.1572	17969.675	0.810
英国	−3918.094	−0.1591	−14603.579	−0.593
美国	−25009.394	−0.1610	−103299.670	−0.665
世界其他国家和地区	−17692.692	−0.1362	−94438.963	−0.727

中国对外开放新格局和新领域的重点应当在于推动"一带一路"倡议更深

层次的发展，推动共建"一带一路"国家（地区）之间自由贸易区的建设。根据本书研究的模拟结果，关税降低50%后中国的GDP增速大于其他共建"一带一路"国家（地区）GDP的增速，同时由表8-9可以看出，中国GDP增加额高于其他共建"一带一路"国家（地区），这是由于中国经济体量相对于其他共建"一带一路"国家（地区）较大，自贸区的建设释放了中国经济增长潜力，因而其GDP增加额相对于其他"一带一路"沿线国家而言较大。关税降低50%且非关税贸易壁垒削减5%后中国的GDP增速有所提升，同时共建"一带一路"国家（地区）GDP增速均为正，东亚蒙古国、东盟9国、南亚5国、中东欧11国的GDP增速大于中国GDP增速，可见降低50%且非关税贸易壁垒削减5%对于中国和其他共建"一带一路"国家（地区）的经济增长均有促进作用。在关税降低50%且技术性贸易壁垒削减5%后中国和其他共建"一带一路"国家（地区）GDP的增速高于仅关税降低50%后中国GDP的增速。可见，整体而言，关税降低50%且技术性贸易壁垒削减5%对于中国和其他共建"一带一路"国家（地区）的经济发展有更好的促进作用。

因此，在短期选择方向上应首先考虑关税降低50%且非关税贸易壁垒削减5%，但是在具体实现过程中技术性贸易壁垒的削减需要考虑如下因素：第一，自贸区非贸易壁垒的削减带来的GDP增加相对更多，但是共建"一带一路"国家（地区）众多，各国（地区）经济发展水平、文化、生活方式、宗教信仰等差异十分明显，如何进行有效的协调和磋商面临巨大困难。因而在短期内完成相关协议的谈判是实现理想效果的重要前置条件。第二，中国倡导的"一带一路"倡议现在正处在起步阶段，受中美贸易摩擦的影响，中国应该加强和其他共建"一带一路"国家（地区）的合作，重构以中国为核心的贸易体系，这样一方面有助于削减技术性贸易壁垒，同时充分照顾到了共建"一带一路"国家（地区）的情绪，便于相关工作的展开。第三，中国同其他共建"一带一路"国家（地区）之间的自贸区目前只有和东盟十国以及部分国家之间建立，中国有建设自贸区的经验和实践，未来发展潜力巨大。

在短期关税降低50%且非关税贸易壁垒削减5%的过程中，本书首先根据中国行业产出受益且其他共建"一带一路"国家（地区）的行业产出受益情况，依据梯度下降的方式逐级选择最优合作行业和重点合作区域；其次，选择中国行业产出受益且其他共建"一带一路"国家（地区）中半数及以上区域的行业产出受益，作为次优合作行业和重点合作区域；最后，选择中国行业产出受益且其他共建"一带一路"国家（地区）中一个及以上区域的行业产出受益，作为第三优合作行业和重点合作区域。

表 8-10 关税降低 50%且非关税贸易壁垒削减
5%对各区域、各行业的影响 单位：百万美元

部门	中国	东盟9国	东亚蒙古国	南亚5国	西亚13国	中东欧11国	独联体6国	中亚2国
农林牧渔业	-2061.750	-574.656	0.675	-249.313	-2052.984	-196.781	234.906	193.568
食品加工业	-2039.125	5402.813	-36.658	-6144.719	-1763.489	477.188	-1153.922	-27.498
服装纺织业	10839.250	-2010.727	6.719	-4054.563	-6244.156	-2325.559	-3338.459	-551.330
其他轻工业	546.875	-3129.547	-11.036	-1606.297	-2517.672	-4795.891	-1643.895	-421.551
采掘业	-12903.125	-3384.922	-78.011	-1251.797	251.625	-882.430	-1567.750	-110.094
运输设备制造业	3517.438	-311.719	-1.410	-1298.391	11.242	4204.266	-1660.250	-226.855
金属制品及其相关	19662.000	-4393.625	-51.177	-1911.766	-3782.938	-4140.938	502.906	-243.877
石油化工及其相关	-4397.250	3307.500	-15.880	3209.000	1202.313	7501.156	-1990.156	60.479
电子设备制造业	-26900.875	10330.031	-1.782	-1940.660	-2038.215	299.703	-1625.544	-229.798
机械和设备制造业	-5940.500	-3488.891	-2.927	1794.203	-2853.172	-5236.969	-4006.391	-280.713
建筑业	22950.125	12842.719	124.426	7802.375	9854.500	6793.719	8236.938	974.785
公共事业	1116.969	-3.195	6.998	464.313	373.406	-252.820	244.219	2.996
运输及通信业	-3004.500	529.438	9.152	3545.063	4401.188	635.063	1022.938	623.023
政府部门服务业	4840.875	1664.719	33.293	1826.063	1599.688	1508.438	817.781	235.859
私人部门服务业	-992.250	-4369.000	48.454	-3796.938	1388.438	-777.125	-670.750	-191.020

由表 8-10 可知，在关税降低 50%且非关税贸易壁垒削减 5%的情景下，理应优先选择建筑业和政府部门服务业，主要是因为其关税降低 50%且非关税贸易壁垒削减 5%对于中国和其他共建"一带一路"国家（地区）的建筑业和政府部门服务业产出增长都起到了促进作用，因此应该优先发展。其中，建筑业所带来的产出增长量高低依次为中国、东盟 9 国、西亚 13 国、独联体 6 国、南亚 5 国、中东欧 11 国、中亚 2 国和东亚蒙古国；从整体产出的增量上来看，在建筑业领域，中国应优先选择和东盟 9 国合作，其次选择西亚 13 国，再次应该选择与独联体 6 国、南亚 5 国、中东欧 11 国、中亚 2 国和东亚蒙古国进行合作。政府部

门服务业所带来的产出增长量由高到低依次为中国、南亚5国、东盟9国、西亚13国、中东欧11国、独联体6国、中亚2国和东亚蒙古国;从整体产出的增量上来看,在政府部门服务业中国应优先选择和南亚5国合作,其次选择东盟9国,再次应该选择与西亚13国、中东欧11国、独联体6国、中亚2国和东亚蒙古国进行合作。

在关税降低50%且非关税贸易壁垒削减5%的情景下,次优选择为公共事业,因为关税降低50%且非关税贸易壁垒削减5%对于西亚13国、独联体6国、南亚5国、中亚2国和东亚蒙古国的公共事业产出增长都起到了促进作用。其所带来的产出增长量高低依次为中国、南亚5国、西亚13国、独联体6国、东亚蒙古国和中亚2国,因此在公共事业中国应该优先选择和南亚5国合作,其次选择西亚13国,再次应该选择与独联体6国、东亚蒙古国和中亚2国进行合作。

第三优选择为运输设备制造业、服装纺织业和金属制品及其相关。在运输设备制造业中,关税降低50%且非关税贸易壁垒削减5%对于中国、中东欧11国和西亚13国的产出增长起到了促进作用,其所带来的产出增长量由高到低依次为中国、中东欧11国和西亚13国,因此中国应该优先选择和中东欧11国合作,其次选择西亚13国。在服装纺织业中,关税降低50%且非关税贸易壁垒削减5%对于中国和东亚蒙古国的产出增长起到了促进作用,因此中国应该优先选择和东亚蒙古国合作。在金属制品及其相关中,关税降低50%且非关税贸易壁垒削减5%对于中国和独联体6国的产出增长起到了促进作用,因此中国应该优先选择和独联体6国合作。

二、中期路径选择

我们将"一带一路"中期模拟结果进行对比分析(见表8-11),不难发现:第一,关税下降85%后,中国的GDP增速大于其他共建"一带一路"国家(地区)的GDP增速,且中国GDP增加额高于其他国家,这是由于中国经济体量相对于其他共建"一带一路"国家(地区)较大,因此其GDP增加额相对于其他共建"一带一路"国家(地区)而言较大。第二,关税降低85%且非关税贸易壁垒削减10%后,中国的GDP增速有所提升,同时其他共建"一带一路"国家(地区)GDP增速均为正,东亚蒙古国、东盟9国、南亚5国中东欧11国的GDP增速大于中国的GDP增速,可见降低85%且非关税贸易壁垒削减10%对于中国和其他共建"一带一路"国家(地区)的经济增长均有促进作用。第三,在关税降低85%且技术性贸易壁垒削减10%后，中国和其他共建"一带一路"国家（地区）的GDP增速高于仅关税降低85%后中国的GDP增速。可见，整体而言关税降低85%且技术性贸易壁垒削减10%对于中国和其他共建"一带一路"国家（地区）的经济发展有更好的促进作用。

表8-11　关税降低85%和关税降低85%且技术性贸易壁垒削减5%对GDP的影响

区域	情景三：共建"一带一路"国家（地区）之间关税降低85%对GDP的影响		情景四：共建"一带一路"国家（地区）之间关税降低85%，且技术性贸易壁垒降低10%对GDP的影响	
	增减额（百万美元）	增减比率（%）	增减额（百万美元）	增减比率（%）
中国	70381.337	0.876	250191.193	3.114
日韩	−23314.557	−0.328	−138607.887	−1.950
东亚蒙古国	9.111	0.104	1253.578	14.309
南亚5国	−7262.232	−0.318	97651.899	4.276
东盟9国	18596.124	0.864	114417.816	5.316
中亚2国	−862.459	−0.444	5988.651	3.083
西亚13国	−5598.059	−0.156	51315.543	1.430
中东欧11国	9670.754	0.681	53551.265	3.771
部分欧盟国家	−41928.573	−0.311	−188206.713	−1.396
独联体6国	−5923.337	−0.267	37004.220	1.668
英国	−6673811.142	−0.271	−28025.081	−1.138
美国	−42562.571	−0.274	−199143.124	−1.282
世界其他国家和地区	−30007.428	−0.231	−183681.835	−1.414

因此，在自贸区建设的中期路径选择方向上应选择关税降低85%且技术性贸易壁垒削减10%的自贸区建设。在自贸区建设过程中不仅应该考虑技术性贸易壁垒所存在的共建"一带一路"国家（地区）众多，各国（地区）经济发展水平、文化、生活方式、宗教信仰等差异很大，如何进行有效的协调和磋商等面临巨大困难；还应该考虑关税降低和非贸易壁垒削减所面临的问题，如应该选择哪些区域、行业进行优先谈判，这样才能使得共建"一带一路"国家（地区）之间的自贸区建设在中期达到很好的效果，实现互惠互利、互利共赢。

在中期关税降低85%且非关税贸易壁垒降低10%的过程中，本书首先根据中国行业产出受益且其他共建"一带一路"国家（地区）的行业产出受益，来选择最优合作行业和重点合作区域；其次，选择中国行业产出受益且其他共建"一带一路"国家（地区）中半数及以上区域的行业产出受益，作为次优合作行业和重点合作区域；最后，选择中国行业产出受益且其他共建"一带一路"国家（地区）中一个及以上区域的行业产出受益，作为第三优合作行业和重点合作区域。

表 8-12 关税降低 85% 且非关税贸易壁垒
削减 10% 对各区域、各行业的影响 单位：百万美元

部门	中国	东盟 9 国	东亚蒙古国	南亚 5 国	西亚 13 国	中东欧 11 国	独联体 6 国	中亚 2 国
农林牧渔业	-4263.625	-1307.250	-0.023	311.188	-3789.234	-480.688	344.969	353.326
食品加工业	3998.250	8813.813	-72.387	-10634.219	-3163.750	664.141	-2080.484	-46.395
服装纺织业	18447.563	-3942.633	10.747	-8429.719	-11563.219	-4408.711	-6109.500	-1011.636
其他轻工业	115.750	-5984.109	-22.104	-3106.844	-4740.961	-9175.836	-2988.090	-791.313
采掘业	-25398.063	-6596.609	-150.880	-2498.484	455.625	-1746.127	-3165.219	-225.961
运输设备制造业	6386.125	-752.969	-2.891	-2545.586	-44.117	7139.656	-3056.633	-433.757
金属制品及其相关	37198.500	-8301.828	-103.333	-3912.406	-7531.500	-7948.109	856.469	-456.930
石油化工及其相关	-8141.000	6108.750	-30.787	6867.750	1099.438	14890.563	-3805.781	75.740
电子设备制造业	-49626.875	21180.063	-3.492	-3921.406	-4140.234	622.914	-3173.195	-451.344
机械和设备制造业	-10636.250	-7052.781	-5.757	2867.063	-5727.234	-10164.984	-7819.547	-551.270
建筑业	44680.750	24927.469	241.053	15058.594	18830.875	13279.063	15822.750	1887.652
公共事业	2137.688	10.625	14.207	895.156	718.063	-440.367	553.250	8.351
运输及通信业	-5401.250	1268.813	16.957	6881.813	8570.313	1368.656	1965.750	1198.688
政府部门服务业	9467.500	3367.563	69.050	3691.188	3293.875	2980.844	1664.469	475.828
私人部门服务业	-1513.750	-8117.563	96.419	-7663.969	2882.625	-1363.500	-1342.969	-378.555

由表 8-12 可以发现，在中期关税降低 85% 且非关税贸易壁垒削减 10% 的情景下，应优先选择建筑业和政府部门服务业，这是因为关税降低 85% 且非关税贸易壁垒削减 10% 对于中国和共建"一带一路"国家（地区）的建筑业和政府部门服务业产出增长都起到了促进作用。其中，建筑业所带来的产出增长量由高到低依次为中国、东盟 9 国、西亚 13 国、独联体 6 国、南亚 5 国、中东欧 11 国、中亚 2 国和东亚蒙古国；从整体产出的增量上来看，在建筑业中国应优先选择和东盟 9 国合作，其次选择西亚 13 国，再次应该选择与独联体 6 国、南亚 5 国、

中东欧 11 国、中亚 2 国和东亚蒙古国进行合作。政府部门服务业所带来的产出增长量由高到低依次为中国、南亚 5 国、东盟 9 国、西亚 13 国、中东欧 11 国、独联体 6 国、中亚 2 国和东亚蒙古国；从整体产出的增量上来看，在政府部门服务业中国应优先选择和南亚 5 国合作，其次选择东盟 9 国，再次应该选择与西亚 13 国、中东欧 11 国、独联体 6 国、中亚 2 国和东亚蒙古国进行合作。

在关税降低 50%且非关税贸易壁垒削减 5%的情景下，次优选择为公共事业，因为关税降低 50%且非关税贸易壁垒削减 5%对于中国、东盟 9 国、西亚 13 国、独联体 6 国、南亚 5 国、中亚 2 国和东亚蒙古国的公共事业产出增长都起到了促进作用。其所带来的产出增长量由高到低依次为中国、南亚 5 国、西亚 13 国、独联体 6 国、东亚蒙古国、东盟 9 国和中亚 2 国，因此在公共事业中国应该优先选择和南亚 5 国合作，其次选择西亚 13 国，再次应该选择与独联体 6 国、东亚蒙古国、东盟 9 国和中亚 2 国进行合作。

第三优选择为食品加工业、服装纺织业、运输设备制造业和金属制品及其相关。在食品加工业中，关税降低 85%且非关税贸易壁垒削减 10%对于中国、东盟 9 国和中东欧 11 国的产出增长起到了促进作用，其所带来的产出增长量由高到低依次为中国、东盟 9 国和中东欧 11 国，因此中国应该优先选择和东盟 9 国合作，其次选择中东欧 11 国。在服装纺织业中，关税降低 85%且非关税贸易壁垒削减 10%对于中国、东亚蒙古国的产出增长起到了促进作用，因此中国应该优先选择和东亚蒙古国合作。在运输设备制造业中，关税降低 85%且非关税贸易壁垒削减 10%对于中国和中东欧 11 国的产出增长起到了促进作用，因此中国应该优先选择和中东欧 11 国合作。在金属制品及其相关中，关税降低 85%且非关税贸易壁垒削减 10%对于中国和独联体 6 国的产出增长起到了促进作用，因此中国应该优先选择和独联体 6 国合作。

三、长期路径选择

表 8-13 展示了对共建"一带一路"国家（地区）各行业产出的影响分析，其中假设中国和其他共建"一带一路"国家（地区）之间建立了相对完善的自贸区，共建"一带一路"国家（地区）均作为自贸区成员参与建设，而在具体的设定上为共建"一带一路"国家（地区）之间关税降低 100%且非关税贸易壁垒削减 20%，同样依据前文所述的梯度下降的方式对最优路径进行规划。

表 8-13 长期关税降低 100%且非关税贸易
壁垒削减 20%对各区域、各行业的影响　　　　单位：亿美元

部门	中国	东盟 9 国	东亚蒙古国	南亚 5 国	西亚 13 国	中东欧 11 国	独联体 6 国	中亚 2 国
农林牧渔业	-9181.250	-3351.625	-6.453	252.375	-6100.375	-1367.953	107.344	548.867
食品加工业	-7623.250	8332.688	-140.439	-13544.031	-4632.750	-26.078	-3099.953	-52.660
服装纺织业	21817.563	-7517.414	8.934	-18355.484	-18809.406	-7686.211	-9571.059	-1598.491
其他轻工业	-4332.438	-10685.008	-44.360	-5720.211	-8108.188	-16410.602	-4577.570	-1340.949
采掘业	-48891.313	-12384.844	-277.765	-4973.109	688.938	-3404.842	-6489.125	-478.852
运输设备制造业	9744.813	-2110.438	-6.115	-4852.234	-399.055	8357.906	-4881.879	-774.396
金属制品及其相关	65411.000	-14338.375	-211.236	-8239.594	-14902.625	-14338.734	1016.016	-770.027
石油化工及其相关	-13233.500	9854.875	-57.215	15834.375	-3891.938	29259.531	-6797.125	-59.541
电子设备制造业	-79770.438	44786.875	-6.647	-8029.898	-8578.242	1355.508	-5982.886	-864.179
机械和设备制造业	-15462.500	-14455.516	-11.057	2367.938	-11551.969	-18888.250	-14737.297	-1055.140
建筑业	83669.625	46317.875	445.710	27568.469	33564.125	25118.969	28607.000	3353.012
公共事业	3826.063	100.672	29.398	1634.094	1301.969	-576.117	1408.969	27.703
运输及通信业	-7967.000	3517.375	27.632	12791.563	16057.375	3197.031	3557.500	2176.352
政府部门服务业	17935.625	6912.906	149.595	7564.594	7028.688	5793.531	3463.781	970.844
私人部门服务业	-831.125	-13339.250	190.558	-15655.063	6125.063	-1836.875	-2692.875	-740.832

由表 8-13 可以发现，在长期关税降低 100%且非关税贸易壁垒削减 20%的自贸区建设中，优先选择建筑业和政府部门服务业，这是因为其关税降低 100%且非关税贸易壁垒削减 20%对于中国和共建"一带一路"国家（地区）的建筑业和政府部门服务业产出增长都起到了促进作用。其中，建筑业所带来的产出增长量由高到低依次为中国、东盟 9 国、西亚 13 国、独联体 6 国、南亚 5 国、中东欧 11 国、中亚 2 国和东亚蒙古国，从整体产出的增量上来看，在建筑业领域国应优先选择和东盟 9 国合作，其次选择西亚 13 国，再次应该选择与独联体 6 国、南亚 5 国、中东欧 11 国、中亚 2 国和东亚蒙古国进行合作。政府部门服务业所带来的产出增长量由高到低依次为中国、南亚 5 国、西亚 13 国、东盟 9 国、中东欧 11 国、独联体 6 国、中亚 2 国和东亚蒙古国，从整体产出的增量上来看，在政府部门服务业中国应优先选择和南亚 5 国合作，其次选择西亚 13 国，再次应该选择与东盟 9 国、中东欧 11 国、独联体 6 国、中亚 2 国和东亚蒙古国进行合作。

在关税降低100%且非关税贸易壁垒削减20%的情景下，次优选择为公共事业，因为关税降低100%且非关税贸易壁垒削减20%对于中国、南亚5国、独联体6国、西亚13国、东盟9国、东亚蒙古国和中亚2国的公共事业产出增长都起到了促进作用。其所带来的产出增长量由高到低依次为中国、南亚5国、独联体6国、西亚13国、东盟9国、东亚蒙古国和中亚2国，因此在公共事业中国应该优先选择和南亚5国合作，其次选择独联体6国，再次应该选择与西亚13国、东盟9国、东亚蒙古国和中亚2国进行合作。

第三优选择为服装纺织业、运输设备制造业和金属制品及其相关。在服装纺织业中，关税降低100%且非关税贸易壁垒削减20%对于中国和东亚蒙古国的产出增长起到了促进作用，因此中国应该优先选择和东亚蒙古国合作。在运输设备制造业中，关税降低100%且非关税贸易壁垒削减20%对于中国和中东欧11国的产出增长起到了促进作用，因此中国应该优先选择和中东欧11国合作。在金属制品及其相关中，关税降低100%且非关税贸易壁垒削减20%对于中国和独联体6国的产出增长起到了促进作用，因此中国应该优先选择和独联体6国合作。

综上所述，本章利用GTAP模拟共建"一带一路"国家（地区）之间的自贸区建设的经济结果，在假设短期、中期、长期及相应的贸易壁垒和技术性贸易壁垒的情景下，对其整体产出和行业产出进行了模拟，进而在"互利共赢型"合作模式下对各区域、各行业产出进行分析，最后得出了如表8-14所示的结论。

表8-14 中国与其他共建"一带一路"国家（地区）自贸区建设短期、中期、
长期的合作行业及区域

	最优选择	次优选择	第三优选择
短期	最优行业：建筑业和政府部门服务业 建筑业合作区域次序：东盟9国>西亚13国>独联体6国>南亚5国>中东欧11国>中亚2国>东亚蒙古国 政府部门服务业合作区域次序：南亚5国>东盟9国>西亚13国>中东欧11国>独联体6国>中亚2国>东亚蒙古国	次优行业：公共事业 公共事业合作区域次序：南亚5国>西亚13国>独联体6国>东亚蒙古国>中亚2国	第三优行业：运输设备制造业、服装纺织业和金属制品及其相关 运输设备制造业合作区域次序：中东欧11国>西亚13国 服装纺织业合作区域次序：东亚蒙古国 金属制品及其相关合作区域次序：独联体6国

续表

	最优选择	次优选择	第三优选择
中期	最优行业：建筑业和政府部门服务业 建筑业合作区域次序：东盟9国>西亚13国>独联体6国>南亚5国>中东欧11国>中亚2国>东亚蒙古国 政府部门服务业合作区域次序：南亚5国>东盟9国>西亚13国>中东欧11国>独联体6国>中亚2国>东亚蒙古国	次优行业：公共事业 公共事业合作区域次序：南亚5国>西亚13国>独联体6国>东亚蒙古国>东盟9国>中亚2国	第三优行业：食品加工业、服装纺织业、运输设备制造业和金属制品及其相关 食品加工业合作区域次序：东盟9国>中东欧11国 服装纺织业合作区域次序：东亚蒙古国 运输设备制造业合作区域次序：中东欧11国 金属制品及其相关合作区域次序：独联体6国
长期	最优行业：建筑业和政府部门服务业 建筑业合作区域次序：东盟9国>西亚13国>独联体6国>南亚5国>中东欧11国>中亚2国>东亚蒙古国 政府部门服务业合作区域次序：南亚5国>西亚13国>东盟9国>中东欧11国>独联体6国>中亚2国>东亚蒙古国	次优行业：公共事业 公共事业合作区域次序：南亚5国>独联体6国>西亚13国>东盟9国>东亚蒙古国>中亚2国	第三优行业：服装纺织业、运输设备制造业和金属制品及其相关 服装纺织业合作区域次序：东亚蒙古国 运输设备制造业合作区域次序：中东欧11国 金属制品及其相关合作区域次序：独联体6国

第五节　小结

利用 GTAP 第九版数据库，本章针对共建"一带一路"国家（地区）自由贸易发展现状、GTAP 模拟模型设定、共建"一带一路"国家（地区）关税降低和非贸易壁垒削减对各区域、各行业经济影响的比较分析、中国现实路径选择四个方面进行分析。研究结果表明：①共建"一带一路"国家（地区）之间关税的降低和非关税贸易壁垒的削减会促进中国 GDP 增长、出口规模和进口规模扩大的同时还增进了中国的社会福利，这种效应随着自由贸易协定关税降低和非关税贸易壁垒削减程度的提高而增强。②共建"一带一路"国家（地区）之间关税的降低和非关税贸易壁垒的削减会促进部分共建"一带一路"国家（地区）

GDP 的增长，同时会促进共建"一带一路"国家（地区）的出口规模、进口规模增长及社会福利提高，这种效应随着自由贸易协定关税降低和非关税贸易壁垒削减程度的提高而增强。③共建"一带一路"国家（地区）之间的关税已经处于较低水平，通过单纯地降低关税给共建"一带一路"国家（地区）经济状况带来的改善较为有限，相对而言降低关税的同时削减技术性贸易壁垒则能更加显著地改善共建"一带一路"国家（地区）各项经济指标，但同时对于非共建"一带一路"国家（地区）经济发展的负面冲击也有所加深。④在五种情景下共建"一带一路"国家（地区）之间全面自由贸易协定的签订对于中国不同部门的影响是不同的：对服装纺织业、运输设备制造业、金属制品及其相关、公共事业、建筑业和政府部门服务业均是利好的，对食品加工业、采掘业、石油化工及相关、电子设备制造业、机械设备制造业、运输及通信业、私人部门服务业产生了负面冲击，对其余行业的影响因关税降低力度或非关税贸易壁垒削减程度的不同而呈现差异。⑤通过情景分析和自由贸易阶段划分，本书发现，中国和其他共建"一带一路"国家（地区）的合作模式有三种情况，即"利己型"合作模式、"利他型"合作模式和"互利共赢型"合作模式。在"互利共赢"的合作模式下对各区域、各行业的产出进行分析发现，短期、中期和长期的最优选择行业均为建筑业和政府部门服务业。其中在建筑业领域，短期的重点合作区域依次为东盟9国、西亚13国、独联体6国、南亚5国、中东欧11国、中亚2国、东亚蒙古国；政府部门服务业领域，短期的重点合作区域依次为南亚5国、东盟9国、西亚13国、中东欧11国、独联体6国、中亚2国和东亚蒙古国。在建筑业领域，中期的合作区域次序为东盟9国、西亚13国、独联体6国、南亚5国、中东欧11国、中亚2国和东亚蒙古国；政府部门服务业领域，中期的合作区域次序为南亚5国、东盟9国、西亚13国、中东欧11国、独联体6国、中亚2国和东亚蒙古国。在建筑业领域，长期的合作区域次序为东盟9国、西亚13国、独联体6国、南亚5国、中东欧11国、中亚2国和东亚蒙古国；政府部门服务业领域，长期的合作区域次序为南亚5国、西亚13国、东盟9国、中东欧11国、独联体6国、中亚2国和东亚蒙古国。

第九章　结论与对策

第一节　主要结论

APEC 作为政府间经济合作机构，自成立之时起就已经在贸易和投资合作、自由贸易区建设等领域展开尝试。在世界范围，特别是亚太地区内，总体关税的大幅度降低、非关税壁垒的削减以及投资准入门槛的降低为全球价值链合作提供了外在条件，全球分工的进步则为区域内全球价值链的推进提供了内在动力。APEC 成员间悠久的历史关联和现实经济联系也是催成 APEC 成员在全球价值链上展开合作的重要因素之一。全球价值链合作对于 APEC 成员而言具有必要性。亚太地区作为全球经济最具活力的地区，APEC 成员开展全球价值链合作有助于成员释放当地的经济发展潜力，实现更好的经济发展；同时有利于贸易自由化和投资便利化的实现。亚太地区作为全球经济最具潜力的地区，嵌入全球价值链为当地提供了更好的发展机遇，而中国作为全球价值链体系最大的获益者和参与者，全球价值链合作的实现也是中国的现实需要。APEC 成员之间较高的贸易开放程度、良好的沟通以及顺畅的基础设施联通为展开全球价值链合作提供了必要的基础，而 APEC 成员之间的合作本身也已经取得一定的成绩。

"一带一路"倡议的提出是中国推动构建人类命运共同体、促进世界繁荣的重要依托，也是中国实现对外高层次开放的重要机遇和平台。中国同其他共建"一带一路"国家（地区）之间悠久的历史往来、全球经济的发展以及生产的碎片化是中国与其他共建"一带一路"国家（地区）展开合作的大背景。中国对"一带一路"倡议高度重视，中国对外开放层次的提升与南南合作的现实需要也要求中国积极与沿线国家展开深层次的合作。中国与其他共建"一带一路"国家（地区）存在着显著的资源互补性，其他共建"一带一路"国家（地区）本身较为独立和完整的分工体系为合作提供了充分必要性，倡议本身所倡导的合作的基本格局使"一带一路"倡议不同于既往的全球治理策略，更加有利于促进国际公平发展。中国与其他共建"一带一路"国家（地区）之间在贸易互通、民心相通、基础设施联通以及政策沟通等方面同样有着较为稳定的基础。

APEC 成员之间的贸易增加值网络呈高度联结的基本特征，反映出亚太地区之间经济关联日趋紧密的基本事实。但如果将视角转移至 APEC 成员的行业领域则可以发现这种关联骤然变得稀疏。这种关联的松散性侧面反映了目前 APEC 成员参与全球分工体系主要是由本国和地区具有比较优势的产业嵌入全球分工体系当中，相对劣势产业一方面由于竞争力不足无法参与全球分工，另一方面缺少竞争力的产业也是本国和地区重点扶持和保护的产业，本身开放程度较低。中国、美国、韩国、日本等仍然是 APEC 成员贸易增加值网络中最为重要的成员，中高端制造业是上述成员参与全球分工体系主要涉足的行业，而中高端制造业本身的行业特性也决定了其在全球分工体系中的重要性。制造业越偏向中高端的领域，中国、美国、日本、韩国的地位也就越发重要。同时，以石油和矿物供应为主要优势产业的俄罗斯和澳大利亚也在全球分工中占有一席之地。从行业分布来看，制造业仍然是全球价值链分工领域的主导行业，制造业因其联通了上下游产业且产品易于工业化、标准化的生产和运输，是全球分工渗透度最高的行业。相比之下，服务业则主要在本国和地区发生，只有少数服务业在全球分工体系中显得较为重要。全球分工体系除中国、美国、日本、韩国等少数成员实现高水平的跨区域分工外，全球分工体系仍然是以诸如东亚、北美这样的地理区域单元为主要单位，以核心成员为主要参与者实现的，边缘成员则需要围绕核心成员方能实现对于价值链的参与。

同 APEC 成员类似，共建"一带一路"国家（地区）的贸易增加值网络同样呈现网络状的结构。但是共建"一带一路"国家（地区）的贸易增加值网络整体紧密程度弱于 APEC 成员，"一带一路"倡议覆盖广泛，共建国家（地区）经济发展和开放程度存在差异，国家之间的地理距离是造成这一现象的主要原因。共建"一带一路"国家（地区）参与全球分工体系同样是通过制造业加以实现的，中高端制造业同样是所有行业中最具影响力的，这一点与 APEC 成员所组成的增加值网络无异。共建"一带一路"国家（地区）同样呈现区域性质的贸易团体，但是数量明显要多于 APEC 成员下的分类数，不同贸易子团的内部呈现明显的核心-边缘结构。

通过对 APEC 成员和共建"一带一路"国家（地区）潜在的合作路径进行筛选和分析，本书认为贸易自由化是实现全球价值链合作最可行和最有效的手段，基于此，本书在研究 APEC 成员合作的重点方向时主要围绕 RCEP、CPTPP、TPP 和 FTAAP 四个自贸协定，用 GTAP 9.0 模型模拟并分析其对世界主要国家和地区的 GDP、进出口贸易和部分细分行业产出的作用。结果表明：RCEP 生效后可以促进中国 GDP 的增长，这种效应随着 RCEP 关税税率降低和非关税壁垒削减程度的增加而增强，其中非关税壁垒削减对中国 GDP 增加的影响更为显著。CPTPP 和 TPP 生效后，分为两种情形，中国未加入时对中国 GDP 产生负影响，当中国加入后这种负影响消失，并对中国 GDP 产生正向的促进作用，这种效应随着 CPTPP 和 TPP 非关税壁垒削减程度的增加而增强。FTAAP 生效后对成员的 GDP 均产生正向促进作用，也随着自贸区水平的提升而放大这种促进效果。

在情景模拟中，自贸区建设水平的提升对于中国产业结构的调整呈如下变化：中国初级产品产出随自贸区建设水平的提升而不断下降，制造业中不利于中国重工业的发展，但对于加工食品、纺织及制衣业和轻工业存在不同程度的促进作用，服务业产出比重则伴随自贸区建设水平的提升而不断增加，有利于中国产业结构优化和高级化发展。根据情景模拟结果，在短期选择方向上最优选择为 FTAAP，次优选择为 RCEP。FTAAP 情境下重点合作国家和地区为美国、韩国、日本和 APEC-13，重点合作行业分别为纺织及制衣业、轻工业、谷物和作物；RCEP 情境下重点合作国家和地区为韩国、日本、东盟十国和澳新地区，重点合作行业分别为纺织及制衣业、加工食品、谷物和作物。在中期选择方向上最优选择为 TPP。TPP 情境下重点合作国家和地区为美国、TPP-8、日本和澳新地区，重点合作行业分别为纺织及制衣业、公共事业与建设、轻工业。长期选择方向上最优选择为 TPP，次优选择为 RCEP。TPP 情境下重点合作国家和地区为美国、TPP-8、日本和澳新地区，重点合作行业分别为纺织及制衣业、公共事业与建设、轻工业；RCEP 情境下重点合作国家和地区为东盟十国、日本、韩国和澳新地区，重点合作行业分别为公共事业与建设、加工食品、其他服务业。中国加入TPP 可以积累建设高标准自贸区的实践经验，所以在中期选择方向上应首先考虑TPP，尝试参与高标准自贸区规则的制定，同时这也是中美两个世界大经济体在同一自贸区框架下合作的机遇。在长期选择方向上应首先选择 RCEP 自贸区高标准建设和加入 TPP，推进 RCEP 自贸区高标准建设对中国 GDP 产生的影响仅次于 TPP，但 TPP 面临着复杂的经济、社会和政治问题，因此从长期考虑应从这两个方面着手。中国应在 APEC 框架下积极参与自贸区建设，尤其是加入 CPTPP，推动 TPP 和 FTAAP 向前谈判，同时应高度重视重叠式自贸区所带来的负面影响，避免 FTA 网络形成"意大利面条碗现象"。

本书还根据"一带一路"倡议所面临的实际情况系统地研究共建"一带一路"国家（地区）参与全球价值链合作的重点方向和领域。研究结果发现：在短期选择方向上应首先考虑关税降低 50% 且技术性贸易壁垒削减 2%，这是短期内能够实现"一带一路"倡议的最优路径。在此情形下，中国在合作领域的选择优先次序为：建筑业、农林牧渔业以及食品加工业。从整体产出的增量上来看，在建筑业，中国应优先选择和中亚合作，其次选择东盟十国，再次应该选择与独联体、南亚、中东欧、东亚其他国家进行合作；在农林牧渔业，中国应该优先选择和西亚合作，其次选择独联体，再次应该选择与中亚、东亚其他国家进行合作；而在食品加工领域，合作应该优先选择南亚，其次选择独联体。在中期，关税降低 85% 且技术性贸易壁垒削减 5% 对于中国和其他共建"一带一路"国家（地区）的经济发展都有更好的促进作用。行业选择上应当遵循从建筑业到政府部门服务业和食品加工业，再到农林牧渔业的顺序。最后，从长期来看，当关税下降 100% 且技术性贸易壁垒削减 10% 时，仍然应当优先在建筑业展开合作，其次是政府部门服务业。在建筑业合作方面，中国应该优先选择和东盟十国合作，其次应该选择与中亚、独联体、南亚、中东欧、西亚、东亚其他国家进行合作；在政府部门服务业合作方面，中国应该优先选择和中亚合作，其次应该选择与独联体、中东欧、西亚、东盟十国、东亚其他国家进行合作。

第二节　对策建议

以全球范围内分工细化为代表的全球价值链生产模式深刻地改变了全球经济、政治等诸多方面。全球价值链的兴起为世界各国和地区带来机遇的同时也带来了诸多的挑战。APEC 成员和共建"一带一路"国家（地区）都与中国存在明显的产业结构互补，新时代信息技术革命降低了交流成本的同时也提升了企业的效率，全球范围内贸易成本的下降为更深层次的贸易合作提供了外在条件，世界各国和地区都在充分利用这一历史机遇，发挥资源禀赋比较优势以及垂直分工形成的经济互补性，积极融入全球分工格局，以求在时代的浪潮中释放经济发展的潜力。APEC与"一带一路"倡议都是中国目前参与的重要的全球性交流与对话平台，通过参与全球价值链合作，顺应全球化的大趋势，将有助于推动中国构建以国内大循环为主体、国内国际双循环相互促进的新发展格局，同时助推全球实现贸易公平和经济发展，帮助各国和地区更好地发挥自身比较优势，解决"南北发展不平衡"的问题，实现全球经济结构优化。

不可否认的是，未来全球价值链合作仍将遇到一系列的问题：新型冠状病毒大规模感染的冲击、贸易保护主义的抬头、"逆全球化"的浪潮、南北差异等仍然是经济全球化的阻力，世界各国和地区经济基础、技术进步、基础设施建设、优势产业的差异等现实因素同样是全球价值链合作不得不正视和亟待解决的困难。全球价值链合作必须清醒地认识到，全球范围内的分工应该以实现合作共赢为目的，而非"零和博弈"思维下势力范围的攫取与争夺（王志民等，2020）。就现实推进而言，全球价值链合作应以构建与各国和地区的全面战略协作伙伴关系为基础，与全球市场统一市场有效整合，以上海合作组织、"一带一路"倡议等多个平台为依托，展开机制化合作，实现国际产能合作"连成线、形成面"，并构建更为广阔的伙伴关系网络。

一、完善顶层设计与制度保障

1. 发挥顶层平台优势

APEC和"一带一路"倡议同为中国积极参与的全球性质的交流与合作平台。APEC和"一带一路"倡议在推动区域和全球范围的贸易投资自由化和便利化、开展经济技术合作方面不断取得进展，为加强区域经济合作、促进地区经济发展和共同繁荣做出了突出贡献。针对目前全球性的贸易潮流以及中国自身发展实际，应该充分利用好中国已经参加的"群聊"，发挥顶层对话机制的优势，有针对性地在每个平台倡导有利于世界发展的政策。开展更加适应亚太地区的区域经济议题仍然是未来APEC的主题。APEC框架下中国应该充分考虑积极参与和倡导国际经贸新规则的制定，顺应当前经济全球化和贸易自由化的基本趋势，遵循自主自愿、灵活的原则，推动APEC成员实现各类关税的降低和非关税壁垒的削减、投资开放程度和便利化程度的提升以及国际贸易争端解决机制的创新，推动APEC成员互联互通程度的提高。

"一带一路"倡议自 2013 年提出以来不断取得各类新的突破。截至 2023 年 1 月 6 日,中国已经同 151 个国家和 32 个国际组织签署了 200 余份文件,参与共建"一带一路"的国家已从亚欧大陆延伸至非洲、拉美和南太平洋等区域。"一带一路"倡议作为一个以"共商、共建、共享"为基本原则的经济合作倡议目前正在以产能合作作为基本合作方式不断取得新的成就。随着"一带一路"倡议的逐步推进,加强政策沟通是"一带一路"建设的重要突破点。加强政府间合作,构建多层次政府间宏观政策沟通交流机制,深化利益融合,促进政治互信,达成合作新共识。沿线各国可以就经济发展战略和对策进行充分交流对接,共同制定推进区域合作的规划和措施,协商解决合作中的问题,共同为务实合作及大型项目的实施提供政策支持。

2. 推进自贸区建设

无论是 APEC 成员还是共建"一带一路"国家(地区)均与中国有着紧密的贸易关联,中国作为世界贸易自由化最大的推动者和受益者,可以借助 APEC 和"一带一路"倡议两个平台积极推动自由贸易区建设,加速与区域成员和共建国家(地区)展开自由贸易协定谈判,积极探索与各国和地区建立自由贸易区,有层次、逐步推进自由贸易区以及更高层次的自由化设施的建设。首先,针对中国周边日益被以美国为主的各类贸易谈判"包围"的基本事实,中国应该积极探索与周边国家,特别是美国、日本、韩国开展全面自由贸易协定谈判的可能性,主动创造机会融入周边高水平的贸易谈判当中去,实现对"包围"的突破。对于中国已经加入的贸易协定,如东盟自由贸易区等,应该要积极探索在更深层次领域展开合作,促进关税成本的进一步下降;同时应该积极拓展对外自由贸易协定的边际,将贸易自由化和投资自由化的领域向人口、资源、要素自由流动等领域拓展,促进互补互换协定在更深层次开展。对于与中国距离较远、与中国经贸往来不密切的国家和地区应该积极探索建设高标准自由贸易网络,以促进双边贸易自由化为重点,有条件、有步骤地降低各类关税、削减非关税壁垒,保障贸易自由化在机制上的建设。同时,中国应该以政府为主导建立与区域性大国的信息沟通、共享、交换和公开机制,为中国以及周边国家和地区提供及时、有效、准确的信息,避免各种因信息不对称带来的贸易不确定性。此外,中国还应该在交通基础设施建设、国民待遇、人员和资金跨国流动等方面为周边国家和地区提供更多的便利。对于体量整体较小的国家,中国需要以区域性大国为突破点,以贸易自由化为突破口,以企业为主体,与其进行更加深入的贸易往来。

3. 提升贸易便利化水平

无论是 APEC 成员还是共建"一带一路"国家（地区）都应该积极消除各类不合理的关税和非关税贸易壁垒，这有利于国际产能合作的展开。在贸易保护主义逐步抬头的大背景下，应该充分发挥 APEC 作为政府间经济合作的顶层平台以及"一带一路"倡议能够实现顶层的互联互通的基本优势，通过区域性合作及多边贸易合作等方式，积极推进双边及多边贸易谈判，不断削减"一带一路"沿线各国间投资贸易壁垒，推动国际产能合作的顺利开展（黄森等，2020）。要简化与各个国家和地区的通关手续和加强港口吞吐能力建设，改善中国与各个国家和地区的物流效率，全面提升贸易的有效性；特别是加强沿海、内陆边境地区的基础设施建设，建设更高标准的陆运、空运、海运等运输中心，搭建配套的货物存储、运输、交易、分销口岸。

官方机制的强化是实现中国与 APEC 成员和共建"一带一路"国家（地区）高标准贸易便利化的必要路径。特别是部分不发达的境外地区在实现贸易便利化等层面仍然存在诸多的障碍，因此各国和地区还应将区域贸易合作作为对外贸易战略的重要组成部分，由主要依靠传统多边贸易体系转向区域贸易合作，加快同更多国家和地区商签高标准自由贸易协定，促进区域贸易深度融合（葛纯宝和于津平，2020）。

4. 完善配套制度设计

APEC 与"一带一路"倡议作为目前政府间顶层对话的平台已经在高层次的合作领域构建起较为完整的框架，但是整体来看相关细节仍然有待进一步推进。各国和地区应该进一步完善国际投资与国际贸易相关法律法规，健全劳工监管、反腐倡廉等方面的协调机制，营造公正、高效、透明的营商环境，这既是国际产能合作顺利开展的重要基础，也是国际产能合作深入推进的"助推剂"。未来 APEC 成员与共建"一带一路"国家（地区）应该考虑深层次的全面推进，就各个参与国家和地区在交通基础设施的互联互通、贸易便利化的对策安排、贸易争端的解决等方面给出更为细节的安排，将合作的制度设计向更深层次推进。这样既有利于各国和地区更好地对接顶层制度设计，又能避免合作过程中潜在的效率损失，从而提升全球价值链合作。

5. 完善资金支持体系

无论是企业创新还是全球价值链升级都离不开资金的支持，应该倡导中国以自有资金为主体，丰富多元化资金来源，创新融资、投资机制，降低跨国项目的资金风险。中国还应该充分利用好现有的资金融通平台，如亚洲开发银行、丝路融资平台，引导国际资金流向具有开发性质的国家和地区。鉴于目前部分共建"一带一路"国家（地区）尚未建立起完整的金融体系，中国应该利用好 APEC 成员金融体系完整的优势，积极推动领先地区的银行与其他共建"一带一路"国家（地区）的银行之间建立起必要的联系，完善信用体系，为合作项目提供必要的资金支持。在"一带一路"倡议尚未实现良好发展的基础设施领域，目前广泛采用抵押-担保的产能合作模式，为边缘国家和地区的基础设施建设提供更多的帮助。以国家确认的境外经贸合作区为重点，探索企业以境外资产、股权、土地、矿业开采权等作抵押，开展"外保内贷，外保外贷"试点。将国际产能合作与人民币国际化结合起来，鼓励人民币对外贷款，促进共建"一带一路"国家（地区）使用人民币购买中国机器设备，引导更多国家和地区在贸易中使用人民币结算，增加人民币回流渠道，形成产品流、资金流良性循环的局面（郭朝先和刘芳，2020）。

二、因地制宜选择合作方式

1. 与核心国家和地区在竞争中求合作

各国和地区与中国在优势产业上的互斥和互补属性是全球价值链合作得以展开的基础，世界各国和地区发展水平的异质性决定了全球价值链合作的领域和方式必须遵循因地制宜和因时制宜的基本原则，沿着一定的次序和步骤循序展开才能取得良好的成效。根据前文的研究结论不难发现，诸如美国、日本、韩国、德国这样的核心国家和地区的基本特点是以高端制造业和服务业为主要优势产业嵌入全球价值链分工体系当中，中国在其优势产业当中扮演着有竞争力的追赶者的角色；相反，得益于中国在中低端制造业和服务业方面的巨大优势，中国与核心国家和地区跨产业之间存在显著的互补性。针对上述核心国家，中国应该与其保持"在合作中求竞争，在竞争中求合作"的双重路线。针对合作的方式，应该坚持以宏观引导为主，鼓励企业实现自主竞争和自主发展为基本原则的方针和策略。鉴于中、美、日、韩在高端制造领域存在高度竞争的基本事实，在推进合作的过程中应该深化上述国家在各个领域的往来，特别是加强以跨国公司为主体、以市场化机制为主导的产业合作平台的建设，降低外资企业的进入门槛，构建内资、外资公平竞争的竞争格局，让市场力量和机制作为开展合作的基础，鼓励中国企业在学习、借鉴的基础上实现高层次合作和竞争。对于中低端制造业和服务业领域，中国应该积极利用当前智能制造和信息革命的巨大优势，进一步扮演好世界工厂的角色，巩固和扩大中国在中低端制造业和服务业领域的优势，积极拓展双边贸易自由化和便利化，尽快实现货物和服务贸易"零成本"的跨境策略，实现中国产品在各国和地区市场份额的进一步提升。同时，中国应该积极抓住信息化革命的发展机遇，将智能制造、人工智能等技术与中低端制造业结合，尽快摆脱低附加值的困局，加速品牌和市场服务建设，实现制造业和服务业向中高端迈进。

2. 与半核心国家和地区合作的策略选择

与核心国家和地区相比，中国与半核心国家和地区之间的价值链结构表现为经济结构的互补性远远大于竞争性，因此，与半核心国家和地区之间的全球价值链合作有着更为广阔的合作空间。中国与半核心国家和地区之间的合作策略应当是以地理距离或者贸易自由化为基础，"由近及远、由浅到深，市场主导、政府推动"的双重合作策略。对于与中国地理距离较近、双边业已建设起良好的合作基础的半核心国家和地区，如俄罗斯、新加坡、越南、印度，应该倡导构建以市场为主体、以政府高层推动为核心的双重互动机制。从市场角度来看，中国应该积极推动贸易开放和便利化的进程，以市场机制作为基本的调节机制，实现货物和服务贸易在中国更大规模的沟通。特别是对于中国在全球价值链贸易模式下的优势产业以及上述半核心国家和地区的优势产业而言，应该着重推进相关领域的贸易开放政策和市场主体的国民待遇，发挥好双方的比较优势，拓展价值链合作领域；市场力量，特别是各类企业能否发挥好基本作用是关键。同时，在政府层面上应该以实现"政治互信"和"政策互通"为出发点，特别是目前少数半核心国家和地区与中国政府整体层面互信程度较低，不时仍做出有损于两国互信的举动，中国对于此类行为展开必要反击的同时应该进一步加强双边政府间高层次对话和往来，推进政治相互信任建设，有理、有据、有节地实现双边合作关系向更深层次推进。中国应该积极推动政策性质的互通建设，强化以贸易自由化、便利化为重点，以经济一体化为长期目标的经济格局建设，加快自贸区建设。

对于与中国距离较远、仅在少数优势产业以双方优势产业展开被动合作的国家和地区，如澳大利亚、沙特阿拉伯、意大利、英国等，中国应该积极推动以实现更低成本的贸易为重点、以贸易自由化为突破点的策略。重点实现中国与这些国家和地区的经济合作，特别是除少数优势产业外的其他产业实现更高水平的直接互联互通，是中国与其实现全球价值链深度合作的必要基础。

3. 与边缘国家和地区合作的策略选择

经济体量较小、贸易流量小是边缘国家和地区的共同特征，但是并不意味着它们在全球价值链合作中的地位可以被忽视。事实上中国对外援助的基础设施建设项目大部分从边缘国家和地区加以展开，边缘国家和地区在基础原材料提供、中低端制造业发展等领域仍然有着巨大的需求。与边缘国家和地区的合作应当坚持"三条路并行"的基本策略：第一，应该加强以贸易网络沟通和联结为主的建设，倡导中国与其在经贸领域往来的拓展。其中，企业作为市场参与主体，政府作为风险保障者和信息提供者，需要发挥好相对应的作用。中国应该设立各种优惠政策以有导向性地推动企业积极"走出去"，特别是在边缘国家和地区因地制宜地设立分支机构或者开展相对应的业务。政府为其提供必要的贷款、担保和保险支持，同时为其提供必要的信息和法律相关方面的支持。第二，以自由贸易区建设为主体扩大中国自由贸易的"朋友圈"。对于边缘国家和地区而言，完全发挥自身的比较优势、融入全球分工体系是其得以实现发展的必要条件，中国目前已经积极与少数边缘国家和地区签署了各种层次的自由贸易协定，已经取得了良好的效果，为世界上的其他国家和地区通过自由贸易协定实现全面自由化贸易做出了良好的示范作用。中国应该进一步积极建立新的自由贸易协定，对于边缘国家和地区给予一定的优惠条件，吸引其加入以中国为核心的自由贸易体系。第三，中国应该以基础设施建设为契机，以推动边缘国家和地区实现工业化、信息化为重点，通过建设一批具有良好示范和带动作用的项目，改善当地的基础设施建设和人民的生活水平，以此为契机推动更高层次的合作。

三、增强中国自身实力

1. 加快中国对外开放的步伐

中国作为东亚最大的国家，本身在积极参与 APEC 和"一带一路"倡议的过程中拥有着得天独厚的地理区位优势。中国应该继续秉持着对外开放的基本态度，将"引进来"和"走出去"有机结合，以提升中国企业参与全球分工和竞争能力作为突破点，积极推动中国企业的海外建设，加强国际合作，提升合作层次。中国应当继续强化基础设施建设，以建设"对外大通道"为重点，加强中国与周边国家的高等级公路、铁路建设，强化与周边国家的交通互联互通程度；同时应该以现有的自由贸易区和边境贸易区以及自由贸易园区为重点，充分发挥中国本土的制造业优势，实现高层次的合作。

2. 提升中国制造业的整体水平

中国制造业整体水平的提升是中国实现全球价值链合作和保证中国在全球竞争当中得以取得优势地位的关键，为此，中国应该提升产业内生动力，推动中国制造业向中高端迈进，实现制造业的高水平发展。具体而言，中国应当重视专业技术人才的培育，对中国尚未占据优势和亟待突破的关键性行业，中国应该按照相关要求积极吸纳各类人才，鼓励相关行业的领军企业和有发展潜力的行业建立研发平台和技术创新人才队伍，加强与高校合作，吸纳一批专业人才进入该行业；同时还需要提高自主研发能力，完善创新机制，以提升中国企业自主创新作为主攻口，加大对于关键技术的投入，培养中国式的创新高地。制造业水平的提升，品牌建设是"新窗口"，围绕中国目前缺少世界性品牌的弱点，中国应该加快品牌建设步伐，一方面打造以高水平、高质量为代表的中高端制造产业，另一方面规范市场机制对于品牌建设的促进作用，强化质量监管和国际声誉管理，尽快打造一批在世界上拥有知名度和美誉度的中国品牌。最后，发展高质量的制造业，上下游产业的配套是支撑，应大力发展制造业上下游产业，着力推进优势产业的产业链延伸。在此过程中，可以采取资本合作，如相关附属企业间的资本合作、收购合并公司等模式，发展相关企业，从而消除制造业企业相关附属产业之间的壁垒，降低整个行业的生产经营成本。此外，应鼓励和支持优质企业进行价值链升值，跨产业发展，占领高端制造业市场。

3. 推动中国企业"走出去"

现如今，中国与 APEC 成员以及共建"一带一路"国家（地区）之间的经贸往来主要是通过制造业关联实现的，其中对外贸易是其主要方式。从全球价值链合作的基本步伐和基本动力来看，各类企业是参与国际贸易与国际合作的主体单位，中国应该实施"走出去"战略，鼓励中国企业，特别是制造业企业开展海外业务，有效地加深国际合作。大型国有企业可以依靠中国大型对外基础设施建设项目，实现与其他国家和地区在基础设施建设等领域的合作，同时以海外跨国并购和跨国企业为新的突破点和切入点，实现海外业务的拓展。对于中小型企业而言，中国应该建设海外投资信息平台，为中国企业"走出去"提供海外投资信息以及相关风险预测和咨询服务。同时，中国还应该针对不同的行业建立有针对性的定向性政策，拓展海外贸易网络。随着中国人口红利的逐步消失、环境规制的趋严，通过"走出去"战略来实现全球价值链重构的需求日益迫切。中国应该积极推动与 APEC 成员、共建"一带一路"国家（地区）之间的投资便利化和自由化。全面审视企业对外直接投资的诉求，为相关企业提供有针对性的信息推介和投资指导服务，为相关企业提供相应必要的支持。已经"走出去"的企业也应该充分利用国际上获取的资源、技术和市场，来实现价值链的升级，缩短中国与其他国家和地区在高新技术制造业之间的技术差距，推动中国本土的制造业升级。

参考文献

［1］WTO. Global Value Chain Development Report 2019：Technological Innovation Supply Chain Trade and Workers in a Globalized World ［R］. World Trade Organization，2019.

［2］陈松川. 亚太地区政治经济新格局及中国的对策 ［J］. 亚太经济，2010 （01）：6-10.

［3］尹艳林. 经济全球化新趋势与中国新对策 ［J］. 国际贸易，2014 （01）：4-10.

［4］沈铭辉. APEC 投资便利化进程——基于投资便利化行动计划 ［J］. 国际经济合作，2009 （04）：41-45.

［5］杨旭，刘祎. 经济政策不确定性对亚太地区进口贸易的影响 ［J］. 亚太经济，2020 （01）：62-70+151.

［6］江涛，覃琼霞. 自贸区升级协定的贸易效应研究——来自中国-东盟的证据 ［J］. 国际商务（对外经济贸易大学学报），2022 （01）：1-17.

［7］王志乐. 在融入全球价值链过程中转型升级——APEC 会议对企业的启示之二 ［J］. 经济体制改革，2015 （02）：17-20.

［8］陈德铭. 改革开放见证中国坚持融入、深刻影响全球价值链的 40 年 ［J］. 国际贸易问题，2018 （01）：13-16.

［9］陈迎春. 中国参与区域经济合作的现状、问题及建议 ［J］. 经济研究参考，2004 （04）：24-39.

［10］李平，宫芳. 东亚国家和地区经济发展中的结构性问题 ［J］. 中南财经大学学报，2000 （04）：44-47.

［11］刘洪愧，谢谦. 新兴经济体参与全球价值链的生产率效应 ［J］. 财经研究，2017，43 （08）：18-31+121.

［12］Wang Z，Wei S J，Yu X，et al. Measures of Participation in Global Value

Chains and Global Business Cycles ［R］. National Bureau of Economic Research, 2017a.

［13］Wang Z, Wei S J, Yu X, et al. Characterizing Global Value Chains：Production Length and Upstreamness ［R］. National Bureau of Economic Research, 2017b.

［14］赵景瑞, 孙慧. 中国与"一带一路"沿线国家贸易关系演进研究 ［J］. 国际经贸探索, 2019, 35 （11）：36-48.

［15］王直, 魏尚进, 祝坤福. 总贸易核算法：官方贸易统计与全球价值链的度量 ［J］. 中国社会科学, 2015 （09）：108-127+205-206.

［16］张珺, 展金永. CPTPP 和 RCEP 对亚太主要经济体的经济效应差异研究——基于 GTAP 模型的比较分析 ［J］. 亚太经济, 2018 （03）：12-20.

［17］王志民, 陈远航, 陈宗华. "一带一盟"背景下的中俄产能合作分析 ［J］. 人文杂志, 2020 （10）：40-51.

［18］黄森, 蒋婷玉, 吕小明. 投资贸易便利化水平对国际产能合作的影响 ［J］. 统计与决策, 2020, 36 （16）：140-144.

［19］葛纯宝, 于津平. "一带一路"沿线国家贸易便利化与中国出口——基于拓展引力模型的实证分析 ［J］. 国际经贸探索, 2020, 36 （09）：22-35.

［20］郭朝先, 刘芳. "一带一路"产能合作新进展与高质量发展研究 ［J］. 经济与管理, 2020, 34 （03）：27-34.

附录一　ADB-MRIO 国家或者地区代码对照表

代码	国家	代码	国家	代码	国家	代码	国家
AUS	Australia	GBR	United Kingdom	NOR	Norway	KAZ	Kazakhstan
AUT	Austria	GRC	Greece	POL	Poland	MON	Mongolia
BEL	Belgium	HRV	Croatia	PRT	Portugal	SRI	Sri Lanka
BGR	Bulgaria	HUN	Hungary	ROM	Romania	PAK	Pakistan
BRA	Brazil	IDN	Indonesia	RUS	Russia	FIJ	Fiji
CAN	Canada	IND	India	SVK	Slovak Republic	LAO	Lao People's Democratic Republic
CHE	Switzerland	IRL	Ireland	SVN	Slovenia	BRN	Brunei Darussalam
CHN	China	ITA	Italy	SWE	Sweden	BTN	Bhutan
CYP	Cyprus	JPN	Japan	TUR	Turkey	KGZ	Kyrgyz Republic
CZE	Czech Republic	KOR	Korea	TAP	Taiwan	CAM	Cambodia
DEU	Germany	LTU	Lithuania	USA	United States	MDV	Maldives
DNK	Denmark	LUX	Luxembourg	BAN	Bangladesh	NPL	Nepal
ESP	Spain	LVA	Latvia	MAL	Malaysia	SIN	Singapore
EST	Estonia	MEX	Mexico	PHI	Philippines	HKG	Hong Kong
FIN	Finland	MLT	Malta	THA	Thailand	RoW	Rest of the World
FRA	France	NLD	Netherlands	VIE	Viet Nam		

附录二　ADB-MRIO 行业代码对照表

代码	行业英文名	行业中文译名
c1	Agriculture, Hunting, Forestry and Fishing	农林牧副渔业
c2	Mining and Quarrying	采矿业
c3	Food, Beverages and Tobacco	食品、饮料和烟草制造业
c4	Textiles and Textile Products	纺织和纺织制品业
c5	Leather, Leather and Footwear	皮革制品和制鞋业
c6	Wood and Products of Wood and Cork	木材和木制品
c7	Pulp, Paper, Printing and Publishing	纸浆、造纸、印刷和出版业
c8	Coke, Refined Petroleum and Nuclear Fuel	焦炭、精炼石油和核燃料
c9	Chemicals and Chemical Products	化学品和化工产品
c10	Rubber and Plastics	橡胶和塑料
c11	Other Non-Metallic Mineral	其他非金属矿物
c12	Basic Metals and Fabricated Metal	基本金属和金属加工业
c13	Machinery, Nec	机械设备制造业
c14	Electrical and Optical Equipment	光电设备制造业
c15	Transport Equipment	运输设备制造业
c16	Manufacturing, Nec; Recycling	其他制造业
c17	Electricity, Gas and Water Supply	电、气、水供应业
c18	Construction	建筑业
c19	Sale, Maintenance and Repair of Motor Vehicles and Motorcycles; Retail Sale of Fuel	汽车及摩托车的销售、保养及维修；燃料零售
c20	Wholesale Trade and Commission Trade, Except of Motor Vehicles and Motorcycles	批发贸易及佣金贸易，汽车及摩托车除外
c21	Retail Trade, Except of Motor Vehicles and Motorcycles; Repair of Household Goods	零售业，汽车和摩托车除外；家庭用品修理
c22	Hotels and Restaurants	酒店和餐饮业

代码	行业英文名	行业中文译名
c23	Inland Transport	内陆运输业
c24	Water Transport	水运业
c25	Air Transport	航空运输业
c26	Other Supporting and Auxiliary Transport Activities；Activities of Travel Agencies	其他辅助运输活动；旅行社活动
c27	Post and Telecommunications	邮电
c28	Financial Intermediation	金融中介
c29	Real Estate Activities	房地产活动
c30	Renting of M&Eq and Other Business Activities	租赁机电设备和其他商业活动
c31	Public Admin and Defence；Compulsory Social Security	公共行政与国防；强制性社会保障
c32	Education	教育类
c33	Health and Social Work	卫生和社会工作
c34	Other Community, Social and Personal Services	其他社区、社会和个人服务
c35	Private Households with Employed Persons	有就业人员的私人住户